大学生生涯教育理论研究与实践探索

王亚丹　著

U0661748

中国纺织出版社有限公司

内 容 提 要

本书由大学生生涯教育的研究背景、大学生生涯教育的研究梳理、大学生生涯教育的理论阐述、大学生自我探索基础理论、大学生职业探索基础理论、大学生生涯决策基础理论、大学生生涯教育的策略设计、大学生生涯教育的实践成效等内容组成，对大学生生涯教育的发展历程进行了梳理，为之后的生涯教育研究提供思路与参考。本书通过研究与分析大学生生涯教育的理论与实践成效，借鉴国内外的理论和高校的做法，致力于帮助大学生科学地认识自己的特质，了解职场与社会，选择一条适合自己的职业发展道路。

图书在版编目（CIP）数据

大学生生涯教育理论研究与实践探索 / 王亚丹著
. --北京：中国纺织出版社有限公司，2023.6
　　ISBN 978-7-5229-0557-0

　　Ⅰ. ①大… Ⅱ. ①王… Ⅲ. ①大学生—职业选择—研
究 Ⅳ. ①G647.38

中国国家版本馆CIP数据核字（2023）第075423号

责任编辑：赵晓红　　责任校对：高　涵　　责任印制：储志伟

中国纺织出版社有限公司出版发行
地址：北京市朝阳区百子湾东里A407号楼　邮政编码：100124
销售电话：010—67004422　传真：010—87155801
http://www.c-textilep.com
中国纺织出版社天猫旗舰店
官方微博 http://weibo.com/2119887771
天津千鹤文化传播有限公司印刷　各地新华书店经销
2023年6月第1版第1次印刷
开本：710×1000　1/16　印张：16
字数：235千字　定价：99.90元

前言

　　大学是人生最宝贵的时光，更是个人生涯发展准备的重要时期。如何使大学生建立生涯发展的自主意识，树立正确的世界观、人生观、价值观，自觉地把个人发展和国家需要、社会发展相结合，愿意为个人的生涯发展和社会发展主动付出积极的努力，这也是大学教育的责任。

　　当今时代瞬息万变，未来社会的职业环境会变化更快，甚至充满未知。大学生面对不确定、竞争更为激烈的未来职场环境，在大学期间需要做哪些准备、储备什么样的能力，才能适应并有效应对未来的竞争？其中一项重要途径就是提升"生涯规划能力"。而大学生生涯教育就是帮助大学生更早、更科学地进行人生规划、更合理地安排大学阶段的学业，帮助大学生从自己人生的"被安排者"过渡到"主导者"，因而大学生生涯教育将逐步成为高等教育的重要组成部分。为帮助大学生合理地规划自己的人生，寻找人生幸福的真谛，高校开展大学生生涯教育十分必要。然而我国大学生职业生涯规划教育起步较晚，在职业生涯规划的理论和实践方面都比较薄弱，因此对大学生职业生涯规划教育开展系统而深入的研究，具有重大的理论意义和现实意义。

　　加强高校大学生生涯教育，是高等教育"以人为本"教育理念的体现，也能影响大学生一生的生涯发展和人生道路。生涯教育能够帮助大学生实现学校和社会的提前连接，缩小校园和社会的差距，体现了大学的育人功能。本书通过对当前理论界有关大学生生涯教育的相关研究进行归纳和梳理，分析当前大学生生涯规划教育中存在的问题，结合国外先进理论成果与实践经验，提出完善大学生生涯教育的途径，丰富了生涯教育理论，拓展了生涯教育途径，为大学生生涯教育的研究做出有意义的理论探索，为社会和高校相关部门开展生涯教育工作提供了一定的理论依据。

作者

2023年2月

目录

第一章　大学生生涯教育的研究背景

第一节　大学生生涯教育的时代背景

一、全球化背景下的生涯教育

21世纪的大学生将会面临全球经济、全球迁徙、气候问题、环境问题等一系列挑战。培养面向未来的具有全球胜任力的世界公民，成为高校大学生生涯教育的更高目标。

2005年，《世界是平的》一书风靡全球，作者托马斯·弗里德曼在书中明确指出，人类社会已经进入全球化3.0版本的时代，继国家和跨国公司之后，每一个个体将依托现代科学技术成为推动"全球化"进程的重要力量。虽然近两年来也曾出现过反全球化的声音，但不可否认的是，在全球范围内，人和资源的流动变得越来越频繁，全球化的趋势不可阻挡。

随着经济、社会和文化的快速发展，中国成为全球化受益最大的国家之一，不可避免地要更加融入全球化进程中。这意味着，我们将毫无选择地"被国际化"，无论愿意与否，我们都必须参与国际就业市场的激烈竞争。培养全球胜任力，通俗来说就是培养参与全球合作与竞争所需要的能力和素质，成为我国大学生生涯教育必须面对的课题。

美国政府于2012年发布了《国际教育、国际参与与全球成功》国际战略公告，公告中提道："全球胜任力不是奢侈品，不是仅仅针对精英阶层的，它是所有人必备的技能。"

那么，什么是全球胜任力呢？不同的研究机构和学者有不同的观点，如表1-1所示。

表1-1　全球胜任力：联合国未来胜任力模型

分类	标准
核心价值观	正直
	专业精神
	尊重多样性
核心胜任力	交流能力
	团队合作能力
	计划组织能力
	承担责任
	考虑客户
	创造能力
	持续学习能力
	更新技术能力
管理胜任力	富有远见
	领导力
	赋权
	绩效管理
	建立信任
	决策能力

我国学者滕珺等人，对部分联合国专门机构招聘网站发布的P职和D职的招聘说明书进行了研究，提出了联合国专门机构专业人才聘用标准，标准把国际胜任力分为5个大类，20个项目，如表1-2所示。

表1-2　联合国专门机构专业人才聘用标准

分类	标准
价值观	正直
	崇尚专业
	尊重多样性
思维方式	结果取向
	客户取向
	团队取向
个性特征	灵活开放
	抗压
	外向
	尽责
	敏锐
	注重细节
可迁移能力	交流技能
	人际交往与合作技能
	计划与组织技能
	科技技能
	学习技能
	管理技能
专业知识	个人知识
	组织知识

　　到国际组织实习任职是大学生培养国际胜任力的快捷通道。国际组织是具有国际性行为特征的组织，是两个或两个以上国家（或其他国际法主体）为实现共同的政治经济目的，依据其缔结的条约或其他正式法律文件建立的有一定规章制度的常设性机构，包括政府间国际组织，如联合国专门机构等，也包括非政府国际组织，如红十字国际委员会、国际奥委会等。

到国际组织实习任职所需要的能力素质要求如图1-1所示。

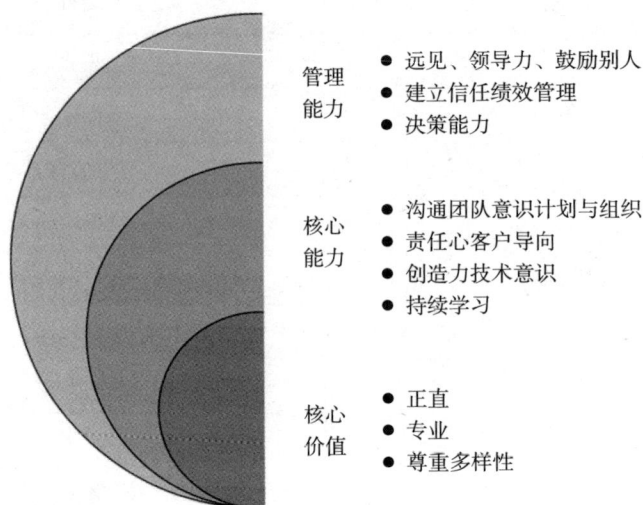

管理
能力
- 远见、领导力、鼓励别人
- 建立信任绩效管理
- 决策能力

核心
能力
- 沟通团队意识计划与组织
- 责任心客户导向
- 创造力技术意识
- 持续学习

核心
价值
- 正直
- 专业
- 尊重多样性

图1-1　国际组织实习任职所需要的能力素质

从上述图、表中我们不难发现，无论是联合国未来胜任力模型还是我国学者提出的联合国胜任力分类及国际组织实习任职所需能力素质，大多都包括正确的价值观及沟通、交流、组织等能力。而这些能力大多需要语言基础。

汉语、英语、法语、西班牙语、俄语和阿拉伯语是联合国官方规定的六种工作语言，掌握英语和法语尤为重要，因为英语和法语是世界上使用范围较广的两种语言，在联合国中使用较为普遍。大学生想要在联合国中任职或实习，掌握这两种语言是非常必要的，因为很多机构在招聘时都要求应聘者能够至少使用其中一种语言作为工作语言，应聘者不仅能听得懂、说的出，还需要能写、能读，更重要的是能使用此种语言与工作伙伴进行交流与合作。比如能够处理日常事务，和外部单位谈判、协商，向上级汇报工作，撰写调查报告等。在联合国工作或实习时，我们会面对来自不同国家，不同文化背景和宗教信仰的人员，这就要求我们能和不同对象交流，将自己的意图清晰、准确地传达给对方。

随着全球化进程的推进，生涯教育应更加聚焦于21世纪学生的综合素养能力。

【资料延伸】

培养全球胜任力，从中国走向世界

目前，中国已经成为第二大联合国会费国、第二大维和摊款国。但是相比之下，在联合国等国际组织工作的中国人数量却普遍偏低。未来需要有更多中国人赴国际组织工作，为全球治理贡献中国智慧和中国力量。

第一位在几内亚比绍联合国机构大楼工作的中国人

在踏上几内亚比绍的土地之前，潘同学并没有想到自己会是第一位在几内亚比绍联合国机构工作的中国人。

"我的专业是国际发展，主要研究全球范围内发展的不平衡以及策略的设计。非洲是一个各种发展理念的'试验地'，在非洲参与国际组织工作将是职业生涯一个挺好的开始。"就这样，从小生活在广州的潘同学来到几内亚比绍。

相较于日内瓦、曼谷，甚至是邻国几内亚，几内亚比绍国际组织中的亚洲面孔少之又少，而中国人更是没有。几内亚比绍是联合国宣布的最不发达国家之一。虽然做了心理建设，但初来几内亚比绍还是让潘同学惊讶于像是来到了"另一个世界"。当晚上坐飞机来到其首都比绍时，下面一片漆黑，没有一点灯光。航站楼就是平房，海关甚至连电脑都没有，出入境时间还是工作人员手写。非洲雨季的倾盆大雨让城市泥泞，缺乏公共交通和道路建设，没有车几乎是寸步难行，停电停网更是常有的事。

总统府的大楼上写着"中国援助"

潘同学所在的是联合国"驻地协调办公室"（resident coordinator Office），其主要功能是协调联合国各个分支机构的资源，在当地政府部门和联合国之间架起沟通的桥梁，让联合国以整体的面貌，参与到当地的发展过程中。

因为工作原因，潘同学曾进入几内亚比绍的总统府，见到了总统。

"见到总统其实并没有留下太多的印象。"让潘同学感到奇妙的，是总统府的大楼上写着"中国援助"（China Aid）。在异国他乡，祖国的名字以这样的形式出现在这个国家权力机关的大楼上，让潘同学有一种"神奇"感。除了总统府，我国还援建了国民议会宫、国家体育场等地标建筑。

潘同学观察到，我国对几内亚比绍的影响力其实在很多细微处。小到日常生活中的空调、手机、打印机，大到国家的基础设施建设，都能看到我国的痕迹。最让潘同学"恍惚"的，是她在街上看到当地居民穿着美团外卖的服装和各类印着中文的文化衫，"但当地居民根本就不知道衣服上写的是什么"。

到国际组织工作需要具备全球胜任力

在潘同学看来，在联合国等国际组织工作需要具备全球胜任力。以语言为例，潘同学在项目每一项工作都必须使用英语，需要运用大量专业词汇，并克服各国人员口音、英语水平参差不齐在沟通交流中所带来的障碍。幸运的是，她在学校上的是全英文授课的国际班，专业也是对口，有较好的专业词汇和知识积累，具备了良好的英文沟通表达能力，能快速地阅读大量文献材料，准确地写邮件和文件与外籍人员有效沟通。

崇尚专业及与来自不同背景的相关人员协作沟通等也是全球胜任力的重要组成部分。联合国的职员大多接受过精英化的教育训练，有着丰富的人生阅历和职业经历。例如，她的某位同事就曾在中东和非洲地方的非政府组织工作十几载，还有一些人有着丰富的项目管理经验，或者曾在知名企业或学术界浸润多年。因此崇尚专业是大家的共识。在联合国相关组织工作，要与来自世界各地的同事交往相处。因为她们是以小组为单位完成任务，不可避免需要相互磨合配合，才能够有效率地完成实习任务。而在与同伴们交流的过程中，合作与沟通能力在不断提高的同时，还收获了跨越国界的友谊。

世界需要中国声音

联合国是反映国际政治的镜子，联合国内中国职员的情况，也是中国在国际政治中角色的反映。准确地说，中国在国际组织中初级和中级的正式职员比较少，该群体类似于国内部门的业务骨干，这是我国未来加强向国际组织输送人才的目标岗位。如今，虽然越来越多青年人意识到了站上国际多边舞台的重要性，但如何让世界听到更多中国声音，仍需要青年人共同努力。

二、不确定性时代背景下的生涯教育

近年来，我国学界和业界出现了一些新的重要概念和表述，比如"百年未有之大变局""世界发展不确定性"等。这个时代充满了易变性和不确定性，会导致很多事情无法通过提前规划或主动出击来应对。在此时代背景下的大学生生涯教育只是教导大学生规划生涯的技巧和方法，强调大学生透过这些方法建立理想明确的生涯目标，达成"确定"的状态，作为实现圆满人生的依据，这在某种程度上，逃避了对不确定性的探讨。在如今充满不确定性的时代里，"适应"的理念已得到众多学者的认可，培养大学生面对不确定性时代的适应能力将是大学生生涯教育的重要内容。

不确定时代下的大学生适应能力主要包括以下几点：

（1）思维适应力，指大学生适应环境变化和解决各种矛盾的思辨能力。这种能力包括两分辩证、发展辩证、主导辩证的思辨方法，帮助大学生学会以全面、发展和主要的科学观点认识矛盾和解决问题。通过建立科学的思维方法，提升环境应变力、工作抗压力和人际矛盾化解力。目标是提升大学生正向思维能力，培养积极的阳光心态。

（2）道德适应力，是指一个人或社会在某些情况下会对自己的道德标准进行调整以适应新的环境或情况。它涉及人们如何应对道德挑战，并考虑在不同的情境中应采取的道德行为。随着社会的价值观或文化发生变化，道德标准也可能随之改变。这种调整可能是自发的，也可能是由社会上的领导者或机构引导的。

例如，"诚信"是当前社会的主要关注点。因此，道德适应力以提升大学生诚信意识和培养诚信品质为核心。在校时考试不作弊，不为了拿到荣誉等提供虚假材料，工作时不拿回扣，不生产假冒伪劣产品欺骗消费者等都是诚信的表现。

（3）健康适应力，是指人体对外界环境变化的能力。当遇到新的环境或应激因素时，人体会产生适应性反应来帮助自身适应这种变化。健康适应力可以帮助我们应对各种挑战，并使我们能够在不同的环境中生存和茁壮成长。但是，当适应力过低时，人体可能会受到压力而出现健康问题。

在日常生活中，我们经常会遇到各种各样的挑战和压力，比如工作压力、家庭和人际关系中的冲突、身体健康问题等。这些压力和挑战可能会对我们的身心健康产生负面影响，如果我们的适应力过低，就可能会出现健康问题。

因此，提高健康适应力是很重要的。有一些方法可以帮助提高适应力，包括以下几点。①适当的锻炼：锻炼可以帮助提高身体的抵抗力，同时也有助于缓解压力；②良好的睡眠和营养：保证良好的睡眠质量和充足的营养是提高适应力的关键；③学习应对压力的技巧：如冥想、放松等技巧可以帮助缓解压力；④保持心态积极：积极的心态有助于提高适应力，因为它可以帮助我们看到事情积极的一面，并有助于应对挑战；⑤建立积极的人际关系：与身边的朋友和家人保持良好的关系有助于减轻压力，提高适应力。

（4）目标适应力，是指个人或组织通过学习和调整来适应新的目标或环境。这种能力可以帮助人们或组织在变化的情况下保持竞争力，并使他们能够在达成其目标方面取得成功。目标适应力也可以帮助个人在职业生涯中取得成功。它以"志向"为核心，通过"榜样励志""兴趣探志""体验定志"的过程，逐步聚焦职业方向或具体职业。

对于大学生来说，目标适应力在求职过程中可能特别重要。在求职过程中，大学生可能会面临许多不同的选择，并且可能需要在较短的时间内做出决定。具有目标适应力的大学生可能更有能力适应这些变化，并且能够快速地学习新的信息和技能，这有助于他们在求职过程中取得成功。

此外，具有目标适应力的大学生在求职时也可能更有弹性，并能够适应不同的工作环境和新的挑战。这可以帮助他们在职业生涯的早期阶段更好地定位自己，并为他们未来的发展打下基础。

（5）态度适应力，在职业生涯中，态度适应力也是一种重要的能力。例如，在工作中，具有态度适应力的人可能会更好地适应新的同事或上司，并且能够更好地适应新的工作任务和环境。这可以帮助他们在职业生涯中取得成功，并且在团队中更有价值。

（6）学习适应力，是指一个人能够高效地获取知识，并用这些知识解决工作问题的能力。这种能力包括主动学习的质量、速度、开放性和可迁移性。学习适应力可以帮助人们在变化的环境中不断学习新的信息和技能，从而更好地适应新的情况。

在职业生涯中，学习适应力是一种非常重要的能力。例如，在技术不断发展的今天，具有学习适应力的人可能会更快地学习新技术，并能够使用新技术解决工作问题。这可以帮助他们在职业生涯中保持竞争力，并使他们能够在不断变化的工作环境中取得成功。

（7）人际适应力，是指一个人在不同的社会环境中表现出的能力。具有较高的人际适应力的人通常能够很好地适应新的环境，并与他人建立良好的关系。相反，如果一个人缺乏人际适应力，他可能会在适应新环境时遇到困难，并且可能与他人关系紧张。人际适应力是大学生需要具备的重要素质，因为我们都需要与他人打交道，并且经常需要适应新的环境。有较高的人际适应力可以帮助我们应对新的挑战，并使我们能够与周围的人建立良好的关系。

大学生在职业生涯中的人际适应力是非常重要的。在大学期间，学生将面临许多新的挑战和机会，并且需要与许多不同的人打交道。具有较高的人际适应力可以帮助学生更好地应对这些挑战，并与周围的人建立良好的关系。

在毕业后，人际适应力仍然是非常重要的。在职业生涯中，人们经常会面临新的工作和团队。具有较高的人际适应力可以帮助人们更快速地适应新的工作环境，并与同事和上司建立良好的关系。这有助于人们在职业生涯中取得成功。

人际适应力以"尊"为核心，强调求同存异，尊重不同意见、不同信仰，尊重落后和弱者。大学生只有学会尊重他人，才能获得他人的尊重。

尊重他人是提升人际适应力的重要方式。一些建议包括：①学会倾听。倾听别人的想法和感受可以帮助你理解他们，并建立良好的关系；②尊重他人的隐私。不要在未经允许的情况下分享别人的个人信息；③避免打断别人。在谈话中等待你的机会可以表明你尊重他人的意见；④遵守社会习俗和文化规范。学习并尊重他人的文化传统可以帮助你建立良好的关系；⑤为他人着想。考虑他人的感受和需求可以帮助你与他人建立良好的关系。

这些建议可以帮助大学生提升人际适应力，并在校园和工作中与他人建立良好的关系。

（8）表达适应力，指的是准确表达目的（或目标）和取得良好效果的能力。大学生的表达适应力是指大学生在写作、口语等方面的能力，这种能力对大学生的学习和工作都很重要。表达适应力不仅包括语言表达能力，还包括逻辑表达能力、图像表达能力等。大学生在学习过程中，要学会如何有效地表达自己的想法，这样才能在学术讨论、科研项目和就业应聘等方面发挥作用。在写作方面，大学生应该注意清晰地表达自己的思路，使用适当的语言和结构，并能够使用合适的参考文献来支持自己的观点。在口语方面，大学生应该学会如何清楚、流畅地表达自己的想法，并能够与他人进行有效的交流。

在求职面试中，表达适应力是雇主非常看重的能力之一。雇主希望招聘的员工能够清晰、流畅地表达自己的想法，并能够与他人进行有效的交流。如果大学生能够在面试中表现出良好的表达适应力，将有助于他们获得更多的机会。

在职业生涯中，表达适应力也是很重要的。职场上，员工需要与同事、客户和上司进行频繁的交流。如果员工能够清楚、流畅地表达自己的想法，将有助于他们在职业中发挥出色。此外，员工也需要通过写作等方式来表达自己的想法，如撰写报告、邮件等。因此，表达适应力对员工的职业发展也很重要。

培养目标是帮助大学生在求职简历和面试中，在步入职场处理工作事务中，提高就业能力和职业发展能力。

（9）技能适应力，技能适应力是个体在职场中能够快速适应新的工作和环境、不断学习新技能的能力。技能适应力较高的个体在职场中能够更快地适应新的情况，也更容易获得职场上的成功。因此，技能适应力是个体在职场中的竞争力的重要体现。

三、新时代背景下的生涯教育

坚持扎根中国大地办教育是教育事业发展和办好中国特色社会主义教育的

指导方针。因此，在对大学生进行大学生生涯教育的时候，更需要遵守这一原则。同时，要坚持党对教育事业的全面领导，坚持把立德树人作为根本任务，坚持优先发展教育事业，坚持社会主义办学方向，坚持以人民为中心发展教育，坚持把服务中华民族伟大复兴作为教育的重要使命。在对大学生进行生涯教育时，最重要的是从中国国情出发，继承优秀传统，借鉴国外好的经验，把握机遇，追赶时代发展。

在办好中国特色社会主义教育的过程中，坚持扎根中国大地的原则是不可或缺的。同时，坚持党对教育事业的全面领导、以立德树人作为根本任务、优先发展教育事业、社会主义办学方向、以人民为中心发展教育、以服务中华民族伟大复兴为重要使命，是对大学生进行生涯教育的重要依据。基于中国国情，我们应该继承优秀传统、借鉴国外好的经验，把握机遇，追赶时代发展。同时，服务中华民族伟大复兴，是教育的重要使命。积极推进学校的科学发展，依照教育发展规律、思想政治工作规律和学生成长成才规律，在立德树人融入思想道德教育、职业教育、学科体系、教材体系、管理体系等方面不断提升培养人才的教育质量。此外，要加强与社会的联系，促进学生的社会实践能力的培养，提高教育的公平性和服务实效性，加强和改善信息化建设，健全教育机构、教师队伍、课程体系和质量机制，推动素质教育，更好地发挥教育承载社会进步、民族振兴的重要作用。

第二节　大学生生涯教育的教育背景

一、新高考背景下的大学生生涯教育

2014年9月，国务院发布了《关于深化考试招生制度改革的实施意见》（国发〔2014〕35号），此举标志着深化考试招生制度改革的开始。由于新高考的录取方式发生了重大变化，越来越多的高中学校开始开展大学生生涯教育。现在，各高校都建立了相对成熟的大学生生涯教育体系，而新高考背景下的生涯教育已经被提前到高中学校进行，学生在进入高校后，会对报考专业对应的职业进行咨询，这将迫使高校对现有的大学生生涯教育进行课程改革。因此，在新高考背景下如何对大学生进行生涯教育是高校面临的一个新课题，需要进行深入研究。

（一）高考科目发生了变化

新高考方案的实施使得学生在高中阶段就能对自己的生涯规划有所了解。例如，湖北省从2021年开始实行3+1+2高考模式，不再区分文理科。其中"3"指统一考试科目为语文、数学和外语；"1"和"2"则为学生可以选择考试的科目，其中"1"指从物理或历史科目中选择1门首选科目，"2"指从思想政治、地理、化学、生物学中选择2门再选科目。高校会根据专业需求设置相应的选择性考试科目，所以学生需要提前了解自己意欲申请的专业并了解其对于选考科目的要求，以便在高中阶段合理选择课程并为高考后填报志愿做好准备。

（二）招生录取方式发生了变化

从2022年开始，湖北省将合并本一本二批次招生，并遵循"考生分数优先、遵循志愿顺序"的原则进行一次性平行投档，不再补档。考生档案将一次性投出给高校，高校按照录取规则实施录取，考生档案一经投出或录取，不再补档、换录、补录。

本科提前批平行志愿时，考生可填报不超过20个院校专业组志愿，每个院校专业组志愿内可选报不超过6个专业及是否服从专业调剂；而本科普通批平行志愿中，考生可填报不多于45个院校专业组志愿，每个院校专业组志愿内可选报不多于6个专业及是否服从专业调剂。至于高职高专提前批和普通批平行志愿，考生可填报不超过20个院校专业组志愿，每个院校专业组志愿内可选报不多于6个专业及是否服从专业调剂。

高职高专招生录取政策也发生了变化，考生可以在高职高专提前批和普通批平行志愿中填报不超过20个院校专业组志愿，每个院校专业组志愿内可选报不超过6个专业及是否服从专业调剂。这也就意味着高校新生将会成为具有大学生生涯教育基础知识背景的受教育对象。虽然大学生生涯教育推行已经稳步发展，但随着新高考方案的实施，大学生生涯教育仍然面临着诸多挑战。

在新高考背景下，高校需要拥有经验丰富并能够提供个性化辅导的生涯教师来回应教育对象的新诉求；高校生涯教育应当与高中阶段相区分，以显示其独特性，这是一个值得研究的难题；各高校的生涯教育课程必须根据实际情况进行设计，以确保质量，并对教师的专业水平提出更高的要求。此外，各高校应依据学生的特点，实施全面的大学生生涯教育，建立信息共享并可以自助活动的平台，让教师既能定期授课，又能根据不同人群进行主题互动。除此之外，还需要注重学生的心理健康，提供专业的辅导服务，定期的心理状况调查，以及及时反馈学生的反馈，以便及时发现学生的心理问题，并给予及时的帮助。此外，指导学生进行职业规划，及时给予学生就业指导，以帮助学生更好地实现自身价值，是高校生涯教育改进要求的重要组成部分。

高校生涯教育需要合理安排，以提升学生的生涯规划能力和职业技能。除了提供专业的心理辅导服务外，还应该更加关注学生的学习进度和心理状态，并及时给予学生专业的就业指导，帮助学生更好地实现自身价值。以此来促进学生的学习进步，增强学生的职业发展能力，提高学生的生涯规划能力。

二、双创教育背景下的大学生生涯教育

双创教育背景下的大学生生涯教育是指以创新和创业为基础的大学生的生涯教育，它的宗旨在于帮助大学生在就业之前，通过建立生涯规划，从个人和职业角度去探索自己的潜能，从而挖掘出其自身可能，为未来发展奠定坚实的基础。双创教育背景下的大学生生涯教育除了普通的职业规划以外，还进行创新思维及创业技能的培养，帮助大学生更好地融入社会，树立更加正确的世界观和价值观，有效地引导大学生从高校走向就业市场，同时也为大学生提供良好的创业环境。

"大众创业、万众创新"源自我国在2013年提出的发展战略构想。此后，

政府推行大众创业、万众创新，旨在支持民间投资实体经济，鼓励创新型企业创业，鼓励民众创业，甚至支持创新思维，充分发挥市场机制的作用。该政策的实施倡导企业家、民间投资者参与创业，为社会发展提供更多发展机会。同时，政府也为创业提供减税优惠、贷款资助、技术支持等政策支持。此后，许多城市联合高校举办创新创业比赛。

高校在大学生生涯教育中扮演着重要角色，尤其是在最近几年随着大学毕业生数量的增加，就业问题变得越来越严峻，开展大学生生涯教育变得更加重要。在双创教育的大背景下，大学生生涯教育有助于帮助学生确立正确的做事态度和择业观，进而培养大学生创新创业的能力及意识。

如今创新创业的热潮在高校和社会产生热烈反响，在校大学生乃至全民创业的热情持续升温，国家政府支持力度空前加大，提前做好生涯教育能更好地适应社会的需要和时代的需求。广大有志青年积极参与创新创业且参与的项目越来越多，也为大学生今后的生涯道路增加了筹码。同祖国和社会一道，在生涯教育的指引下实现人生价值。

【资料延伸】

创业与人生发展

创业首先是一种理念、一种精神，一种不满足于现状、敢于创新并承担风险的精神，是一种在考虑资源约束的情况下把握机会创造价值的认识。从广义的角度去看创业，可以理解为是一个人根据自己的性格、兴趣、所学专业、能力等选择适合自己的事业（可以是创办企业，也可以是创办非营利的事业，还可以是就业），并把握机会，为这个事业的成功整合资源、付诸努力，最终实现自己人生目标的过程。因此创业能力中所包括的捕捉机会、整合资源的意识，以及领导、沟通等能力，具有普遍性与时代适应性。无论你从事什么样的行业或职业，创业能力都将在个人职业生涯中发挥巨大的作用。

1.创业对大学生的意义

（1）创业有助于提升大学生综合素质与能力。创业过程充满不确定性，创业者会面临各种挑战和风险。大学生在创业活动中，会深刻体会到创业的复杂艰难与市场竞争的残酷，形成自立自强和风险危机意识，从而锻炼并提升抗挫折、抗压、积极进取和开拓等优秀心理素质。

创业是一项复杂而系统的工程，往往需要创业者具备多方面的知识技能，比如一定的管理、商务、投资、市场营销、企业运营和法律等方面的知识。大学生在创业过程中，必然会根据创业面临的问题和需求，积极主动地学习。创过业的人，往往会成为"百事通"，即创业过程中会快速学习积累各方面知识，完善自己的知识结构。

创业是一种社会化与市场化的行为活动。创业发展与成功往往有赖于创业者的人格魅力和优良品质。创业从来都不是一帆风顺的，因此需要创业者具备坚韧的意志。创业活动是在社会中进行并服务于社会的，一方面，创业活动受法律法规、社会道德规范和市场规则等约束；另一方面，创业过程中必须以诚信立业，以契约进行合作与交易，这些是创业的基本规则和必然要求。因此，大学生通过创业，可培养自己的坚强意志和契约精神，塑造诚信正直和社会责任感等优良人格品质。

创业需要创业者具备多方面的能力，才能有效组织创业活动，解决创业过程中困难与问题，顺利推进创业活动。大学生在创业过程中，领导能力、组织管理能力、团队协作能力、创新能力、问题解决能力、沟通谈判能力、社会交往能力和资源整合利用能力都会得到极大的锻炼和提升。

（2）创业有助于大学生加速成长与社会化。对于大学生来说，创业可看作是一种实践性学习。这种完全实战、具有风险与压力的创业活动，迫使大学生在高度紧张与压力下进行快速学习。因此，创业是大学生学习成长的最佳平台，其心智、能力和社会经验可获得最快速度的成长。创业是直接面向社会的真实场景，区别于相对单纯的"象牙塔"，大学生在创业过程中，随时需要与团队、客户或用户、供应商、政府等打交道，与供应商打交道，经过创业的磨炼，大学生的社会化程度会大大提升。

（3）创业有助于大学生打造核心竞争力。一般来说，敢于创业的大学生都是精英，经过创业磨砺的都是优秀人才。在校创业的大学生，少数毕业后会继续创业，绝大部分学生还会选择就业。用人单位在招聘大学毕业生时，特别看重其社会实践经验。而创业经历，是所有实践经历中最具说服力的。近几年，越来越多的招聘企业更青睐有创业实践经验的毕业生。有统计显示，创过业的大学毕业生就业质量明显高于无创业经历的学生。可以说，创业可有效打造大学生的职业核心竞争力，形成就业的独特优势。

（4）创业有助于大学生实现自身价值与理想。有人说，创业者选择创业是生活方式的选择，创业可帮助创业者实现四个自由：财务自由、时间自由、管理自由和心灵自由。不论这种说法是否严谨，至少可以说明一点：大学生创业基本都是基于个人兴趣、专业技能和资源优势的机会型创业，而鲜见迫于生计压力的生存型创业。结合兴趣与优势的大学生创业，可大大激发其创造力，释放自我潜能，实现自我价值与理想。另外，大学生选择自主创业，也是一个深入认识自我、开发完善自我和实现自我的过程，是发挥个人才能与实现个人理想的有效途径之一。

2.创业与人生发展

（1）人生就是一场创业。人生就是一场创业，因为每个人都有自己的理想，追求自己的梦想，只有不断尝试，才能够实现自己的梦想。当我们把梦想转变为现实时，就是一场创业。人生就是一场创业，就像一个企业一样，要想成功，就要有勇气接受挑战，不断学习，不断尝试，不断实践，不断进步。人生的每一步都是一次创业，每一次挑战都是一次机会，每一次成功都是一次胜利。

只有不断地学习、实践和进步，才能像一个企业一样取得成功。当我们勇敢地去接受挑战，从每一次失败中吸取经验，并从中提升自我时，就是在进行人生的创业。创业就是一种解决问题的方式，它让每个人都能够发挥自己的能力，追求自己的理想，实现自己的梦想。

这就是为什么人们说人生就是一场创业的原因。创业就是一种解决问题的方式，它不仅可以帮助你实现自己的梦想，还能让你发挥自己的才能，展示自己的价值，成就一番事业。无论是大创业还是小创业，都能让你实现自己的梦想，实现自我价值，实现自我的成功。

因此，要想取得成功，就需要勇敢接受挑战，不断学习、实践，不断进步，不断尝试，不断努力，从每一次失败中吸取经验，及时更新自己，调整自己的思维方式，提升自我。只有这样，才能取得成功，实现自己的价值，实现自己的梦想。

人生中有许多挑战，但只有勇敢地去接受挑战，才能够获得成功。除了勇气之外，还需要不断学习、实践，更新自己，调整自己的思维方式，才能取得自己理想中的成功。就像一个企业一样，每一步都是一次创业，每一次挑战也是一次机会，只有不断尝试，不断努力，才能实现自己的梦想，实现自己的价值。

（2）精彩人生需要创业。随着经济全球化，越来越多的人开始意识到创业的重要性。创业可以帮助创业者获得财富和社会地位，同时也可以改善社会状况。本文将讨论精彩人生需要创业的原因。

创业可以帮助创业者改变未来，把握未来的发展机遇。随着科技的发展，创业者可以在技术、金融、市场等领域发挥影响力，从而推动社会的发展。创业也可以带来丰富的人生体验，为创业者提供了更多的机会去挑战自己，实现自己的抱负。

另外，创业还可以帮助创业者获得财富和社会地位，从而改善自身状况，提升生活质量。创业者还可以通过投资来获得更多财富，成为社会的改革者，推动全社会的发展。

总而言之，创业对创业者和社会同时具有重要的意义。它不仅可以帮助创业者改变未来，获得财富和社会地位，还可以为创业者提供丰富的人生体验，从而改善社会状况。因此，精彩人生需要创业。

（3）以创业来经营人生。一个人的人生和创业是一样的，都是需要进行经营的。我们经常说，人生是一场旅行，每个人都是一位旅行者，我们需要经历一番探险，才能找到我们自己想要的未来。同样，创业也是一场旅行，一个人要想创业成功，就必须要经历一段探索的旅程，才能够达到成功的目的。

无论是人生还是创业，都是需要经营的，我们都需要经历一番漫长的经营，才能够有所收获。在人生的旅程中，我们需要探索和发现自己的潜能，去实现自己的梦想；在创业的旅程中，我们需要探索新的商机，去实现创业的梦想。不管哪一场旅程，都需要经营，才能够取得成功。

经营人生或者创业，需要具备一定的能力。在人生的旅程中，我们要有足够的勇气，去追求自己的梦想，不断地自我突破，去实现自己的理想；在创业的旅程中，我们要有足够的创新能力，去探索新的商机，不断地探索新的方法，去实现创业的目标。

此外，在经营人生或者创业的过程中，我们也需要一定的责任感和担当精神。在人生的旅程中，我们要有责任感，自己要担起自己的责任，去实现自己的梦想；在创业的旅程中，我们要有担当精神，自己要有能力承担起自己的责任，去实现创业的目标。

三、课程思政背景下的大学生生涯教育

课程思政是指在学校课堂上进行政治思想教育的课程。它旨在通过学习历史、法律、文化等相关课程，培养学生正确的政治观念和社会价值观，增强国家公民的政治意识，提高学生的责任意识和公民行为，使学生能够理解社会问题，维护国家民族的尊严和权利。

作为课程思政的核心命题，"立德树人"所体现的教育观念是什么，在引领新时代思政教育改革方向和趋势的同时，对教育体系的影响又如何？这是一个需要深入研究的问题。只有返璞归真地研究课程思政的本质，才能为整个教育体系的进步和发展提供更明确有力的指导。

（一）课程思政的本质

1.教育本质的回归—关注人的内在成长与发展

教育本质的回归，指的是重新关注教育的根本目的，即关注人的内在成长与发展，并指导其通过教育，从内心深处挖掘真正的自我，实现其最大的潜力。从学习的角度来看，这意味着注重对孩子的学术和社会能力的培养，使他们学习更好地解决问题的能力，并启发他们的创造性思维，关注他们的个性发展，培养他们的道德规范，努力让他们获得内在的满足，让他们充分发挥自己的才能，把握自己的命运，实现自我价值。课程思政是一种以道德培养为核心的教育理念，强调培养德行高尚的人才。而"德"这个词语是立德树人的核心概念，它是人生永恒的主题，也是人类一生发展的重要命题。这种要求是对教育本质的一种体现,呼应了卢梭和杜威关于教育的看法：教育就是生长，生长才是教育的目的，在生长之外没有其他目的。

2.知识与价值的互融贯通

传统上，专业教育的主要目标是传授知识、培养专业人才，然而，知识本身并不具有任何倾向性，它只是客观事实的反映。要想实现知识的价值，就必须将它应用于社会，也就是所谓的"知识变现"。这种"知识变现"指的是知识的实际作用和价值，而不仅仅局限于金钱或回报，它的本质就是在知识传授中实现价值导向，让学习者将知识与价值融合，实现所学知识的价值。课程思政旨在引导学习者关注知识所承载的价值，以及其应用的价值导向问题。

课程思政并不是对专业教育持否定态度，更不是对知识和规律的蔑视，而是在整个知识教育中加入能够激发人才内在潜能的要素，培养能够实现自我和满足社会需求的真正人才。

3.开阔未来视野

未来不仅是一个时间的概念，更具有伦理和教育意义。人的生命不仅是现在的存在，更有目标和方向。现在的自己是未来的起点，而要达到未来的理想，需要不断提升自己的生理、知识和技能水平。更重要的是，要明白未来对个人的意义，并对未来充满期望、希望和信念。在这个过程中，引导和植入理想信念是非常重要的，这也是思政课程所要做的。从伦理的角度来看，这是站在时间线前面，实现现在和未来无缝对接和自然过渡的过程。

课程思政不仅仅是在为学生提供当前至未来的内在指导，更重要的是通过在课程中融入思政内容来潜移默化地提升个人对国家的意识并促进个人和国家的共同进步。总的来说，课程思政的目的就是在培养学生的道德基础上，促进其面向未来、追求自我价值、为自己和国家谋幸福的全面发展。

（二）从课程思政本质看生涯教育的变革

要想解决生涯教育的困境，需要对教育的内容、形式、本质进行全面的转变。最重要的是要重新审视生涯教育的目标，并融入思政理念来培养学生的国家意识、素养意识和未来意识，以发挥生涯教育在育人方面的独特作用。

1.培养学生的国家意识

国家意识培养不仅限于思政课程，它贯穿于整个教育体系的纵向和横向模块中。而生涯教育是国家意识培养中一个重要领域，特别是从学生个人职业发展的角度考虑，国家意识培养显得尤为重要。

生涯发展是在国家背景下进行的，个人的生涯目标和发展不能脱离国家现实。因此，从生涯角度来看，国家意识涉及个人对国家历史发展视域内对自己生涯进程的影响认知和认同，以及将个人生涯发展与国家发展结合起来的意识信念。个人生涯的发展与国家社会的进步密切相关，因此，对于"发展"的理解不应仅限于个人发展，还应包括国家发展，二者相互影响。国家发展及其影响是一种客观存在，以潜移默化的方式影响个人，需要个人积极挖掘、探索、整合和利用，以最大限度地影响个人发展。而个人发展只有顺应和促进国家发展，才能发展得更好。

2.培养学生的素养意识

生涯教育是通过帮助学生认识自己，了解职业和生涯目标，并取得这些目标的教育过程。个人成长的表现之一是素养的形成和发展。所谓素养意识，是指个人在成长过程中形成的对于其行为模式的感知、认识和引导其走向目标变化的主观直觉。具有素养意识的人对个人行为及其变化敏感，寻找有利于实现目标的行为模式并关注其内在根源的影响，在实现目标过程中善于学习、积累、勇于承认错误、致力于提升，能够自觉地、灵活地调整和改变自我行为。

（三）培养学生的未来意识

1.未来意味着什么

"在教育领域，杜威把人的成长性视为一种未来和希望，在他看来教育的全部意义就在于打破存在的有限性。"生涯规划是一个长期的过程，它涵盖了人生各个阶段的期望和探索。在这个过程中，个人将会不断地思考未来并采取行动。因此，在生涯教育中，未来对于个人而言意味着可能性、个性化和希望。可能性指的是每个人在职业发展中的可能性，这些可能性的存在也就意味着未来职业发展的不同选择和不同道路。而个性化则强调的是个人独特的职业发展道路，这条路与其他人的不同，反映了个人的个性、经历和对于职业发展的价值期望。希望是推动个人行动的重要因素。另外，每个人的生涯都是在一个社会和国家的背景下进行的，因此生涯教育中的未来对于国家而言意味着力量、梦想和前进。一个国家的未来是每个公民的力量和努力的结果，是每个公民的梦想的终极状态，是每个公民共同努力的方向。

2.未来意识的培养

生涯的未来视野是指从目前的生涯阶段展望未来的生涯阶段，考虑当前生涯活动对于未来几个阶段生涯进程的影响。从思想政治课的角度来看，未来意识就是自觉地、主动地以个人生涯未来和国家发展未来为目标，不断推动个人成长与发展，实现生涯目标的意识。重点强调的是成长的渐进性、发展的长远性以及个人生涯行为的持续性和目标导向性。

（1）培养学生的未来意识，意味着让他们对生涯进程中各种可能性有客观认识，对个人生涯发展目标有明确预期，并坚定地推进自己的生涯进程。需要让学生明白各个生涯阶段之间的关联性，从长远发展的角度考虑，有目的性地统合当前的行为。同时要知道，生涯的发展并非一蹴而就，未来的不确定性需要我们能够随时进行灵活的调整，以更好地实现既定目标。

（2）从国家的角度来看，培养学生的未来意识，需要让理想信念教育在生涯教育中占更重要的地位。在学生进行自我探索和生涯实践的阶段，以"中国梦"为核心，引导学生自觉地将国家未来发展与个人命运结合起来，并带着使命感去创造自己的生涯。这个过程不仅是对学生个人成长和发展的基础性心灵洗礼，更是对其人性之于社会之于未来的应用型塑造。正如薛晓阳教授所说的："如果离开了对未来的构造和想象，道德教育就只能是短视而肤浅的，而不可能企及人性的未来。"

第三节 大学生生涯教育的现实背景

就业是基本民生，特别是在当前我国正处于全面提高经济整体竞争力，加快现代化经济体系建设的关键时期，就业的重要性更加突出。我国总体就业形势保持稳定向好势头，稳就业工作具备良好基础和条件，服务业快速发展，创新创业带动作用不断增强。我国已形成完备的就业创业政策和服务体系，为实现更高质量和更充分就业提供有力支撑。然而，就业领域存在的一些区域性、结构性和体制性问题仍然突出，对实现高质量就业产生不利影响，总体就业形势的基本特征如下。

一、经济发展稳中向好

（一）经济发展速度将显著提高

经济发展对增加就业的作用最为直接和明显。2022年《政府工作报告》提出，2022年经济社会发展主要预期目标是：国内生产总值增长5.5%左右。2001~2022年，我国经济发展的就业弹性约为0.41，即GDP每增长1个百分点，城镇就业人员增加0.41个百分点。如果2022年全国GDP增长5.5%，则全国城镇就业人员将增加2.26%。2021年全国城镇就业人员若按4.5亿粗略估算，则2022年新增城镇就业规模将达到1 014万。

《政府工作报告》给出的2022年城镇新增就业目标是1 100万人以上，与经济增长率目标是十分融洽的。当前，我国加快构建以国内大循环为主体、国内国际双循环相互促进的新发展格局。自2022年下半年以来，我国主要行业复苏势头良好，用工需求有所提升，带动更多的就业岗位，给高校毕业生带来相对更多的工作机会。

（二）高质量发展对高校毕业生的需求大

近几年，随着我国经济的发展，我国政府越来越重视经济质量的发展，在这种情况下，高校毕业生就变得更加重要。

（1）高校毕业生拥有更为丰富的知识储备，他们接受过更多的理论知识，拥有更深入的科学思维，更完善的文化视野，这样的知识储备就可以帮助他们在职业发展和实践中获得更大的成功。此外，他们可以更好地服务于经济发展，因为他们拥有更先进的理念和思想，可以帮助企业和政府更好地实施经济发展的政策，从而推动经济高质量的发展。

（2）高校毕业生具备更高的社会能力，他们拥有独立思考的能力，更加擅长提出创新的观点，可以根据社会的发展需求，提出更好的发展办法，从而更好地为社会发展做出贡献。此外，高校毕业生还具有更高责任心，他们能够更好地为经济发展做出贡献，从而推动经济高质量发展。

（3）高校毕业生拥有更为强烈的职业规划，他们可以根据自己的能力和兴趣，更好地实现自身的发展，从而更好地为社会发展做出贡献。因此，经济高质量发展更加需要高校毕业生。

总之，经济高质量发展需要高校毕业生，他们拥有更丰富的知识储备，更高的社会能力，更强烈的职业规划，可以帮助经济高质量发展，从而实现经济的可持续发展。

（三）数字经济带来的就业创业机会多

近年来，数字经济的发展正在越来越快，并引发了越来越多的关注。它以其独特的优势，以及在消费者满意度和效率上的优势，正在改变着人们的生活方式，以及经济发展的方式。随着数字经济的发展，越来越多的就业机会和创业机会正在出现，这也使得它对经济如何发展，以及高校毕业生如何转型，变得更加重要。

（1）数字经济的发展极大地拓宽了就业机会，使得传统行业外，更多不同的就业机会出现在人们的视野之中。例如，在数字经济发展的今天，互联网企业成为众多就业机会的源泉，企业不断招聘高校毕业生，并且由于网络空间的发展，更多的就业机会正在不断涌现。此外，在数字经济发展的今天，技术驱动的行业也正在发展，比如人工智能、大数据、云计算等，这些行业都拥有越来越多的高校毕业生，他们在这些行业中可以更好地发挥自己的技术优势，获得更多的就业机会。

（2）数字经济的发展也为创业提供了更多的机会。在数字经济发展的今天，互联网不仅极大地拓宽了企业的发展空间，也为创业提供了更多的可能性，比如网络创业、移动互联网创业、技术创新等，都为创业者提供了更多的机会，而高校毕业生在这些领域也可以更好地发挥自己的技术优势，把自己的创意变成现实。

（3）数字经济的发展也为高校毕业生提供了更多灵活的就业机会，使他们可以更加自由地选择自己的工作，而不必受到传统行业的限制。此外，在数字经济的发展中，越来越多的高校毕业生也可以从事自由职业，如在网络上提供服务、做网络兼职等，这些工作都让高校毕业生可以更加自由地展示自己的能力，也可以更好地发挥自己的技能。

（4）数字经济的发展给高校毕业生带来了更多的就业创业机会，在数字经济发展的今天，高校毕业生可以更好地发挥自己的技能，更有效地把自己的创意转化为现实，也可以更自由地选择自己的工作，从而使经济发展更加高质量，而且也更加需要高校毕业生的参与。

二、结构性就业矛盾依然存在

结构性就业矛盾是指当经济发展的时候，就业机会的增加并不能跟上经济的发展速度，导致就业市场中发生的矛盾现象。这种矛盾表现在就业市场上，特别是由于经济发展中产生的新技术和新业态对职位结构、就业性质和就业岗位的改变，以及新兴企业需求的变化，使就业结构性矛盾日益突出。

就业结构性矛盾的表现更加突出的是，就业市场上面临着既有就业机会和职位机会不匹配，又有人才技能素质不符合就业需求的问题，这些问题都会影响就业市场的运作。此外，就业结构性矛盾还会导致就业者的收入水平不断降低，使就业者的生活压力加大。

（一）从变化看结构性就业矛盾

结构性就业矛盾的根源在于招生计划与市场需求的不匹配。随着全球经济的不断发展和技术的不断进步，人们对就业市场的需求也在不断发展，而招生计划似乎远远落后于市场需求。招生计划所缺乏的是一个可以充分反映市场需求的可持续的框架，以允许学校和企业之间的有效沟通，使招生计划更加灵活，市场需求能够及时反映出来，从而让企业找到适合的人才。

招生计划的问题主要表现在招生规模和招生方向上。目前，大多数学校的招生计划仍然是根据传统的技术和经验来制订的，而市场需求正在以前所未有的速度发展。尽管有许多教育机构已经建立了一个招生计划管理系统，但仍然很难使招生计划紧跟市场发展的步伐。招生计划的不能及时调整，使人员素质与市场需求的不匹配，从而造成就业结构性矛盾。

（二）从差异看结构性就业矛盾

近年来高校毕业生就业过程中存在"无业可就"与"有业不就"的矛盾。这是由于劳动力市场结构中的差异导致的，市场分割理论指出，劳动力市场存在主要和次要劳动力市场的分割，其中主要劳动力市场的工资高、福利待遇好、在职培训和晋升机会多、工作稳定性高；而次要劳动力市场则恰恰相反，以较低的工资和福利待遇要求，在职培训和晋升机会少，工作稳定性不高。由于我国经济存在显著的地区、城乡、行业、单位、岗位、能力等差异，加上劳动力市场规模庞大，导致劳动力市场呈现出阶梯型的多元分割，这就是高校毕业生就业问题的根本原因。

劳动力市场的分割会对高校毕业生就业产生巨大影响。一方面，由于主要劳动力市场的竞争激烈，招聘单位对毕业生的要求越来越高，大多数毕业生都很难胜任，对毕业生就业就会产生较大的障碍；另一方面，由于次要劳动力市场的工资和福利待遇普遍低于主要劳动力市场，毕业生们也不愿意接受这种低收入的工作，也就导致了"有业不就"的现象。

因此，要解决高校毕业生就业问题，有必要从改善劳动力市场结构的方面入手，提高次要劳动力市场的工资和福利待遇，改善毕业生就业环境，促进毕业生就业。

（三）从匹配看结构性就业矛盾

高校毕业生就业结构性矛盾的原因之一是高等教育供给与劳动力市场需求之间匹配度较低。由于就业信息不足、不平衡、不清晰，使得用人单位和求职者之间的匹配度降低，单位很难招到合适的人才，同时毕业生也难以找到满意的工作，这导致了结构性就业矛盾。此外，企业招聘熟练技术人员的需求量远大于教育机构提供的技术型人才数量，使得熟练技术人员短缺的现象普遍存在。

另外，一些企业招聘需求受到经济环境的影响，尤其是经济放缓期间，招聘需求急剧下降，甚至几乎停止，这对毕业生来说是一个极大的挑战。一些毕业生因此无法找到符合自身能力要求的工作，或者连工作机会都没有，难以实现自身的职业发展，从而导致就业结构性矛盾。

此外，高校毕业生缺乏社会实践经验和社会能力的缺失也是高校毕业生就业结构性矛盾的一个重要原因。由于高校毕业生缺乏社会实践经验，他们缺乏实践能力，很多时候拿不出自己实际能力的证明，因此，即使拥有理论知识，也无法有效地将其付诸实践，这导致了高校毕业生就业矛盾的产生。

总的来说，高校毕业生就业结构性矛盾的原因主要有就业信息不足、不平衡、不清晰，用人单位和求职者之间的匹配程度低，熟练技术人员短缺，经济环境对招聘需求的影响，以及毕业生缺乏社会实践经验和社会能力等。只有深入分析结构性就业矛盾的根源，采取有效措施解决相关问题，才能改善高校毕业生就业结构性矛盾。

第二章　大学生生涯教育的研究梳理

第一节　大学生生涯教育现状及问题研究

一、大学生生涯教育现状

改革开放以来，随着经济发展水平的提高，我国综合实力得到了显著提升，教育事业也取得了长足进步。培养人才是教育的重要目标，要重点培养具备创新能力、复合型、应用型人才。推广教育开放，与世界一流资源合作办学。现阶段来看，我国大学生生涯教育取得了一定的进展。

（一）大学生生涯教育越来越受重视

我国大学生生涯教育的发展起源于西方国家，但在我国的引入相对较晚。早期由于社会经济体制和高校就业政策的限制，大学生生涯教育并未受到重视。然而，随着高校实现内涵式发展的同时，大学生生涯教育也越来越受到重视，相关政策和意见也逐渐出台。

在高校加强思政课教育的同时，加强学生的理想信念教育和诚信教育也是重点。同学们在大学入学时，就在思想道德修养与法律基础课程中接受大学生生涯教育，通过学习坚定理想信念、践行社会主义核心价值观、明大德、守功德、严私德以及树立正确的人生观等内容，为学生的未来规划打下基础。此外，高校还通过专业的生涯规划课程、创新创业教育、职业生涯规划大赛、创新创业大赛、就业指导课程和讲座、孵化基地等课程和活动，将立德树人贯穿在整个教育和大学生生涯教育过程中。

除了思政课，还引入了"形势与政策"，它通过对国内外局势的讲解，帮助学生更好地了解当前的国内外情况，提高思政课的实用性，并让学生能够在大局下及时调整自己的职业规划。各高校对心理健康教育也开始重视，为学生提供在校学习期间和求职阶段的心理健康指导，以培养良好的心理素质，为职业生涯规划打好心理基础。

高校特设就业指导中心，为毕业生提供专业的就业指导和服务。并不断举办活动，提供大量就业信息。辅导员在学生毕业阶段，及时关注学生就业和求职需求，协助解决问题。学校管理部门将学生就业和生涯规划视为重要任务，关心每个学生的成长。

（二）大学生生涯教育的教师队伍不断完善

高等教育改革的重点之一是专业师资队伍的建设。无论是辅导员队伍还是大学生生涯教育教师队伍，都在走向专业化和高水平化的道路。在日常教学中，辅导员不仅关注学生的专业知识掌握，还关注他们的身心健康。在大学生生涯教育中，更多的专业的职业生涯规划教师和心理健康教育教师为学生提供更加专业有效的指导和教育。

（三）家长对于大学生生涯教育更加重视

随着现代社会的发展，教育的重要性也变得越来越重要。如今，家长们更加关注孩子们的大学生涯教育，以帮助他们更好地融入社会。

（1）现今的社会需求发展，极大地推动了大学生涯教育的重要性。大学生面对着更加复杂多变的就业形势，要求他们拥有更多的技能和知识，这些技能和知识无法通过普通的课程学习获得。因此，家长们把大学生涯教育视为重要的投资，帮助他们的孩子们准备好以往就业的挑战。

（2）家长们也重视大学生涯教育，因为它可以帮助他们的孩子们在未来面对更多具有挑战性的职业选择。大学生涯教育不仅仅包括职业规划，还涉及其他能力的培养，比如领导力、协作能力等，这些能力将帮助孩子们在毕业之后更好地把握职业发展机会。此外，家长还把大学生涯教育作为一个机会，帮助孩子们提升自身能力，以充分利用他们在大学期间的资源和特权，从而获得更大的成就。

（3）家长们也会在鼓励孩子参加大学生涯教育中发挥重要作用。孩子们需要家长的支持，来帮助他们坚持自己的目标，确保按时完成大学生涯教育，从而取得更大的成就。此外，家长也可以在子女把握大学生涯机会方面为他们提供建议，以帮助他们正确认识现实，做出更好的决策。总之，家长们的积极参与有助于孩子们从大学生涯教育中受益最大化。

（四）大学生的参与性和积极性在逐步提高

新时代的经济增长与市场需求不断提高，人才素质的提升也变得越来越重要。面对如此复杂的环境，大学生需要早早确立自己的职业目标，并在四年的学习过程中，通过职业规划来指导学习实践，在毕业求职时能够更快找到合适的工作机会，实现顺利就业。

当前，大学生对于职业发展规划的需求日益增加，他们渴望在大学期间就开始制定自己的职业规划，并在学习专业课程和参加实践活动中一步步实现目标，为毕业就业打下扎实的基础。同时，大学生对于职业教育参与程度和接受程度也有了显著提高，积极参加学校的职业教育课程和活动、尝试就业和创业的人数也越来越多。他们越来越将如何更好地实现自己的人生价值作为追求，并不断努力去实现。

二、大学生生涯教育的问题

（一）大学生就业问题表现分析

高校在提供生涯教育时，首要目的在于帮助大学生了解自己，确定职业目标，在离校后能够实现高质量就业。因此，我们必须关注大学生的主体性，顺应学生的发展规律，引导他们自我认知和自我发展。在就业过程中出现的各种问题都是主体问题，不容忽视。而缺乏生涯教育，会导致大学生在了解自己、了解就业环境并做出就业选择时出现各种困难。目前，大学生在就业过程中表现出来的问题主要包括：

1.自我认知不明，定位不清

对于职业规划来说，自我了解和评估是至关重要的。然而，不少大学生缺乏这方面的能力，他们难以对自己有深入的了解。这是由于我国学生曾经长期处于被动学习状态，从小学到高中都只是被动地接受知识，到大学阶段很难迅速转变思维方式，自我意识不强。另外，由于目前高校的生涯教育缺乏个性化的职业兴趣测试、职业倾向测试和个性化的职业指导，学生缺乏自我评估能力，难以形成准确的自我认知。

【资料延伸】

如何在实践中帮助学生自我认知

小王是一名大学二年级的学生，在做生涯规划时表现出自我认知缺乏，不知道自己的兴趣在哪，对什么都不感兴趣。为了帮助小王更好地认识自己，让他对自身兴趣有更清晰的认识，我们设计了一个具体的做法：

首先，要让小王明确他自己想要的是什么。我们会与他一起讨论，有关职业的优劣，以及职业选择的必要条件，详细了解小王的想法。

其次，帮助小王更清楚地认识自己的兴趣。我们会安排小王参加一些实习、志愿者活动，让他可以通过实际的接触和实践去发现自己的兴趣。

再次，让小王思考自己的价值观以及自己期望的职业特点，以做出明智的决定。我们会安排他参加专业讲座、职业测评、社会实习，加深他对于职业的了解。同时，也会帮助他思考自己的价值观以及自己期望的职业特点，以做出明智的决定。

最后，定期跟进小王的生涯规划进度，量化性地关注小王的职业规划进程，提供专业化的建议，确保小王能够有效地完成自己的职业规划并获得满意的职业成果。

2.生涯规划意识不强，就业观偏颇

大学生在就业方面面临着巨大的挑战和困难，而高校就业指导工作的不健全也加重了他们的困难。近年来，高校就业指导工作的持续投入与大学生的就业需求之间的矛盾日益凸显。有些高校就业指导中心的设施仍然落后，组织管理缺乏科学性和系统性，职业规划指导能力较弱，缺乏针对性的有效措施，缺乏对就业市场的深入调研和研究。此外，大学生缺乏就业指导的专业性知识和职业规划的基本能力，就业指导人员在指导大学生职业规划和就业技能培训方面也缺乏专业技能和实践经验。这些问题都导致了大学生形成片面的就业观，无法充分了解就业市场，对职业规划也很模糊。

大学生面对就业时存在以下问题：

第一，求职心态不足，缺乏担当意识。部分大学生只想找高薪、稳定、舒适的工作，这种心态虽然从人性角度看是正常的，但如果不从自身考虑是否合适，及社会需要也是缺乏担当意识的表现。

第二，就业心理素质差，对求职充满恐惧。很多大学生在面对就业时，由于缺乏足够的准备、经验和能力，会感到紧张、怯懦，也就是常说的就业心理素质差。而且，由于缺乏正确的求职观念，容易产生"求职越来越难"的恐惧心理，这样的情况会持续甚至加剧求职的紧张情绪，影响大学生寻找适合自己的就业机会。

【资料延伸】

如何在实践中帮助学生自我认知

小李是某高校市场营销专业的毕业生，毕业后就去了北京，小李去北京后，他首先在一家综合类公司任职，他负责市场营销工作，为公司在各种新媒体上开展更多的活动，并利用电子商务平台帮助企业拓展新的市场。为了让工作更有效，小李不断增加自己的技能，学习各种新技能，接触新的行业技术和市场营销理念，他的工作表现也受到企业领导的一致好评。

接着，小李加入了一家广告公司，以营销总监的身份参与公司的运营，策划运营内容和活动，他积极拓展市场营销渠道，以提高产品形象和销量。在小

李的带领下，公司的业绩有所提升，品牌形象得到改善。

但在那里，即使工作成绩出色，也没有归属感，最终他决定回到家乡。

到了家乡，一切都回到了从前。乡亲们温暖的欢迎，使他感到无论离开多久，这里都是自己的归属地。他决定积极行动，帮助乡亲们提升当地特产人参果的销量，扩大传统产品的销路，为实现扶贫增收而奋斗。

小李回家后深入当地乡里，与当地乡亲进行深入沟通，了解当地特产人参果的属性和优势，宣传当地特色，吸引当地乡亲出售人参果。另外，他也积极拓展外地客户的渠道，把人参果推向更大的市场，最终成功地将产品推广出去。

小李还利用网络平台把当地特产人参果提升为一种品牌，利用文字和图片来准确描述产品，做出更有吸引力的宣传，把当地特产带到全国各地，让外地人能认可这种特殊的产品。

小李采取了一系列的措施，将当地特产人参果推向更大的市场。他先是建立了自己的网店，用最深入的文字和图片来描述产品，再通过合作联合参与某大型招聘网站和搜索引擎来推广，确保了当地特产人参果的销量一直保持良好的趋势。小李把当地特产变成一种品牌，受到了客户的一致认可，也实现了他自己的梦想。

小李在农村也实现了自己的人生价值。他的努力不仅提升了当地特产的知名度，更重要的是通过他的努力，当地人得以以自己的产品实现增收，提高他们的生活水平。

3.综合素质不理想，诚信不足

当前，许多大学生在大学阶段表现出浮躁的态度，缺乏学习专业知识的热忱，对专业课程持有轻视的态度。他们认为自己所学的专业知识无用，在毕业后将需要重新学习。相反，他们更倾向于参加各种资格认证考试，追求各种执业证书，这导致许多学生入职后的职业发展受到影响，甚至因缺乏专业知识而被淘汰。大学教育应培养学生的多种能力，包括职业技能素养、自我管理能力、通用技能素养以及求职技巧等。然而，现实是大多数刚毕业的大学生职业技能素养较差，甚至不会操作基本的办公软件，无法达到用人单位的岗位要求，因此难以成功就业。

部分大学生缺乏诚信，学习态度不足。他们上课迟到、早退甚至逃课，考试前不认真复习，考场上作弊现象时有发生。为了让自己的简历看起来更好，他们不惜伪造在校成绩、荣誉证书甚至伪造学历。毕业后毫不考虑签订就业协议，随意违约，入职后随意辞职，盲目跳槽，导致用人单位人力成本激增，对大学毕业生群体信任缺失。这些行为导致了部分学生自毁招牌，在就业时求职难以顺利。

【资料延伸】

进入职场后也要坚持诚信

职场缺乏诚信是影响职场和谐和职场效率的严重阻碍。诚信不仅是必要的职业道德，也是一种有益的工作习惯，可以建立容易相信的信任关系。职场缺乏诚信，具体表现可以从两个方面来看：

一方面，职场缺乏诚信的表现体现在经常撒谎、把责任推卸给他人、虚假改善业绩、把利益高高放在社会价值之上等行为中。很多人经常会撒谎，故意误导他人，以逃避责任，或者利用不正当的手段来获得利益。这些行为一旦发生，会严重削弱团队的凝聚力、信任感和有效性，影响团队创新能力。

另一方面，职场缺乏诚信的表现还体现在一种自私的态度，不尊重他人，拒绝出色完成任务，不关注他们工作中的同事或部门，拒绝向他人学习等行为中。这会影响职场和谐，伤害团队发展和绩效。当职场缺乏诚信时，同事间的关系会混乱，从而影响公司的商业绩效。总之，职场缺乏诚信会影响团队凝聚力、绩效和忠诚度，使公司陷入困境。

对个人来说，职场缺乏诚信会对自身带来很大的危害。首先，职场的诚信缺失会影响个人的信用，影响个人的职业发展。缺乏诚信的人很难在职场上立足，缺乏可信任的价值观，不但使自己没有发展的空间，而且会影响自己的同事对自己的信赖，影响自己的绩效。其次，职场缺乏诚信对个人的职业发展也具有严重影响。一旦因为缺乏诚信而失去同事和上司的信任，将会影响自己的绩效和晋升机会，还可能丢失就业机会，被开除或被辞退。

总之，职场缺乏诚信会严重影响自身的职业发展，会对自身带来严重的危害，因此，个人在工作中应该建立健全的诚信体系，严守工作道德，坚持诚实守信，遵守社会公序良俗，让职场更和谐、更有效率。

对企业来说，职场缺乏诚信会对企业的管理、发展、稳定及其商业绩效产生重大危害。首先，企业缺乏诚信会影响团队凝聚力和向心力，影响公司的创新能力。其次，职场缺乏诚信会影响员工的工作热情和绩效，使企业的绩效大打折扣。此外，职场缺乏诚信可能会破坏企业形象，影响企业面临的市场机会。最后，职场缺乏诚信也会削弱企业内部管理制度，导致沟通不畅，僵化思维，影响企业的发展。

4.捕获信息能力欠缺，目标不明朗

大学生在寻找就业机会时有多种途径可以选择，包括校园招聘会、学校官网、人才招聘网站、猎聘网等，但是仍有很多学生不积极主动去寻找求职机会，认为学校提供的职位机会不足。这是由于学生们缺乏信息处理能力，在大量招聘信息面前不知所措，错过了很多可能适合自己的职位机会，最终导致求职失败。

【资料延伸】

职业咨询案例

职业咨询师：你好，陈某，你是来咨询职业规划问题的吗？

陈某：是的，我正在考虑毕业后的发展方向，以及未来的职业选择，但我实在迷茫。

职业咨询师：好的，那么我们从一个简单的问题开始，你最近的学习内容是什么，你对它有什么兴趣？

陈某：我最近在学习经济学，非常感兴趣，我喜欢做市场分析，比较喜欢这方面的课程。

职业咨询师：你对商业和金融有什么兴趣？

陈某：我对商业和金融领域非常感兴趣，我想学习更多有关财务和经济知识。

职业咨询师：很好，那么根据你的兴趣和能力，可以考虑采取什么样的发展方向呢？你对担任金融、经济、商业等方面的职业有什么样的期待？

陈某：我期待能够为企业提供有效的财务和经济分析策略，帮助企业提升

效率和收入。我也希望能在市场上发掘和抓住有利的商机，从而提高企业的竞争力。

　　职业咨询师：根据你的兴趣和能力，你可以考虑去准备金融分析师、经济顾问或投资银行家等职业选择，还可以考虑去做市场分析、投资分析或其他投资咨询工作。另外，你也可以考虑学习管理或经济学的相关专业，从事相关工作，获得更丰厚的收入。

　　陈某：好的，谢谢你的建议，我会好好考虑职业规划建议，并努力实现自己的目标。

5.跟风严重，缺乏自主择业目标

　　许多的大学生在求职时因为没有明确的求职目标而跟风，选择最热门的就业方向。

　　有一些学生并不是真正了解他们所选择的专业，急于追求社会上的热门职位，只是为了能拿到高薪，而没有考虑自己是否真正热爱这份工作。这样一来，他们对自己的职业没有兴趣，只是为了赚钱，往往会因此而失去工作的热情。

　　此外，大学生缺乏自主择业的能力和经验，往往会面临着各种抉择，而且很多时候也是在"黑暗中"做出的选择。他们没有能力分析职业未来的发展趋势，也没有能力判断哪些行业有前景，哪些行业没有前景。因此，在择业时，他们往往会选择错误，最终导致职业生涯受挫。

（二）当前大学生生涯教育工作存在的问题

1.生涯教育理念模糊，缺乏完善的教育体系

　　很多高校在实际工作中，只是把生涯教育简单地看作就业指导，缺乏系统理论研究和实践指导，只是碎片化教育。目前，多数高校把重点放在就业率上，认为高就业率是当前就业环境中的一个重要标志，所以进行的大学生生涯教育仅以促进就业为目的，而不重视就业质量。大学生生涯教育应该是一项系统工程，应该包含完备的教学内容，然而由于国内针对此课题的研究还处于探索期，没有形成系统性的教育体系，导致我们没有适合国情的职业规划指导理论，相关研究仍处于浅层次。大学生在校期间接受不到系统、全面的职业规划教育，导致其在择

业过程中可能找不到匹配自己的职业，导致毕业生频繁跳槽。

【资料延伸】

1.生涯教育要关注学生整个人生发展

（1）人生发展有多方面，如职业发展、社会责任、自我增值等。人生发展涵盖多方面内容，其中最重要的一条便是职业发展。职业发展是指一个人在职业生涯中，根据自身条件、职业特点以及发展前景选择相应的职业发展道路，积极参与学习，做好技术提升，不断拓宽自身知识面，更新自身技能等，从而为本职业发展做出更大的贡献。另外，承担社会责任是另一个重要的组成部分。职业发展的过程中，每个人都可以做出有意义的贡献，比如慈善捐赠、公益服务等，以实现自身价值和社会价值的共同发展。最后，通过不断的自我增值也是人生发展的关键，主要体现在追求技能的提升、能力的扩展以及个人专业知识以及临场发挥能力的提升。他们应该以贯彻公司战略，把握最新技术资讯，把握行业动态，调整应变能力，树立职业形象，掌握团队协作技能，不断提升个人工作能力，实现自我价值的最大化，赢得更多的工作机会，建立优秀的职业发展规划，实现从职场新人到职场老手的转变。

（2）早在教育改革领域，"多元发展"开始成为一个共识。"多元发展"被广泛应用于教育改革，以确保每个学生得到充分的发展和全面的支持。它指的是通过提高学校教育质量、改革课程和教学方法、改善学校管理和评估制度、扩大教育资源投入等途径，丰富学生的学习内容，多样化学习渠道，激发学生潜能。实现教育公平，保障每个学生平等受教育，提升每一位学生的发展水平，彰显学生的个性特质。

多元发展强调以学生为本，充分尊重每个学生的个性发展，引导学生发现和培养自己的能力与特长，尊重每个学生的选择，培养每个学生的独立思考和创新能力，因材施教，在实施因材施教的过程中，老师需要根据每个学生的情况为其量身定制课程，针对其特长特点和学习压力提供个性化的相应支持；在课堂教学中，要重视学生实际表现，多用提问引导和实际演练来激发学生的学习兴趣，不断探索有效的教学模式和教学方法，适应不同学生的不同学习需求，调动学生更好地发挥潜能。

（3）全球教育报告 2018 年更是指出，教育投资是面向未来的人生发展投资，是提升学生发展的核心。获得良好教育对年轻人的未来发展至关重要。没有足够的培养，他们很难发挥他们的潜力，获得想要的成功。因此，我们应该把教育视为一种投资，投资于年轻人的未来。投资教育可以使我们的孩子更有素养，他们能够更好地发挥自己的才能，找到适合自己的职业、社会位置，获得更好的未来发展。

除了可以提高学生的个人发展外，投资教育还可以促进社会发展。一个拥有良好教育资源的社会，可以让每个年轻人都更有发展的未来和发展的机会，而更高水平的社会发展也能够提高社会整体的福利。

总之，教育是一种有助于我们的社会发展的最佳投资，也是推动一个国家成功的关键因素，只有投资和关注教育，才能够确保年轻一代的成功。我们应该积极投资教育，促进下一代孩子们有一个更美好的未来。

（4）国家统一考试的目的也是要注重学生的全面发展，而不仅仅关注学术分数。国家统一考试旨在更好地评估学生的全面素质和能力，从而帮助他们发挥全部潜力。考试问题不仅涉及学科本身的内容，还关注学生的创新能力、思考能力、社会综合能力等，以促进学生的全面发展。此外，国家也会根据学生的表现，推出不同的测评项目，以帮助发现学生的兴趣和特长，激发学生的积极性。

2.生涯教育课程内容片面，教学安排不合理

在大学阶段，帮助学生树立职业规划意识，增强自我认知能力，了解就业市场需求，并为学生提供实践性的、提升自身素质和能力的机会，是高等教育的重要任务。然而，目前我国大学生的就业质量较低，生涯教育的实效性不够，大学生的满意度也较低。这是因为传统的"大锅式"教育方式缺乏实用性，课程内容空洞，不能真正植根于大学生活中，导致学生认为课程过于理论化，脱离现实，无法解决就业择业时所面临的问题。目前高校教育中存在的一个主要问题是，课程安排和教学管理不够及时和有效，导致教育效果无法满足学生的实际需求。另外，高校课程开设过于随意，忽视了生涯教育的系统性，过多关注就业信息发布和技巧指导，而缺乏就业形势、心理和职业道德等方面的教育。此外，许多高校提供的理论课程也过于过时，缺乏实用方法和技巧的传授。在课程设置上，高校缺乏将学生的专业背景与专业课程相结合的办法，导致教育质量不高。

3.生涯教育形式单一，缺乏个性化指导

目前，生涯教育的方式大多是由教师授课或举办讲座，其他形式相对较少。这种单向授课模式缺乏个性化指导和行业就业前景分析等课程内容，导致大学生对相关课程兴趣不高。总体来说，大部分高校缺乏系统性的规划设计，教育过程随意，严重缺乏个性指导。然而，我们知道，大四是大学生择业关键期，面临人生重要抉择，这个阶段的学生更需要老师从专业角度给予一对一的个性化指导。因此，大学生对个性化指导的呼吁较高，许多学生认为"集中营"式的教育缺乏针对性，效果不佳。

4.辅导规范性差，教育体制混乱

从教师构成来看，生涯教育课程中的教师主要分为全职和兼职两类。然而，专职教师的比例相对较小，大部分工作由辅导员和就业处教师来承担。这些人员虽然对就业状况比较熟悉，但由于平时事务繁忙，不能全身心地投入教学工作，专业水平有限，对学生的指导也仅局限于基础理论和实证建议，缺乏系统性和针对性，因此教学效果不尽如人意。生涯教育课程的教师队伍存在着许多困难，其中之一是教师稳定性问题。虽然辅导员经过培训，但由于晋升机会有限，岗位轮换快，很难确保生涯教育人员的稳定性。而且，很多高校中没有建立独立的教学单位，教育工作基本上由业务性强的就业处来完成，管理体制混乱，进入门槛低，人员结构复杂，而且缺乏资格准入制度和培训教育机制。而在考评机制上，对任职教师只有教学要求没有科研要求，而教学要求也只有量的要求而缺乏质的制约。

5.经费投入和硬件设施配置不够

要达成一项工作所需，经济上的支持是至关重要的。为了帮助学生合理规划自己的职业生涯，学校应该提供财政支持和相关的服务，如购买书籍和职业规划相关的书籍，配置多媒体教学设备和先进的专业评估工具。然而，目前许多高校在生涯教育体系建设上资金严重缺乏，人力和物质资源投入不足，机构设置和设施不合理，这些因素导致相关教育活动没有取得良好的效果。

第二节　大学生生涯教育研究经验与启示

一、国外生涯教育的研究综述

生涯可以被视为个人在不同场所所扮演的角色和所完成的任务的总和，它是个人选择生活方式和追求人生目标后所产生的思维方式、价值观和自我规范。因此，为了让个体拥有理想的生涯历程，引导个体提高生涯意识，进行生涯规划，确定生涯目标并选择合适的路径来推进生涯发展，是非常有意义和有价值的。在这方面，生涯教育是一种以促进个体全面发展为目标、以职业为核心的综合性终身教育。因此，生涯教育是一种贯穿整个个人成长过程的"终身性"教育，而非"阶段性"教育，也不是"单一性"教育而是"综合性"教育。为了科学地开展生涯教育研究和实践，我们需要充分借鉴国外关于生涯教育的理论研究成果和成功做法。

（一）国外生涯教育的现状及特点

美国、英国、日本生涯教育在逐步探索与发展中呈现出了鲜明的特点。

1.法律制度保障

国外发达国家的生涯教育的法律保障措施各不相同，主要根据国家的实际需求和国情来制定。但一般来说，有以下几项法律保障措施：

（1）与教育相关的法律法规：为了保障学生的权利，很多国家制定了相关的教育法，确保生涯教育得到应有的关注。例如，1997年英国颁布了《教育法案》，对生涯教育和指导进行了具体规定。

（2）与劳动相关的法律法规：国外许多国家也有相关的劳动法，保护劳动者的权益，同时也为生涯教育提供了法律保障。

（3）与就业相关的政策法规：为了促进就业，很多国家制定了相关的就业政策，保障劳动者的就业权益，同时也为生涯教育提供了相关的支持。如1974年美国国会通过了《生计教育法案》，开始正式实施生计教育；1994年又通过了

《从学校到工作机会法》，目的是使学生能顺利向"工作世界"过渡。英国从1988年开始实施国家职业资格（NVQ）和普通国家职业资格（GNVQ）制度，重视职业教育和职业指导应成为学校课程的一部分。

（4）与社会保障的法律法规：国外的社会保障法也对生涯教育产生了直接影响，通过保障劳动者的社会保障，促进生涯教育的发展。

总的来说，国外发达国家的生涯教育法律保障措施相当全面，为生涯教育提供了充分的支持和保障。

可以看出，政策、法规和制度的建立对于美国、英国、日本等国家生涯教育的发展起到了促进作用，保证了生涯教育在这些国家的稳步推进。

2.全程性

美、英、日三国的生涯教育非常全面，不仅仅是在个人就业之前提供职业咨询和指导，也不只是针对大学毕业生进行职业指导，而是贯穿整个教育阶段，从小学、中学甚至幼儿园开始，根据不同年龄和学历提供相应课程，重点不同，帮助学生不仅能就业、升学，还能对工作有热爱、对劳动有责任感和成就感。在美国，校内的生涯教育通常分为三个步骤，即了解职业阶段、探索职业阶段和选择职业阶段。例如，北卡罗来纳州家庭参与项目的要求是，小学阶段的生涯教育重在培养学生的职业意识；初中阶段的重点是让学生探索自己感兴趣的职业，包括写一份高中学业进展计划，参加探索性课程、观摩职场、参加招聘会等。在高中阶段，学生要进行职业选择，包括高中毕业后的工作、上大学或入伍等。20世纪90年代，英国政府开始认识到对所有中等教育学生实施生涯教育的重要性。通过《1997年教育法案》，所有公立中等学校都有义务为学生提供生涯教育计划，确保学生能够获得生涯指导和最新的生涯信息资料。日本各个学段也都认识到生涯教育的重要性，并采取了相应的措施来实施生涯教育。

3.合作性

美、英、日三国都强调生涯教育是公共教育与社会通力合作的事业，因而强调学校生涯教育与社会各界的密切联系。

美国商会早在1973年就开始着手讨论生涯教育的问题，并在当年举办了第一次全国性的生涯教育工作会议。会上讨论了企业、工业、劳工共同体在生涯教育中的作用等10个基本问题，并且认为企业界在这方面应该承担更多的责任。在美国，一些小学会组织"职业日"活动，学校会邀请不同行业的人来学校介绍他们的工作，如律师、拍卖师、警察等。中学生也会参加实习，学校会和工商企业合作制订实习计划，并让学生参与实习大纲的撰写。学校每年都会派教师到企业进修，以便随时掌握职场的最新情况，使学校与企业之间形成了互惠互利的双赢关系。为了提升课堂教学水平并让学生在学校得到最大益处，英国政府决定加强家长和社区在生涯教育中的作用。通过赢得家长对生涯教育的支持，提倡学校聘请志愿监管人员，如Bexley的志愿监管服务。这些志愿监管人员来自社区，包括学生家长、退休人员、从业人员或其他志愿者，负责确保学校提供高质量的教育。这种志愿监管服务不仅能够提高学校的工作效率，还能够促进学生与社会的联系，为学生的职业规划打下基础。相比之下，日本的生涯教育是由政府主导实施的，政府相关部门制定了一系列政策和法规来推动学校和企业等社会组织共同配合实施。

美、英、日三国鼓励学生走向社会，并与企业、家庭、社区密切联系，实践途径与方式日益开放、多元和深化，形成了学校、企业、家庭、社区共同关注和相互合作的实践体系。

4.系统性

美、英、日三国生涯教育理论基础良好，在政府大力支持下不断探索实践，形成了系统的课程体系，确保生涯教育在学校教育中稳步发展。美国作为先驱，经过多世纪发展，其生涯教育课程体系成熟，将一至十二年级学生纳入其中，帮助他们顺利实现学校到工作的过渡。

（二）国外生涯教育对我国的启示

1.树立系统性、全程性的生涯教育意识

生涯教育被认为是一种全面性、系统性的教育形式。美国、英国、日本等发达国家已将这一理念融入教育体系，多层次的生涯教育从幼儿园开始延伸到高等教育，以职业准备为重点培养学生的综合素质。美国从6岁就开始对孩子进

行生涯教育，注重每一阶段教育结果与下一阶段的衔接性。此外，日本教育政策研究所中小学生指导研究中心也认为，生涯教育是贯穿人一生的职业教育，而非短期的训练。

20世纪初，受美国职业指导思想的影响，我国也开始有人关注职业指导，但由于多方面原因，职业指导并未受到重视。21世纪初，社会的发展与职业选择的困难变得越来越明显，一些教育者重新开始关注生涯教育，因而相关文章逐渐丰富。因此，要充分利用英国、美国、日本等国先进理念和经验，重视职业生涯准备阶段的工作，而不能将生涯教育仅概括为职前培训或者就业指导。

为了加强我国实施职业规划教育的宣传工作，应采取措施鼓励劳动部门和企业界积极参与，帮助他们更好地了解职业规划教育的重要性，从而为学生提供更多的职业规划指导和培训。同时，应帮助学校和家长共同参与其中，为子女的职业发展提供指导和支持。教育行政部门要制定适合的政策来鼓励企业参与职业规划教育，加强与劳动部门的沟通，以保障教育行政部门为职业规划教育提供政策指导和资金支持。此外，要加强与各行业协会的沟通，了解不同行业的发展动态，为学生提供更多的职业方向和可能的就业选择。同时，要强化职业规划教育的科学性和实效性，帮助学生制定科学、合理的职业发展规划，指导他们开展有助于培养专业能力和职业素质的行为活动，使他们能够在就业市场上脱颖而出、竞争力更强。

2.建立生涯教育的政策支持和制度保障体系

（1）政策支持。政府支持是生涯教育发展的关键。在美国、英国和日本等发达国家，政府制定了专门的教育法规，为生涯教育的推广提供了有力的支持。为了跟进这些国家的做法，我国也应该在政策上大力支持生涯教育，将其作为基础教育的重要组成部分。

（2）资金支持。生涯教育的成功实施需要不仅有条件配套的政策扶持，同时也需要充足的资金来源。因此，我国应当以国家资金投入为主，并积极寻求社会各界的资金支持，建立专门的学校生涯教育基金，以保障学校生涯教育活动的财力、人力、物力需求。

（3）制定严格的标准和规范。在满足生涯教育基础设施条件之后，还需要重视软件建设。这意味着要制定科学严谨的标准和规范。这不仅保证了生涯教育的科学性和规范性，而且也使学生、家长和社会各界更容易接受并参与其中。这也是美国、英国、日本等国家生涯教育成功的关键条件之一。例如，国家学校顾问协会就制定了生涯发展的标准，包括学生能够获得根据自己的知识探索工作的技能，并作出明确的职业选择；学生能够利用一些技巧达到未来职业成功；学生对个人个性、教育和培训以及工作之间的关系有深刻的理解。

（4）建立监督机制。建立生涯教育监督机制可以保证生涯教育的资金合理使用，生涯教育的标准能够得到严格执行，保证生涯教育的良性运行。

3.开发相应的课程，制定系统的课程体系

为了在中小学阶段进行有效的生涯教育，必须设计出相应的课程。这些课程应该围绕学生为核心，以生活经验为重点，培养学生在现代社会中所需的基本能力。有系统的生涯教育课程可以确保学校生涯教育活动的顺利进行。在设计课程时，借鉴其他国家的课程体系，如美国、英国、日本等国的课程，同时要注意以下几个方面，使课程更加符合国情，更具有针对性。

（1）开发独立的生涯教育课程。将学校、家庭、社区等多种教育资源综合起来，打造具有校本特色的生涯教育课程，这是必须的。不同教育阶段的目标和实施途径应该与学生的身心发展特征相适应。在美国、英国、日本等国，生涯教育主要是由学校来实施，既关注学生全程发展，也针对每个教育阶段设计有针对性的课程目标和内容。例如，美国犹他州7年级生涯教育主要是进行生涯探索，采用多种实施方式，如课堂教学、实地参观、嘉宾演讲等都是生涯教育有效的实施方式。

（2）开展生涯教育活动课程。生涯教育课程设计应该充分体现其实践性特点，不能仅局限于课堂教学，而要着重调动学生的积极性和主动性，通过实践活动来实现学生自我生涯教育和生涯发展的目的。如英国学校就积极安排学生到工作岗位中进行实践，以增加学生对生涯教育的感性认识。

（3）开发网络在线课程。我国互联网的高速发展，为网络在线课程提供了可能，而且网络在线课程可随时为学生服务，帮助他们了解自己的优势，对自己的技能和兴趣进行检测等。

4.机构专门化，人员专业化

生涯教育是一项高度专业化的工作，辅导人员必须具备丰富的专业知识和技能，能够提供有效的服务。这就要求生涯教育教师具有高水平的素质和能力。在美国的学校系统中，从联邦政府教育部门到州、地区学区都有专门负责青少年生涯教育的人员，学校设有生涯教育、职业指导机构。政府系统中，联邦设有国家职业情报协调委员会，各州设有职业情报协调委员会，通过维护就业信息和建立职业供求数据库，为社会提供服务。学校生涯教育人员都需要受过专门的心理学和指导咨询技术培训。职业生涯教师都是本科毕业生，经过相当于硕士学位的咨询专业培训，成为心理专家。

在英国，职业生涯服务机构遍布全国，构成了完备的服务网络。这些机构的特色各异，但都具有相似之处。英国的生涯教育人员具有专业化特点，英国教育与就业部要求学校必须指派一名教师负责生涯教育与指导工作，这名教师被称为"生涯协调员"。他不仅应当与学校管理者共同规划本校的生涯教育，而且应当与当地生涯服务机构保持密切联系。

我国职业生涯教育目前存在着机构和人员专业化不足的问题，专业化咨询机构稀少，现有的专业机构也未能充分发挥作用。因此，推动专业机构的建立和完善，提高专业机构的专业水平，建设一支职业化、素质化、专业化的师资队伍是当务之急。这将有助于我国职业生涯教育的更好发展。生涯教育人员的培训必须坚持系统化和专业化原则，使其具备生涯教育的基本知识和专业技能。职业生涯教育人员还应具有一定的心理学基础，以便更有效地开展工作。

二、国内生涯教育的研究综述

（一）生涯教育的发展历程

中国的职业教育可追溯到解放前，早在1916年，清华大学校长周寄梅就邀请梁启超等人在学校里教授职业指导课程，1917年，在黄炎培倡导下，吴延芳、梁启超等教育家创立了以沟通教育与职业教育为主的"中华职业教育社"。这些教育家们结合当时中国的国情，重点介绍了西方国家有关职业指导的理论和经验，并开展了包括讲座、培训在职人员等内容的实践活动。1923年，清华大学正式成立了职业指导委员会，1927年，在上海成立了我国第一个直接为社会服务的专门组织——上海职业指导所。

中华人民共和国成立后，实行计划经济体制，大学生就业由国家统一安排，学生不需要担心就业前景，因此关于大学生职业指导的研究基本没有进展。

改革开放时期，我国经济体系从计划经济转向市场经济，大学毕业生的就业机会也由国家统一分配变成了个人自主选择。随着劳动人事制度的不断改革，职业指导的重要性逐渐受到重视。1956年，国家就业培训司编写了第一本《就业指导》，深圳市教育局和中华职业教育社举办了"职业指导问题研讨会"。1987年，上海市开始在部分初中进行职业指导试验研究，国家教委也将"职业指导理论与研究"列为重点课题。1988年，中华职业教育社出版了《职业指导》一书。然而，当时的研究重点主要集中在中等教育的职业教育上，对高等教育的关注还很少。这是因为当时受过高等教育的大学生很少，他们是社会的高级知识分子，没有任何就业压力。

随着市场经济的不断完善，社会对人才的需求越来越大，高等教育也开始蓬勃发展。为了满足社会的需求，国家加大了扩招力度。高校招生和分配制度引入了市场机制和竞争机制，使毕业生能够通过竞争就业上岗。在这样的背景下，大学生就业指导和职业生涯发展受到国家和高校的关注。国家教委下发通知，要求各高校开设就业指导课程，并加强教材编写工作。1997年，国家教委颁发了《普通高等学校毕业生就业工作暂行规定》，要求各高校设立就业指导机构。1999年，劳动保障部制定并颁布了《职业指导人员国家职业标准（试行）》，编辑出版了相应的培训教材。2000年，职业指导人员的资格鉴定工作在全国范围内开展，表明我国的职业指导队伍开始走向正规化、专业化。

21世纪，大学生职业生涯规划教育成为焦点，得到了热切关注。2000年，"2000年大学生职业生涯规划"活动，由北京市学联等单位发起，在北京大学、清华大学、中国人民大学等八所高校开展，受到了同学们的热烈欢迎。华东师范大学通过就业中心，开展职业教育和生涯辅导活动；东北师范大学提供多元化免费师范生生涯指导；山东大学将职业教育纳入新生入学思想教育；兰州大学、武汉理工大学举办职业生涯规划大赛；深圳大学、上海交通大学开展职业发展月/周活动；重庆大学成立全市首个以职业发展为主题的学生社团。2006年、2009年，全国共有24个省市的千余所高校，近百万名大学生参与两届"全国大学生职业生涯规划大赛"，取得了很好的社会反响。虽然我国大学生职业生涯规划教育已经在许多高校热烈开展，但是，课程设置、课程组织、实施策略、师资力量、效果评价等方面仍有待提高。

（二）大学生生涯教育的理论探索

不同学者对大学生职业生涯规划进行了不同角度的研究，从而写出了多本论著。孟万金关注教育哲学与社会学，在自我实现教育生涯中阐述个人职业规划对社会的重要性，著有《职业规划：自我实现的教育生涯》。罗双平则着重人力资源管理，探讨职业生涯规划的意义、原则、方法，作品为《职业生涯规划》。张再生则从宏观与微观两个方面，探讨职业生涯的理论基础与企业员工的管理，著作名为《职业生涯管理》。

廖泉文教授的职业生涯发展的"三、三、三论"：职业生涯发展的第一个"三阶段"（输入阶段、输出阶段、淡出阶段）；职业生涯发展的第二个"三阶段"主要指的是输出阶段中职业发展的阶段（适应阶段、创新阶段、再适应阶段）；职业生涯发展的第三个"三阶段"主要是指再适应阶段中职业发展的阶段（顺利晋升、原地踏步、降到波谷）。廖泉文教授的"三、三、三理论"不同于西方的职业生涯发展理论将职业生涯阶段按年龄硬性地划分，而具有个性化、弹性化、开放化等特点[1]。

---

❶ 廖泉文.职业生涯发展的三、三、三理论[J].中国人力资源开发，2004（9）：21-23.

第三章　大学生生涯教育的理论阐述

第一节　大学生生涯教育的探索实践

一、生涯教育的兴起与发展

生涯教育也称为生涯发展教育或生涯规划教育，是生涯发展理论和职业指导普及学校教育中，以培养学生的生涯规划与发展能力，更好地做好职业生涯准备。从广义上理解，学校开展实施的一切课程与教育活动都属于生涯教育范畴，因为都是为了学生的终身全面发展；从狭义上看，生涯教育仅指为帮助学生进行生涯设计、确立生涯目标、选择职业生涯角色、寻求最佳生涯发展途径的专门性课程与活动。生涯教育是在生涯发展理论基本形成系统成熟的体系、生涯发展理论得到认同和重视、职业发展环境的改变和教育更加注重学生个性发展的背景下产生的。生涯教育是实现个体追求高质量生存与发展的重要举措，也是人类自身追求人生价值与意义的一种社会探索。

目前，生涯教育的内涵，一般是指一种综合性的教育计划，其重点关注个体生涯发展的全历程，涵盖从幼儿到成人的各个教育阶段，逐一实施职业生涯认知、职业生涯准备和职业生涯管理与发展等内容的教育，帮助学生获得职业发展与工作技能，建立个人的生涯形态。学者赫伊特认为，生涯教育应包括个体一生的教育历程，即伴随其终身教育过程。受人本主义思想影响，生涯教育强调在发展人的个性（人性、生命质量）的同时，也注重个体的职业选择和生涯发展。日本学者高桥诚认为，生涯教育是一种高度重视个体与生俱来的创造性，并考虑如何发挥其个性的教育。我国的生涯教育发源于民国时期，代表人物是陶行知和黄炎培。陶行知提出了"生活即教育"，黄炎培提出了"生计教育"，这是我国教育家对生涯教育的理解与定义。后来，我国学者南海在其《对生涯教育的哲学思考》中指出，生涯教育是一种连续不断的教育过程、一种系统的完整的教育构想。

现代生涯教育的发端和发展产生于美国。1971年1月23日，美国联邦教育署署长马兰德先生在休斯敦召开的全美中学校长联席会议的演讲中，提出了有关生涯教育的概念与实施构想，这被视为生涯教育的开端。马兰德的观点和想法得到美国政府的认同和支持，在全美得到迅速普及。在20世纪70年代，美国政府通过了实施"职业生涯教育"拨款计划，要求将普通教育与职业教育相结合并设置职业预备课程。1994年，美国通过《学校工作机会法》将"职业生涯教育"普及从幼儿园至大学所有的教育阶段，帮助学生从小开始树立生涯意识，提升职业生涯认知与技能，培养生涯发展与决策能力。随着社会环境与人才市场的迅速变化，美国的生涯教育不断得到增强，逐渐成为美国教育发展的主流思想和重要组成部分。

20世纪90年代以来，一项称为"生活价值教育计划"在联合国教科文组织支持下，由全世界教育工作者推广至70多个国家的1 500多个地区。该项目以推动人类进步为宗旨，为儿童期的教育机构提供行为准则及工具。该项目致力于实现如下目标：①帮助个人深入思考并塑造自身价值观，并引导其调整自己的行为；②帮助个体理解掌握、提高与深化个人价值观与道德观的方法，鼓励个人作出积极的个人或社会抉择；③鼓励教育者和监护人重点关注并灌输学生的人生哲学，以促进儿童的全面成长、发展及作出符合自我与他人利益的抉择行为。

美国全面实施生涯教育后，日本、英国、德国、新加坡等国家也积极效仿并在学校教育中推行生涯教育。生涯教育经过几十年的发展，已经成为全球性、普适性的教育内容，不同国家和地区根据自身实际，构建了不同的教育模式、教育目标、教育内容与形式，形成了特色各异的生涯教育体系。比如，日本的中学为所有学生提供"进路指导"活动，每个年级都开设不同学时、不同内容的生涯必修课程，帮助学生升学、就业和实现人生理想与目标。

　　我国的生涯教育开展较晚。2003年，我国高等教育扩招以来的第一届大学生毕业，毕业生数量大幅增长而社会提供的有效岗位不足，出现了大学毕业生就业难现象。为解决大学生就业难问题，教育部和高校开始重视就业指导工作。随着就业指导工作的开展和生涯教育研究的兴起，生涯教育得到重视并在高校得到迅速普及。2007年，教育部办公厅印发了关于《大学生职业发展与就业指导课程教学要求》的通知，要求所有高校必须开设不少于36学时的生涯教育课程。经过10多年的快速发展，我国高校已经建立起生涯教育课程、生涯咨询辅导和生涯活动为主体的生涯教育体系。近几年，伴随"新高考"改革，我国的生涯教育由高校"前移"到高中和初中阶段，中学的生涯教育正方兴未艾。近期，一些地方出现了小学和学前教育阶段开始生涯教育的个案探索。相信经过未来几年的发展，我国必将建立起从学前教育到大学教育甚至是终身教育阶段的、系统的生涯教育与服务体系。

　　生涯教育的开展与实施，其核心理念主要有以下几点[1]：

（一）生涯教育是有目的、有计划、有组织的教育活动

　　教育是一项具有明确目标、系统计划、有组织性的活动，旨在传授知识、培养技能等。生涯教育亦是如此，它通过有目的、有计划、有组织的方式帮助个体正确认识自己与外部职业世界，提高生涯规划意识和生涯发展技能，提升职业能力和职业素养，最终促进个体职业生涯的适应性和全面持续发展。开展生涯教育时，需要明确目标和教育内容，制订详细计划，设立教育机构，创造教育条件，并组织相关教育服务活动。

（二）生涯教育注重实施者的全员性

　　生涯教育的成功需要学校、家庭、社会、政府的协作共同努力。学校与教

---

[1]　张翠，陈遇春.试析职业生涯教育的核心观及相关概念[J].继续教育研究，2012（10）：106-108.

师要承担教育责任，同时，家庭、社会与政府也要积极支持与配合。有效协作发挥各方力量与优势，全员参与生涯教育才能更好地推动其发展与实现目标，获得优秀的教育效果。

（三）生涯教育体现终身教育理念

1965年，法国教育学家保罗·朗格朗在联合国教科文组织举办的"第二次促进成人教育国际委员会会议"上首次提出"终身教育"概念。这个概念涵盖了教育的各个方面和内容，指的是从个体出生的那一刻到生命终结时，各个时期和阶段的教育。生涯教育关注个人整个生命发展阶段，体现了终身教育的理念。从学习者的角度看，生涯教育贯穿学习者整个生命发展；从教育者的角度看，生涯教育是为了推动学习者终身发展而努力的。

（四）生涯教育注重人的全面可持续发展

生涯教育不仅关注个体的职业生涯发展，而且注重其整个人生的全面可持续发展。生涯教育不仅解决个体的职业选择、职业决策、就业和职业发展问题，而且解决其学业发展、家庭幸福和理想追求的实现，获得更好的生活质量和美满、和谐的人生。

生涯教育为个体提供职业与人生发展的完整经验学习和支持服务。从个体发展看，开展生涯教育有助于提升学生综合素质，实现教育促进个体发展的目标与意义；有利于学生了解并适应社会发展需求，建立积极的人生目标，树立远大理想，为未来人生发展做好积累和准备。从社会发展看，生涯教育有利于教育机构加强与社会的联系，提高人才培养质量，满足社会发展对人才的需求；有利于调节人才供给与需求的平衡，优化人力资源配置，促进产业经济的发展。从教育角度看，生涯教育有利于促进个体自我价值与社会价值的统一，个体在实现自我价值的同时，促进社会与经济的更好发展；有利于促进教育公平，构建和谐社会；有利于激发学生的学习积极性和成长动力，挖掘潜能，最大化发展学生优势，体现因材施教的个性化教育理念和人文关怀。

二、生涯教育的目标、内容与方法

（一）生涯教育的目标

生涯教育的整体目标是促进个体的全面生涯发展，具体表现为：①加强学校人才培养与社会之间的联系，提高人才培养质量；②使学校的教育与课程更好地满足社会生活需要；③为每个个体提供其发展所需的教育、咨询等支持系统，促进其生涯发展；④培养个体更具弹性的知识、技能及态度，以适应时代快速发展的需要；⑤消除职业教育与普通及学术教育体系割裂带来的问题，弥合各教育之间的鸿沟。

在美国，生涯教育的内容与目标是：①自我觉察：提高自我认知分析能力；②教育认知：了解教育体系、专业发展及学习资源；③生涯认知：提升对生涯发展及角色认知水平；④职业世界洞察：了解国家及国民经济状况、行业、职业发展状况与趋势；⑤生涯决策：建立合理的职业与人生目标；⑥工作态度：培养职业道德与职业素养；⑦受雇的技能：提升谋职并保有职业的能力；⑧工作意义与价值的认知：提升自我与职业认同感，建立良好人际关系，增强职场适应力。

（二）生涯教育的内容

生涯教育是终身发展教育，它是一种全面发展的全面性教育，包括以下内容：

1.学习如何组织和管理生活，使之变得富有成效和充实

有效和充实的生活对于大学生来说是非常重要的，它可以帮助学生们发挥出最大的潜力，获得更多可观的成果。要实现这一目标，大学生需要组织和管理生活，以有效地利用时间，提升能力。

（1）大学生应该建立一个良好的作息时间表，确保充分睡眠，保持健康的生活习惯。通过规划作息时间，可以有效地改善时间分配，更高效地完成学习任务，并在必要的时候抽出一些时间来放松一下。

（2）要努力提高自制力和自我管理能力，不受外界诱惑，做出合理的判断，严格按照自己的计划行事。学会设定自己的目标，制定完成这些目标的时间表并坚持执行，以确保有效的时间管理，以及避免无谓的浪费。此外，大学生应该学习如何处理压力，正确考虑自己的心理和情感状态，缓解压力，以保持良好的精神状态。对自身的能力不断自信，培养正确的思维方式，避免各种徒劳无功的活动，这样才能更好地实现生活的充实和有效。

2.学会学习方法和技巧，不断提高自己的学习能力

根据个人特点，每个人都有通过学习方法和技巧来提高自己学习能力的必要性。首先，大学生应在了解自身学习优势和不足的基础上，完善学习计划，确定自己的学习节奏，并不断调整和改进，找出最适合自己的学习方法。其次，要找到有效的技巧来提高自己的学习效率，如分层阅读和复述，加强记忆力，注意要掌握正确的基本概念，做一些模拟测验和联系实际，以便更好地理解学习内容。再次，要养成良好的学习习惯，规划自己的学习时间，有效地利用学习时间，杜绝和摆脱一切不利于自己学习的因素。最后，大学生还应积极参与校园学习活动，多积累一些实践经验，丰富自己的生活，这将有助于更好地为将来做准备。

3.学会谋生

大学生要学会谋生的重要性是因为大学生在毕业之后会进入一个新的世界，面临更多的挑战和更多的不确定性，因此大学生要具备谋生能力，以便积累必要的财务技能，否则会很难在这个复杂的社会中生存下去。谋生能力可以帮助大学生了解市场环境，利用自身的优势发展和提升，从而确保自己在未来的社会里能够稳定地生活。

4.学习人际交往技巧和人格素养，培养和谐的人际关系

学习人际交往技巧和人格素养，可以帮助人们培养有礼貌、会守时、对别人友善的个性，有助于建立和谐的人际关系。学习正确的交往技巧，能够拓宽人们的社会圈子，让自己待人友善，增强自身的社会影响力，赢得别人的尊重和支持，有助于获得良好的口碑。学习人格素养，培养自我调节能力，帮助自己更好地应对他人，建立健康、良性的人际关系；学习赞美的艺术，可以让彼

此之间更好地交流，让自己的人际交往效果更好。

（三）生涯教育的方法

生涯教育不仅仅是单纯的知识传授活动，还是基于人类对生命质量追求发展而来的有关人生的探索、实践与构建活动[1]。生涯教育主要通过课程及实践活动方式，融入教育教学的全过程。具体方法有：①开设独立课程（如必修、选修课程），系统开展一系列主题的生涯认知与生涯发展技能教育；②融入学科教学，以渗透方式将生涯教育理念和内容融入各科的教学，兼顾学科教学与生涯教育目标的实现；③根据学校教育的实际情况，以非正式课程的主题实践活动方式，开展多种形式的生涯教育活动，如生涯博览会、生涯摊位和家长职业分享会等。

生涯教育本质上是一种能力的训练，即人的生存与发展能力的训练。在训练过程中，有两个重要环节不容忽视：

（1）受教育者本人，即生涯发展的当事人，其内在的生涯发展的积极意识与自我认知的有效性，是生涯教育取得良好效果的前提条件；而教育者，需要注重激发个体的自我意识与生涯发展意识，推动其建立积极的自我对话，提升其生涯发展的自我效能。

（2）无论是受教育者还是教育实施者，都需要关注个人和外部社会环境的关系，深入了解与把握社会状况、人才需求和职业的胜任素质能力标准，才能准确地做好职业定位与发展规划。

生涯教育在实施过程中，应遵循三个基本原则：

1.普及性与差异化原则

在实施生涯教育过程中，既要关注全体的共性需求，面向全体学生普及生涯相关知识，又要注意区分和尊重学生个体之间的差异和个性化需求，以保证生涯教育服务于每个学生的个体发展，为其提供支持和帮助。

---

[1]　沈之菲.生涯心理辅导[M].上海：上海教育出版社，2000.

2.教育与咨询同一原则

在实施生涯教育过程中，既要强调生涯知识的教育性、普适性与基础性，又要注重为个别群体学生提供针对性的咨询辅导，为其解决个性化问题，以更好地帮助其完成自己的生涯设计与决策。

3.认知与开发并重原则

在实施生涯教育过程中，既要帮助学生进行必要的生涯认知，包括自我认知、学业认知与职业认知，又要注重引导学生发掘自我优势，进行自我潜能开发，提升适应力，跨越发展障碍，更好地实现生涯发展目标。

三、生涯辅导的内涵与方法

1978年，迈克丹尼尔斯（McDaniels）认为，生涯辅导是指依据一套系统科学的辅导计划，通过辅导人员的协助，引导个人探索与认知、评估分析并整合运用其所掌握的有关知识、经验而开展的活动。其中，生涯个体的知识经验主要包括：①对自我的认知、探索与了解；②对外部工作世界及其他相关影响因素（如工作要求的教育培训水平）的认知与了解；③闲暇时间与活动对个人生活质量的影响；④生涯规划与决策中需要考虑的各种影响因素；⑤在生涯发展过程中达成自我实现所必须具备的条件。

生涯辅导是生涯教育的重要组成部分和一项任务，是生涯教育实施的一种方式方法，主要目的是解决个体的生涯发展与决策问题，从而帮助、推动个体完成特定的生涯发展阶段任务，协助个人的生涯发展。

（一）生涯辅导的目的和目标

总体来说，生涯辅导的目的，可以分为社会导向、个体导向以及综合导向三种。社会导向注重对社会作用与价值的认识，通过提升生涯个体的全面发展，从而培养出中国特色社会主义事业的建设者和接班人，促进社会发展和进步。个体导向则重点关注生涯咨询辅导对象的价值与功能，生涯辅导主要是帮助生涯个体正确确定人生发展方向和职业发展的目标，支持其充分发挥自身潜能，实现自我价值和目标，获得幸福人生。以综合导向为出发点，生涯辅导从生涯个体与社会的相互关系出发，引导个体以更高的格局和更宽的视野把握自身职业选择和生涯发展之间的关系，帮助其充分利用和整合各种资源，把握好生涯抉择和规划，推动个体自主、有序、高效地发展，从而实现个体与社会有效且积极地相互促进。

从根本上说，生涯辅导的整体目标是促进个体的生涯成熟，即有效帮助个体在相应的生涯发展阶段达到相应的成熟度。具体目标包括以下十二个方面：

（1）帮助个体认识自己的个性和兴趣，提高自我认知，建立良好的自我认同感和自我实现感。

（2）帮助个体明确自己的生涯发展目标，增强生涯规划能力，确定自己的职业定位。

（3）帮助个体建立积极生活态度，进行适宜的生活方式活动，以有效地实现个体的职业规划。

（4）帮助个体提高职业技能和能力，有效地实现职业目标。

（5）帮助个体拓展自身的社会网络，善于与他人合作，并从中汲取经验与资源。

（6）帮助个体拓宽视野，丰富自身的学习与实践经验，提升个体的职场能力。

（7）及时反馈个体的学习实践成果，并相互分享心得体会，促进职业规划过程的反馈与改进。

（8）帮助个体形成良好的职业发展意识，以及把握职业发展机会的能力。

（9）引导个体面对职业发展过程中所面临的挑战，培养个体的抗压能力。

（10）帮助个体利用资源实现职业发展，并建立系统的职业发展路径。

（11）建立个体职业生涯的长期发展规划，并实施有效的职业管理措施。

（12）帮助个体将职业发展规划与自身的价值观和家庭关系等进行有机结合，充分实现个体的职业发展和生活最大化。

（二）生涯辅导的实施原则

生涯辅导在实施过程中，要坚持以下四项基本原则[1]：

---

[1] 陈德明.近十年我国生涯辅导研究回顾与前瞻[J].教育与职业，2011（21）：83-84.

1.现实性原则

生涯辅导不仅要深入了解个体的内在需求与特点，而且要考虑外部环境的实际需求与动态的社会发展变化，内外结合，统筹兼顾，以实现个人与社会的和谐发展为基本原则。

2.全程性原则

生涯辅导在实施的过程中，从宏观角度讲，要关注生涯的整个发展历程，即生涯辅导要覆盖从学前教育到终身教育的各个阶段；从微观角度看，生涯辅导要对个体生涯发展的全过程进行有效实施，以推动个体生涯的顺利发展。

3.全员性原则

生涯辅导在实施的过程中，要坚持全员化覆盖（不能仅针对部分群体），实施普及性的生涯辅导，保证每个个体都能获得生涯辅导服务，为社会人才培养构筑良好的生涯教育保障。

4.系统性原则

生涯辅导是一项专业性很强的服务活动。一方面，在生涯辅导过程中，需要辅导者为个体提供专业化、系统化的生涯咨询与辅导服务；另一方面，为保证生涯辅导的有效实施，需要系统构建生涯辅导理念标准、专业队伍、内容方法和保障机制等辅导体系。

（三）生涯辅导的对象和内容

从原则上讲，生涯辅导的对象非常广泛，可以包含社会中的各个成长阶段的个体。从我国目前的现状来看，生涯辅导的对象主要集中于学生（以大学生为主，中小学生近年得到重视而快速发展）和部分职业生涯决策有困难的职场人士。

生涯辅导的内容，主要包括以下四个方面：

1.生涯规划辅导和生涯决策辅导

这两个方面，是生涯辅导最主要和最基本的内容。通过生涯规划辅导，使个体建立生涯信念，掌握生涯规划的特性和方法，以帮助其做好人生发展的全面规划；通过生涯决策辅导，培养个体的生涯决策技能，突破决策障碍，掌握科学的决策方法，提高生涯决策的自我效能，以做出适合自己的合理抉择。

2.自我认知辅导和职业认知辅导

生涯辅导一方面要协助个体深入、全面、客观地了解与认识自我，为其人格特质、能力倾向与优势、兴趣、价值等提供认知方法与工具，评估其生涯成熟度状况，充分挖掘个人优势；另一方面，还要协助当事人探索职业环境，包括社会经济发展状况与趋势，行业发展状况与趋势，职业与岗位等有关的信息等。

3.学业辅导和就业辅导

学业和就业是每个人生涯发展必须要经历的两大任务。生涯辅导一方面要协助个体做好升学选择和学业发展的规划，另一方面要帮助个体做好职业生涯规划和就业的准备。这两个方面，是个体实现生涯发展和人生理想的基石。

4.生涯管理与潜能开发的辅导

个体的生涯包含其一生中各个阶段的角色及其生活。生涯辅导的内容也因此而涵盖个体的整个生涯发展过程，帮助个体做好全程、系统的生涯管理，以达成其生涯发展的各种目标。另外，生涯辅导要通过一定的方式方法激发个人潜能，发挥个体的主动性与创造性，克服生涯发展过程中的内部障碍和外部环境的限制，使其增强生涯发展的能力，以适应快速变迁的社会环境。

总之，生涯辅导的内容是围绕生涯个体的人生发展和职业发展活动，是服务于解决生涯个体的生涯问题和培养其生涯发展能力这两个核心目标，为生涯个体的全方面发展赋予动力、能力和可能。

（四）生涯辅导的实施途径和形式

实施生涯辅导，主要是通过生涯教育和生涯咨询两个根本途径来实施。其中，生涯教育的主要形式是课程及其相关活动，课程包括系统的主题课程（必修和选修等）、融入生涯内容的学科课程、生涯活动课程、生涯实践课程和环境课程等，而活动则包括自我探索活动、生涯体验活动、职业体验活动、生涯访谈活动和相关的主题活动等。而生涯咨询包括团体咨询和个体咨询两种形式。

第二节　大学生生涯教育的理论基础

一、职业选择论

（一）特质因素理论

1909年，波士顿大学教授弗兰克·帕森斯（Frank Parsons）根据多年的职业辅导研究与实践经验，在其著述的《选择一个职业》一书中首次提出了职业指导的概念并阐述了特质因素理论（又称帕森斯的"人职匹配"理论），特质因素理论是最早、最为基础的职业辅导理论，是职业指导的基本理念与操作原则之一。帕森斯认为，个人都有自己独特的人格特质与模式，每种人格特质与模式的个人都有与其相适应的职业类型[1]。

帕森斯所说的"特质"，是指个人的各种人格特征，包括能力倾向、兴趣爱好、价值观、性格和气质等，这些特征都可以通过心理测验工具来加以评估分析与测量；而"因素"是指个人在职业生涯或岗位工作上若要取得成功所要求具备的基本条件或胜任资格，这些可通过对具体职业或工作的系统分析而获得。

特质因素理论第一次提出了在职业指导过程中或个体在职业决策时需要遵循的人职匹配的思想理念与基本原则，其所强调的是，个人所具有的各种自我特质与职业所需要的条件之间要尽可能地协调与匹配。为了对个体的各种特质进行深入系统的分析与把握，该理论主要依赖各种心理测量与测评工具的应用，并大大促进了测评工具的运用和发展。该理论不仅为个人职业选择提供了思想方法和操作步骤，使个体在职业选择与职业规划过程中可迅速聚焦、避免决策的盲目性和职业适应的难度，而且缓解了劳动力市场对人才筛选与任用的矛盾，在一定程度上优化了人力资源的合理配置。

帕森斯认为，指导个体在做出职业选择时，可通过以下3个步骤完成。

---

[1] PARSONS.F. Choosing a vocation[M].New York：AgathonPress，1909：5.

1.剖析评估个体的职业特质与倾向

在这个步骤中，可通过各种对应的心理测验量表或相关的测评工具与手段，客观评价、分析个体的身体条件、能力优势、兴趣倾向、气质与性格特点等各方面的个人特质状况，并以谈话、调查分析等方式获取其有关的家庭背景、学业状况、实践经历等信息，然后对这些信息进行整合分析与评价，形成明晰的个体职业特质情况。

2.分析并共享当前或未来的各种职业对个体的条件要求

根据上述步骤，为个体提供大致匹配的职业条件要求等信息，其主要包括：①职业的性质功能、工资待遇、工作环境、条件以及可能的职业发展路径等；②职业入门所需的基本条件，如学历与专业要求、岗位资格条件、所需的专业技能、身体与年龄要求、实际经验、职业素质与核心能力以及其他方面的要求等；③为获得职业机会而需要准备的教育项目或训练计划，包括提供相关教育训练的教育机构、学习年限、课程设置、入学资格和费用等；④劳动力市场信息，包括用人需求状况、招聘信息、竞争程度和可能的就业渠道等信息。

3.人职匹配

在了解个体的特质和职业状况的基础上，进行分析比较与筛选，找到最佳匹配程度的职业选择，即帮助其找到一种适合的、可获得并可能在该职业上取得顺利发展与成就的职业。人职匹配的方式共分为两种：一是通过因素匹配个人，即通过职业找人，比如有的用人单位需要有专门技术和专业知识的人才，通过人才需求寻求掌握相应技能和专业知识的人，有的用人单位有相对较累、条件艰苦等岗位需求，就需要寻找与之匹配的具有吃苦耐劳、体格健壮的人才；二是通过特质匹配职业（或岗位），即通过人找职业，比如具有敏感、感情细腻而丰富、特立独行、善于表达、理想主义等人格特质的人，宜寻求具有审美要求、直觉情感表达要求的艺术创作类职业。

【资料延伸】

人职匹配的评价

人职匹配理论是职业领域的早期具有影响力的理论，在过去的三四十年里，曾是美国职业指导和教育的领导者。该理论在美国中学得到了广泛应用，在日本、英国和加拿大也很流行。近年来，我国的职业指导实践也逐渐以该理论为理论基础。

人职匹配理论的优点主要在于辅导方法十分具体，易于学习和操作；注重心理测量工具的运用，对心理测量的发展和应用起到了极大的推动作用；协助学生根据测试结果做出未来规划，从而避免学生在职业选择和计划制订过程中的盲目性，也避免了职业指导过程中的盲目性。

人职匹配理论的缺陷是过于依赖心理测量技术，测量工具本身存在信度与效度问题，心理测验并不能完全准确地反映求职者的心理特征；机械地强调个人特质与职业的匹配，而忽略了现实情况中社会环境、家庭背景、受教育程度、种族和性别等因素对个体做出职业选择的影响；强调理性的适配，忽略了个人情感等因素在职业决策中的影响作用；忽略了职业选择的双向性，将其理解为个体单向选择的过程；忽略了个人与环境的相互作用。

（二）职业动机理论

1983年，伦敦·M（London. M）等人提出了管理者的职业动机概念。他认为，管理者的职业动机主要包含工作动机和管理动机，还包括外延更为广泛的职业决策和行为的动机；其内涵主要包括：寻找和接受特定的职位、决定是否继续留在组织、修订自我职业计划、寻找培训机会和积累新的工作经验、设立并完成职业目标等❶。

伦敦·M的职业动机理论主要由三部分构成：情境特征、个体特征和职业决策和行为。情境特征涵盖对职业动机产生影响的因素，如战略规划、领导风格、组织文化、团队气氛等。个体特征分三维：职业活力、职业洞察和职业认同。职业活力指个体在环境变化中的适应能力和弹性，包括信念、勇敢面对挑战和对成就的需求等。职业洞察指个体客观认识自己职业现状和优劣势，并能

---

❶ LONDON M. Toward a Theory of Career Motivation[M]. Academy of Management Review, 1983, Vol.8, No.4, 620-630.

根据此制定切实可行的职业目标。职业认同是通过工作情况定义和认同自我价值，与职位、组织、专业发展需求、个人晋升需求和组织认同相关。

伦敦·M将职业动机、职业决策和行为研究结合，构建统一的职业动机模型，来描述个体职业动机的产生、发展过程及相互影响机制。他认为，个体特征与情境特征会对职业决策和行为产生影响，互相起作用。越稳定、符合个体自我概念的个体特征，对职业决策和行为的影响越大。情境特征会对个体职业决策和行为产生制约影响，有决定性作用。前期个人职业决策过程和行为会对当前职业状态产生反作用，间接影响个人职业动机。

根据伦敦·M的观点，情境特征和个体特征的关系是间接的，受到其他因素（如人格特质、自尊水平）的影响和调节。例如，当工作环境氛围积极向上时，此类情境特征会提高个体的自尊水平，增加成就动机，从而提高职业活力。

职业动机理论对职业决策和行为进行了全面整合研究，突破了以往仅限于个人工作动机的研究。该理论将个人特征、情境特征以及职业决策行为系统性整合，有助于解释个人职业决策行为的过程。此外，有利于发现和总结个体职业动机特点以及相关规律，从而帮助个体更好地管理职业生涯和组织开展职业管理。然而，该理论仍存在一些限制，如研究表明三维度相关性过高，影响该理论的发展和应用，测量工具也不够完善，影响其适用性和推广性。

（三）心理动力理论

20世纪60年代后期，鲍亭（Bordin）、纳奇曼（Nachmann）、施加（Segal）等心理学家以精神分析理论为基础，汲取特质因素理论和心理咨询的相关理论和技术，通过对职业团体进行大量的实证研究，提出了职业选择的心理动力理论（psychodynamic approach）。该理论指出，个体的内在动力和需要等动机因素对其职业选择和生涯发展具有重要的影响，广泛应用于职业选择过程指导和生涯辅导领域❶。

---

❶ 张婕琼.西方就业能力理论研究评述[J].中国高等医学教育，2008（6）：32-33.

心理动力理论认为，个体选择职业时，会综合考虑快乐原则和现实原则；人格、心理冲动也在影响着个体的选择，使其选择满足内心需求和冲动的职业。因此，职业辅导应重点提高个体的"自我功能"，使其内心需求得到解决，从而在日常生活中（包括职业选择）有自主解决问题的能力，不再需要外部辅导。

心理动力理论通过对个体职业发展的研究，认为影响职业选择的主要因素是个体的人格结构。这些结构受早期经历与家庭环境影响，形成了个体的适应体系、需求等。对个体的能力、兴趣、价值观、认知等均有影响，从而影响其职业选择。职业选择主要是为满足个体的心理需求，如果不能匹配，则可能会带来挫折，表现为婴儿期冲动升华。有自由选择机会时，则会选择自己喜欢的、满足内在需求的职业，减少职业焦虑问题的出现。

从心理动力理论的角度考虑，个人职业发展过程的根本在于个体的自我概念对职业选择产生的影响。内在的心理需求和动力因素是决定个体选择职业的重要因素。个体的自我概念在人格形成或重构过程中受到心理需求的影响，从而对个体的职业选择和生涯发展产生影响。因此，生涯辅导和职业指导的最重要任务是帮助个体建立或发展其职业自我概念，使其能够自主决策自己的选择。然而，在实际运用心理动力理论进行生涯辅导和职业指导时，缺乏明确的方法、工具和有效措施，限制了该理论的发展和实际应用。

二、生涯发展论

区别于前述职业选择理论的研究视角，生涯发展理论是从生涯个体的成长过程出发，围绕个体的整个生命周期，对个人的身心发展过程阶段及其特点、面对主要任务和可能问题等对个体的职业生涯全程进行研究与分析。生涯发展理论的主要代表人物包括舒伯、施恩、金斯伯格、格林豪斯、德斯勒等，提出了各自观点，下面对其做简要概述。

（一）舒伯职业生涯五阶段理论

美国心理学家唐纳德·E.舒伯（Donald E. Super），是生涯发展教育领域的里程碑式代表人物，对职业指导理论与实践的发展做出了"无与伦比的不朽贡献"，缔造了舒伯学派，被誉为生涯教育大师。舒伯的职业发展理论得到系统的传承和发展，其在全球的生涯教育与辅导领域具有极其重要的影响与地位。

生涯发展理论是舒伯在20世纪50年代至60年代提出，在理论与实践过程中不断得到丰富和发展。舒伯的生涯发展理论是以个体生涯发展为核心，主要观点是：从"自我概念"出发来看待个体的生涯选择和发展；个体的生涯发展是分阶段的，不同的生涯发展阶段个体的生涯特点与任务是不同的；个体的生涯发展与其生活角色是密切相关的。

1.从自我概念看生涯选择和发展

自我概念，是指个人对自己的兴趣、能力、价值观与人格特质等方面的自我认识，自我概念是伴随个人的成长过程得到形成和不断发展的。舒伯把人的生涯发展看作是一个持续、渐进的动态发展过程，从出生开始，伴随人的一生。舒伯认为，个体的生涯选择与职业发展取决于其自我概念的形成与发展，其生涯选择与职业发展是实现自我概念的过程，即"职业生涯就是对自我的实践"。

2.生涯发展阶段的划分

舒伯在生涯发展形态研究结果的基础上，参照布勒的生涯形态分类，将生涯发展阶段划分为成长、探索、建立、维持与退出（衰退）五个阶段，见表3-1。

表3-1　舒伯生涯发展阶段划分、阶段特征及其任务

阶段	年龄	主要特征	主要任务
成长阶段	0~14岁	个体的生涯发展刚刚开始，对自己的身份和职业认同尚未形成	对自我有一个初步的认识，以及了解自己的兴趣和天赋。在这个阶段，个体需要从各种途径，如父母、老师和朋友等处得到信息，帮助其在生涯发展的道路上不断进步

续表

阶段	年龄	主要特征	主要任务
探索阶段	15~24岁	在这一阶段，个体对自己的职业目标产生了明确的兴趣和期望，并主动探索自己感兴趣的职业和职业方向。在此期间，个体通常会经历许多尝试与探索，并逐渐形成自己的职业理念	形成自我认同。该阶段的个体需要开始通过自己的实际行动和实际经历来构建自己的身份。这一阶段的任务包括：确定自己的个性特征、价值观和生涯目标；对自己的性格、技能和兴趣进行评估；寻求从事的职业的信息；通过与他人的互动，对自己的性格特征进行验证；尝试通过实践来证明自己的价值；以及建立一个与自己的身份和价值观相符的生涯规划。这些任务的成功完成将为个体形成自我认同奠定基础
建立阶段	25~44岁	专业角色定位、长期职业目标设定、专业能力和知识积累、工作和生活平衡。此阶段个体开始明确自己的专业定位，并在此基础上设定长期的职业目标，通过不断地努力来提高专业能力和知识储备。同时，个体在追求职业发展的同时也需要关注工作与生活的平衡	提高专业技能，并不断提升工作效率积极寻求工作机会，以实现职业目标积累工作经验，不断提高自己的综合能力丰富人际网络，并建立良好的工作关系在个人发展方面，努力提高自己的领导力和沟通能力
维持阶段	45~64岁	坚持、保持个人职业生涯，通过创新和不断调节力求继续将工作做好并取得成就和地位，开始为退休做准备和规划	开发新技能，维护已经获得的成就和社会地位，维持家庭和工作两者间的和谐关系，寻找接替人选，为退休做好筹备
退出阶段	65岁以上	身心能力逐渐衰退，产出开始减少，工作活动等发生改变，逐步退出职业和结束职业，转变为选择性的参与者，继而成为完全的观察者。退出阶段包含两个子阶段：减速期（60~70岁）：工作速度减慢，工作责任或性质发生改变，比如由全职转变为兼职工作。退休期（71岁至死亡）：基本完全停止工作，成为赋闲者，主要从事休闲娱乐或养生活动，直至生命终止	开发社会新角色，减少权利和责任，适应并管理好退休后的生活

舒伯提出的以上职业生涯发展的五个阶段观点，个体生涯发展的每个阶段都有其特点与特定需要完成的发展任务，其每阶段需达到一定的发展或成就水平，并且前一阶段的发展任务达成情况，直接影响其在后一阶段的发展。舒伯的生涯发展阶段划分是针对大多数人的一般情况而言的，而且年龄段的划分也是相对的。现实生活中每个人的职业生涯发展会有特殊情况，比如一些职业运动员在20多岁就会达到职业生涯的顶峰，有些医生、科学家、艺术家等可能到了60岁还处于事业发展的黄金阶段，有些人30岁已经事业有成，而有些人可能50岁以后才开始创业。

在深入探索职业生涯发展的后期，舒伯对已有的职业生涯发展阶段理论进行了更深的思考，并提出了职业循环发展理论，使职业生涯发展阶段理论得以进一步完善。他认为，职业生涯的发展不仅仅是一个五阶段的单向发展过程，而是一个循环再循环的复杂过程，每一阶段不仅和个体的年龄无关，而且五阶段之间并不存在严格的界限，存在交叉现象，因此，每个人在人生的不同阶段都可以经历一个包含这五个阶段的"小循环"，职业生涯发展是一个不断循环不断发展的过程。

3.生涯发展与生涯角色的相关性

舒伯认为，个体在其每个生命阶段，会同时扮演着多个生涯角色。这些生涯角色，在同一时空有不同的显要特征❶。为了更直观地表达个体生涯发展的阶段与过程，阐述生涯发展阶段与角色彼此间的相互影响，舒伯创造性地把个体一生中所扮演的诸多角色及所处的阶段用色带来描绘，形成了个体多重角色及其生涯发展关系的图形，其被形象地称为"生涯彩虹图"（图3-1）。生涯彩虹图通过引入生命广度、生命空间等概念，形象地描绘出个体生涯发展的时空关系，直观地诠释了生涯的内涵与外延，展现出个体在不同发展阶段其各种角色的相互作用与关系，展示出不同生涯发展阶段角色的继承与发展变化。

生涯彩虹图从纵向角度阐释了生活空间，由6种不同角色组成，即子女、学生、休闲者、公民、工作者、持家者。这些角色相互影响，决定了个人独特

---

❶ SUPER D. E. Toward a comprehensive theory of career development [A]. In D. H. Montross & C. J. Shinkman （Eds.）. Career development：Theory and practice [C].Springfield, IL. 1992：35-64.

的生涯类型。根据舒伯的理论，随着年龄的增长，个人在生涯发展过程中会扮演不同的角色。图的外层代表主要发展阶段，阴影部分的长短表示该角色持续时间，宽度代表该角色在阶段中的重要性。同一阶段个体可以同时扮演多种角色，但其开始时间与分量可能有差异。

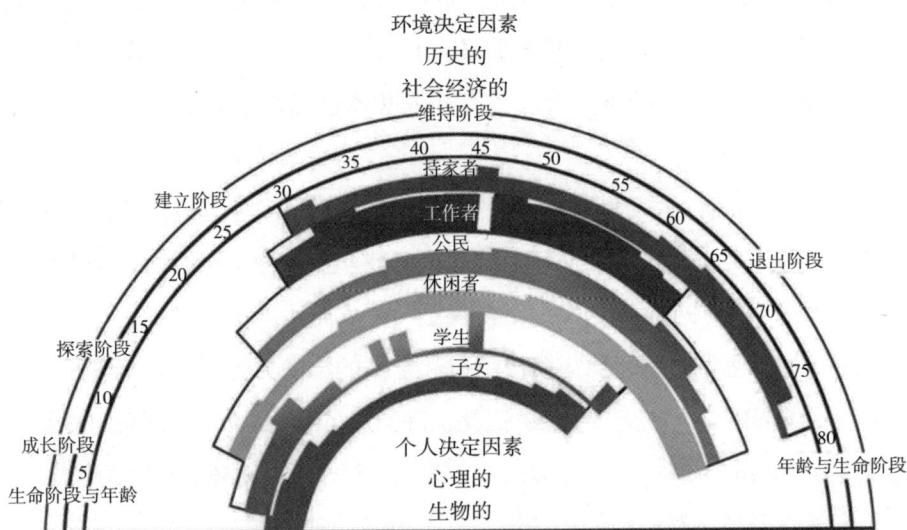

图3-1 生涯彩虹图

（二）施恩的职业生涯发展理论

施恩的职业生涯发展阶段划分

爱德华·施恩（Edgar.H.Schein），是美国麻省理工学院斯隆管理学院教授，也是著名的职业生涯管理学家。他从个体在人生不同年龄段所面临的职业问题和职业发展主要任务出发，将个体的职业生涯发展过程分为9个阶段，即成长、幻想、探索阶段；进入工作世界；入职后的基础培训；早期职业的正式成员资格；职业中期；职业中期危险阶段；职业后期；衰退和离职阶段；离开组织或职业——退休❶。

---

❶ SCHEIN E. H. The individual, the organization and the career: a conceptual scheme [M]. Journal of Applied Be—haviural Science，1971(7): 401-426.

1. 成长、幻想、探索阶段

第一阶段是指个体年龄大致处于0~21岁的人生阶段，所充当的角色主要是学生、职业工作的候选人与申请者。在该阶段，个体职业发展的主要任务是个体需要做到以下三点：①发现自身需求、兴趣、能力及才干，为未来的职业选择打好基础；②学习相关职业知识，建立现实的自我角色模型，了解职业信息，明确价值观、职业动机、理想，制定合理的学业规划，将童年的职业梦想转变为现实的可能；③接受教育培训，培养职业所需的良好习惯和技能。

2. 进入工作世界

第二阶段是指个体年龄大致在16~25岁的人生阶段，其主要角色是应聘者、职场新人与新学员。在该阶段，个体职业发展的主要任务是：①进入劳动力市场，谋取并适应第一份工作，为未来职业发展奠定基础；②个体和雇主之间达成正式的劳动契约，订立进入组织的具体时间与岗位等约定，开启个人的职业生涯。

3. 入职后的基础培训

这一阶段的个体年龄与第二阶段相同，但与第二阶段进入组织时所充当的角色不同，该阶段已经成功迈入了职业或组织的大门，主要担当新入职员工的角色。在该阶段，个体职业发展的主要任务是：①了解并熟悉组织，接受组织考察试用，融入工作群体与组织文化，尽快适应并成长为正式员工；②熟悉岗位工作，掌握工作技能，尽快胜任工作要求并承担相应的工作职责。

4. 早期职业的正式成员资格

年龄为17~30岁的个体在组织中扮演新员工的角色，在这个阶段，他们的职业发展任务是：①完成工作任务，履行工作职责；②展现并发展自身技能，为以后的职业晋升或进入其他行业做好准备；③评估当前组织中发展机会和障碍，反思职业选择的初衷和因素，进行职业生涯评估和调整。

5. 职业中期

职业生涯中期的个人，年龄通常在25岁以上，主要角色是公司核心员工、主管、经理、重要贡献者。该阶段个人的职业发展任务包括：①确定适合自己的职业领域，明确职业发展道路；②维护并增强个人职业竞争力，不断学习专业技能，努力成为行业领军人物；③承担更重大的工作责任，实现个人价值最大化，确立社会地位；④制定中长期职业发展规划。

6. 职业中期危险阶段

这一阶段的个体年龄为35~45岁。在该阶段，个体职业发展的主要任务是：①客观地评估个人的能力优势、理想抱负以及个人前途，审视自己所处的职业环境与发展要求；②在接受现状、继续当下职业生涯与积极改变以创造更有价值、更易获得的新职业生涯之间做出个人的确定选择；③积极拓展人脉网络，广泛建立职业发展的关系，做好继续教育与培训计划。

7. 职业后期

职业生涯后期通常从40岁开始一直到退休。该阶段主要任务：①担任"优秀导师"角色，发挥自己的影响力，指导他人、管理他人、鼓励他人，对他人负责；②不断提高个人管理或专业技能，提高个人实力，应对更多重要责任；③正视并接受个人影响力和身心能力下降的事实，适应现实，提高适应能力。

8. 衰退和离职阶段

在40岁到退休期间，个体年龄处于职业后期，不同个体离职或衰退年龄差异较大。该阶段职业发展任务包括：①面对个人权力、责任与地位下降的现实；②根据个人职业竞争力和能力减弱，寻求新的角色；③评估个人职业生涯，为离职、退休或新职业阶段做好准备。

9. 退休阶段

进入退休阶段后，个体正式告别职业角色，开启新的生活方式，如休闲生活、家庭长者等。此阶段退休者需要：①适应新角色，调整生活方式，养成新习惯，更好地管理自己；②不断学习，确立价值观，运用职业生涯积累的经验和智慧，为他人提供有价值的建议。

【资料延伸】

生涯角色的含义和转变

人生是多彩的，每个人都有独特的职业彩虹图。从职业彩虹图中我们可以发现：

（1）最内层的子女角色是恒存在的，在5岁前涂满颜色，之后逐渐减少，

10岁时大幅减少，50岁时又开始增加。这表明年轻时享受父母照顾，随着年龄增长，逐渐与父母平起平坐，父母年老时则要开始照顾他们。

（2）学生角色是第二层，从5岁开始，10岁后逐渐加强，20岁以后大幅减少，25岁后便终止，30~50岁出现几次波动，65岁以后仍有出现。这说明学习是一生相随的，离开学习工作后，如果感觉不能满足工作需求，则需要回学校学习以重新充电，以创造新的职业发展机会。

（3）生涯彩虹图的第三个角色是休闲者。从5岁开始，该角色的发展一直稳步，直到55岁后大幅增加。这说明休闲在人生中占有重要地位，是工作与生活平衡的关键因素。工作要求劳逸结合，生涯发展也不能忽视休闲的重要性。

（4）生涯彩虹图的第四个角色是公民。公民在法律上的定义是承担社会责任、关注国家大事的一种政治行为。该角色从20岁开始逐渐发展，35岁后加强，在65~70岁达到巅峰，随后逐渐减弱。

（5）生涯彩虹图的第五层是工作者角色，始于25岁，并在30岁后得到增强。那一阶段的工作生涯达到顶峰。到45岁后，工作者角色进入了空白期，现阶段学生和持家者角色增强，代表工作和生活的重心有了调整，更多关注家庭和自我转型。几年之后，学生和持家者角色恢复原状，工作者角色再次成为生活中心。直至60岁，工作者角色开始减弱，并在65岁终止。

（6）生涯彩虹图的第六层是持家者角色，起始于30岁，先前投入许多精力，随后维持在适当水平，65岁退休后再次加强，最终在75岁之后安享晚年。

（三）施恩的职业锚理论

1.职业锚的内涵

职业锚指的是一种心理基础，涵盖了个体对职业、身份和生活方式的信念、价值观、目标和实际行为。它是在个体成长过程中形成的，受到生活环境、家庭、教育、文化、社会环境等因素影响。职业锚决定了个体对职业的看法和选择，并影响着他们在职业生涯中的决策和行为。

职业锚理论主要包括以下三个方面内容：

（1）自我检测与诊断：通过实际工作经验、他人反馈等途径，认识自己的动机和需求。

（2）能力认知：通过在工作环境中的实际经验与成功，了解自己的才干和能力。

（3）价值观探索：通过实际工作环境中自我与公司价值观的对比，逐渐关注自己擅长的领域，不断提高自身能力。

理解职业锚的概念，要注意以下四个方面：

（1）职业锚建立在个人的工作经历基础上。职业锚在早期职业阶段形成，个人只有经过实践获得工作经历后，才能选定自己稳定、长期有贡献的工作领域。在经历了不同的实际工作情境前，个人不可能完全了解自己的能力、动机、价值观以及适合什么样的职业。因此，个人的工作经历是职业锚形成、演变、发展的关键。换句话说，职业锚的形成不仅仅取决于个人的潜在能力和动机，也取决于个人的实际工作经历。

（2）职业锚不是通过测试得出的能力、才干、作业动机或价值观，而是在工作实践中，根据自我反省和已有证明的才干、动机、需求和价值观，现实选择并准确定位自己的职业方向。

（3）个人的职业锚是他们自我发展过程中各种因素，如动机、需求、价值观、能力等相互作用与整合的结果。

（4）个人和他们的职业不是一成不变的，职业锚代表了个人稳定的职业成就与潜力。但这并不代表他们的变化和发展会停止。在已确定的职业锚的支撑下，个人可以实现对职业的进一步提高，同时顺应生物社会生命周期和家庭生命周期的变化。职业锚也可能随着情况的变化而改变，个人在职业生涯的后期可能需要重新选择自己的职业锚。

为了职业规划和定位，个人可以利用职业锚思考自己的能力，确定发展方向，审核个人价值观与目前职业是否相符。只有个人定位与工作匹配，才能在工作中发挥自己的优势，实现个人价值。尝试各种具有挑战性的工作，在不同的专业领域进行轮岗，客观评估自己的资质、能力和兴趣，是使个人职业锚具体化的有效途径。

2.职业锚的类型[1]

施恩教授根据自己对麻省理工学院毕业生的研究，确定了八种基本的职业锚类型（图3-2）：

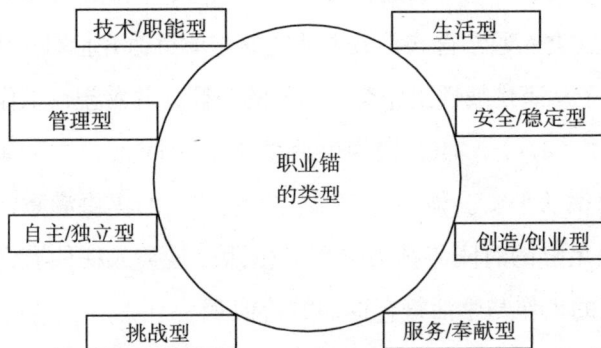

图3-2　职业锚的类型

（1）技术/职能型（TF）。技术/职能型（TF）职业锚的人通常是以技能与专业知识为重点，并以其在工作中的执行能力为重点的个人。他们把关注点放在技术技能和工作执行上，强调实际的职业能力和成果。对于这类人来说，从事的职业和执行的任务都需要满足他们对于工作的技术和职能要求。他们通常在技术性和专业性较强的行业中工作，并对工作细节和技术性有较高的兴趣。

（2）管理型（GM）。管理型（GM）职业锚的人是以领导和管理能力为核心，关注自身发展和在组织中的地位和影响力，并有强烈的把握职业生涯目标和成功愿望的个体。这类个体喜欢解决问题和决策，喜欢有权力和责任，并有强烈的领导欲望。他们通常关注提升组织效率和管理员工，并有意识地寻求提高自己的管理能力。

（3）自主/独立型（AU）。自主/独立型（AU）职业锚的人是那些非常重视自己的自主性和独立性的人。他们认为自己的价值和成功与工作的质量和独立完成相关。他们喜欢自己完成任务，不喜欢受他人控制，并且不喜欢依赖他人。

---

❶ 付宝森，赵乐发，沙金.全国体育院校体验式生涯发展规划[M].北京：现代教育出版社，2017.

他们通常对自己拥有的技能和能力抱有自信，并希望通过自己的努力取得成功。这类人常常把自我成功作为生活的目标，并希望在工作中实现自我价值。

（4）挑战型（CH）。职业锚的挑战型（CH）代表了对挑战、创造力不断学习和探索新事物的兴趣。这些人通常喜欢承担风险，他们对不确定性和新挑战有强烈的吸引力。这类人通常喜欢积极主动地参与项目，并且对从中获得成就感非常重要。他们对于从事挑战性工作有着强烈的向往，并希望在工作中不断进步。

（5）生活型（LS）。职业锚为生活型（LS）的人关注生活质量、个人价值观以及工作与生活平衡。他们希望工作能够给他们提供满意的生活质量、有意义的工作以及足够的时间与精力去享受生活。这类人往往有强烈的价值观和追求，希望他们的工作与生活符合他们的价值观。

（6）安全/稳定型（SE）。安全/稳定型（SE）职业锚的人通常渴望稳定性和安全感，他们喜欢已知的环境和程序，希望能够预测到自己的未来。他们通常选择稳定性较高，但收益较低的工作，并且在工作中更侧重于细节。他们希望能够建立稳固的生活基础，并且担心不稳定性带来的威胁。他们倾向于寻求安全性和稳定性，而不是风险和不确定性。

（7）创造/创业型（EC）。"创造/创业型（EC）职业锚的人" 是指喜欢创新、冒险和独立工作的人。他们对自己的创意和独特的想法充满热情，并希望将其变为现实。这类人通常具有领导能力和冒险精神，并喜欢追求创造性和成功。他们希望控制自己的职业生涯，并对把自己的想法变为现实充满热情。

（8）服务/奉献型（SV）。有服务/奉献型（SV）职业锚的人渴望帮助他人，给世界带来积极影响。他们被目标感激励，对改变人们生活有着强烈的热情。他们经常追求的职业领域包括医疗、教育、社会工作或非营利组织。这些人重视团队合作和帮助他人，常被视为富有同情心和同理心。他们可能会优先考虑工作满意度和个人满足感，而不是经济收益和职业发展。

【资料延伸】

职业选择背后的个人价值抉择

曹同学进入大学后，在新生军训期间就递交了入党申请书，积极向党组织靠拢，并在三年的在校学习、工作与生活中按照党员标准要求自己，经过组织的考验与培养，成为一名光荣的共产党员。

在校期间，曹同学兼任多个学生干部职务，在课余时间积极组织、参加各类学生活动，获得了较好的成果，得到了学院、学校师生的认可；同时他积极参加社会实践，在大二至大三利用课余时间参加了多项社会实践活动，既有广东院士高峰会服务、中国（深圳）IT领袖峰会服务这样的志愿者服务，又有TCL等企业IT岗位实习这样的专业实践，还参与了深圳市安徽商会下属学生委员会这种能直接接触到知名企业家的社会实践。

临近毕业时，曹同学凭借其丰富的社会实践经验，拿到了许多录取通知，这其中既有大疆创新、平安科技、联想科技这类行业知名大厂，也不乏其他创业公司和小微企业，还有来自商会相关的企业邀请。

面对众多的公司的橄榄枝，曹同学给自己定了三个择业原则：

一是注重个人职业能力的进步；

二是探索个人核心竞争力的提升；

三是关注入职公司及职业所在行业的发展前景。

在曹同学看来，从第一原则出发，根据自己大学三年的切身经历，在已经充分锻炼与积累了通用能力的基础上，对其自身而言，提升专业技术能力的难度与长期价值，远大于通用能力的提升，因此选择岗位时需要偏向专业技术类；从第二原则出发，在没有名校学历背书的前提下，技术岗比职能岗更能通过对岗位价值的提升来实现个人价值，而且在有需要时，技术岗转职能岗成本更低；从第三原则出发，作为应届毕业生到大企业中去，能够更快地培养出较高的职业能力与职业素质，而信息技术行业也正处于蓬勃发展中。

最后，曹同学放弃了大疆、联想等公司的策划执行、市场运营等职能岗的录取通知，也谢绝了商会企业提供的短时期内更为优渥的待遇，选择加入平安科技，成为一名数据中心运维工程师。

（四）金斯伯格的职业生涯发展阶段理论

金斯伯格是职业生涯发展领域的知名专家和先驱，他对职业生涯的发展进行了深入研究。他研究的重点是人们从童年到成年的职业心理发展，通过比较美国富裕家庭的人，从童年期到成熟过程中对职业选择的想法和行为，并将职业生涯发展分为三个阶段：幻想期（4~11岁）、尝试期（11~17岁）和现实期（17岁以后）❶。

1.幻想期（4~11岁）❷

在金斯伯格的职业生涯发展理论中的幻想期（4~11岁），个体对未来的职业进行想象和梦想。他们通常根据自己的兴趣、价值观和个人经验来确定职业目标。这个阶段的孩子可能有不切实际的职业目标，并且尚未受到实际或财务限制的影响。他们通常受到家人、朋友、媒体和教师的影响，倾向于拥有许多不同的、有时不切实际的职业愿望。对于成年人来说，鼓励和支持这些愿望，帮助孩子了解教育和技能发展对未来职业目标的重要性是很重要的。

2.尝试期（11~17岁）

在金斯伯格的职业生涯发展理论的尝试期（11~17岁），个体开始探索和获得关于不同职业的实际知识。他们开始了解工作世界的现实，可能寻求经验，如暑期工作、实习或志愿工作，以帮助他们做出明智的职业选择。在这个阶段，个体开始考虑他们的技能、能力和价值观，在做出职业选择时，可能开始缩小他们的职业志向。同龄群体、榜样和个人经历在塑造他们的职业目标方面也扮演着更重要的角色。对于成人来说，在这个阶段提供指导和支持是很重要的，帮助个体了解教育和职业成功之间的关系，鼓励他们做出明智的决策。

金斯伯格还进一步把尝试期划分为以下四个阶段。

在金斯伯格的职业发展理论中，尝试期（11~17岁）包括四个子阶段：

（1）兴趣阶段：在这个阶段，个体开始确定和探索自己的兴趣，这有助于引导他们的职业选择。

（2）能力阶段：在这个阶段，个体评估自己的能力，确定与自己的优势匹配的职业。

---

❶ GINSBERG S. W., Axelrod S. & Herma J. L. Occupational device：An approach to a general theory [M]. New York：Columbia niversity Press，1951.

❷ 付宝森，赵乐发，沙金.全国体育院校体验式生涯发展规划[M].北京：现代教育出版社，2017.

（3）价值观阶段：在这个阶段，个体考虑自己的个人价值观和信仰，并研究它们与潜在职业的一致性。

（4）综合阶段：在尝试期的最后一个阶段，个体整合他们的兴趣、能力和价值观，以形成对他们的职业目标和抱负更完整的图景。

3.现实期（17岁以后）

青年时期是从17岁开始，向成人迈进的关键阶段，这一阶段的特点是客观和现实。青年开始参与社会工作，要把自己的职业理想和现实职业需求紧密结合，找到适合的职业角色。他们对职业的认识不再模糊，已有明确的职业生涯目标。金斯伯格按职业心理的发展顺序将现实期也分为3个阶段。

（1）在试探阶段，通过各种职业试探活动，如调查、访谈、参观、考察等，了解职业的发展前景及就业机会，以便更好地选择职业生涯方向。

（2）在具体化阶段，根据试探活动结果及个人情况，进一步缩小职业选择范围，使职业选择方向更加明确。

（3）在专业化阶段，对个人职业方向进行确认，开始落实职业选择，包括学习或直接选择工作单位。

由于个体在未成年时期，如生活环境、教育条件等影响个体发展的因素都不能由自身决定，所以个体后期的职业发展还存在很大的变动空间。金斯伯格将职业生涯发展阶段的重点放在个体未成年的时期，并未详细说明个体成年后的职业生涯阶段，而一个人的职业生涯主要阶段恰恰是在成年之后。另外金斯伯格在调查时参照的是美国富裕家庭，使该理论具有片面性。

（五）格林豪斯的职业生涯发展阶段理论

格林豪斯从人生不同年龄段的职业生涯发展所面临的主要任务的角度对职业生涯发展进行研究，并以此为依据将职业生涯发展划分为5个阶段：职业准备阶段（0~18岁）；进入组织阶段（18~25岁）；职业生涯初期（25~40岁）；职业生涯中期（40~55岁）；职业生涯后期（55岁至退休），如图3-3所示。

1.职业准备

0~18岁的阶段是职业准备期，主要任务包括培养对职业的想象力，评估并

职业生涯后期（55岁至退休）——继续保持已有职业成就，维护尊严，准备引退

职业生涯中期（40~55岁）——需要对早期职业生涯重新评估，强化或改变自己的职业理想；选定职业，努力工作，有所成就

职业生涯初期（25~40岁）—— 学习职业技术，提高工作能力，逐步适应职业工作，适应和融入组织；为未来的职业成功做好准备

进入组织期（18~25岁）——在一个理想的组织中获得一份工作，在获取足量信息的基础上，尽量选择一种合适的、较为满意的职业

职业准备期（0~18岁）——发展职业想象力，对职业进行评估和选择，接受必须的职业教育

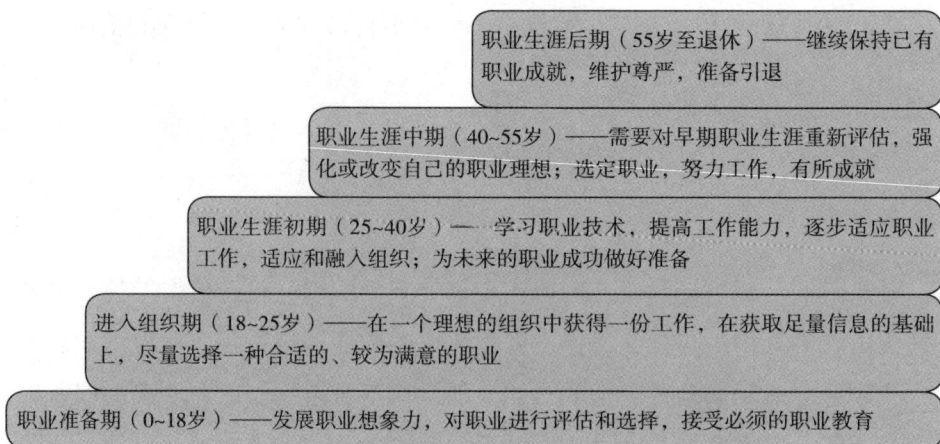

图3-3　格林豪斯职业生涯阶段的主要任务

选择合适的职业，接受必备的职业教育。个人在此阶段的职业选择并非最终决定，但却是个人职业道路的初始设定。

2.进入组织

进入组织阶段的年龄为18~25岁，主要职责是：在理想的公司中找到一份合适的工作，基于足够的信息，尽力选择比较满意的职业。此阶段个人获得信息的数量和质量将对他们的职业选择产生影响。

3.职业生涯初期

处于25~40岁的人处于职业规划阶段，主要任务包括学习专业技能、积累工作经验，熟悉公司制度、适应职场环境、为未来的职业发展铺路。

4.职业生涯中期

40~55岁是职业生涯中期阶段。主要任务是：对早期职业生涯重新评估，强化或转变自己的职业理想；选定职业，努力工作，有所成就。

5.职业生涯后期

从55岁起到退休为职业生涯的后期。保持已有职业成就，维护自尊，为退休做好准备，是这一阶段的主要目标。

不同于格林豪森、舒伯和金斯伯格的方法，他们根据个体的职业生涯发展历程将职业生涯划分成不同阶段。这种划分有很强的主观性：首先，在职业准

备阶段，个体难以确定自己的职业方向；其次，难以仅有一种职业方向终生发展，特别是在经济发达、信息时代，需要全面人才，而不仅仅是专业人才。

（六）加里·德斯勒职业生涯发展理论[1]

加里·德斯勒（Gary Dessler）是著名的人力资源管理专家，其从人力资源管理的角度，对个体的职业生涯发展提出了五阶段发展理论。

1.成长阶段（从出生到14岁）

在成长阶段，生涯个体逐渐建立起自我概念，开始对各种可选择的职业进行带有某种现实性的思考。

2.探索阶段（15~24岁）

在该阶段，生涯个体会深入探索各种可能的职业选择。他们试图将自己的职业选择与其对职业的了解以及个人兴趣和能力匹配起来。在这一阶段的开始时期，他们往往会通过一些带有试验或体验性质的职业实践来框定自己的职业选择。到了面临就业的时候，相对适合的职业会被选定，并为此做好求职与开始第一份工作的准备。在探索阶段，生涯个体要完成的最重要任务是对自己的天赋能力、兴趣和专业技能等作现实评价，并据此做出学习培训决策，寻求职业发展机会，做好职业规划。

3.确立阶段（25~44岁）

该阶段，是大多数人职业生涯生命周期中的主体部分。在该阶段，生涯个体会期望尽早找到适合自己的职业并愿意为之全力以赴，以此希望获得职业生涯的成功，通过不断地投入和不懈地努力尽力获得事业成就。在很多情况下，生涯个体在此阶段仍会面临不断尝试与调整自己最初职业选择的问题，不断加深对自我和职业世界的了解，不断修正个人职业理想与职业规划。确立阶段，又可细分为三个子阶段：尝试、稳定和中期危机阶段。

（1）尝试子阶段（25~30岁）。在该阶段，生涯个体通过工作实践对自己工作选择和当初确定的职业方向实践尝试后进行评估，以实际检验其合理性与

---

[1]　加里·德斯勒.人力资源管理[M].6版.北京:中国人民大学出版社,1998.

适切性，如若不够理想或不适合，其会做出调整与改变。理论上，30岁之前，生涯个体通过各种尝试以确定真正适合自己的职业选择，是符合客观实际的。

（2）稳定子阶段（30~40岁）。经过尝试，生涯个体将进入职业生涯的稳定阶段。在此阶段，由于职业目标、职业发展路径都已经确定并明确，生涯个体只需要找到适合自己的职业发展平台，全力以赴地为个人理想与目标奋斗即可。生涯个体在此阶段的核心任务是制订清晰明确的职业发展与学习计划，不断提升个人职业能力和产出的价值，获得晋升、职业地位和成就。

（3）中期危机阶段（30多岁和40多岁之间）。生涯个体在职业生涯发展过程中，一方面可能会遇到职业发展的瓶颈期和职业倦怠期，或职业环境发展与改变，可能导致其产生职业中期危机；另一方面，可能会因自己职业生涯中期在重新评估时发现，个人职业生涯并未向个人目标与职业理想如期推进，这时需要做大的调整与改变，也会遭遇危机性的重新抉择。在此阶段，生涯个体的主要任务是客观评估自我与外部发展环境，分析危机来源和应对策略，以顺利度过中期生涯危机阶段。

4.保持阶段（45~65岁）

在经历了前期的探索、确立阶段后，生涯个体的职业生涯一般会达到螺旋上升至一定地位和核心竞争力阶段，即保持阶段。在该阶段，生涯个体会利用所拥有的地位与资源，在不断贡献价值的同时，不断巩固个人地位，保持职业生涯的高阶发展。

5.衰退阶段（65岁以后）

随着年龄增长，生涯个体的精力和地位会面临挑战，其职业生涯也随之进入衰退阶段。在该阶段，生涯个体的权力地位、责任义务和价值贡献逐渐减少，职业角色逐渐淡出，新的角色和生活方式亟须建立。对处于衰退阶段的生涯个体来说，在该阶段最大的任务是适应退休生活，学会调整心态，构建新的生活方式，合理发挥"余热"。

（七）职业生涯发展的三、三、三理论

厦门大学廖泉文教授在"中国人力资源教学与实践第五届年会暨研讨会"

上提交的关于职业生涯管理与职业发展的论文中提出了职业生涯发展的三、三、三理论。该理论与前述美国的一些著名学者提出的职业发展阶段相比，改变了以往学者将个体生涯发展过程简单根据年龄阶段划分为几个硬性的发展阶段，提出了一种弹性的、开放的、动态的职业生涯发展阶段的划分方法❶。

1.职业生涯发展的第一个"三阶段"

廖泉文教授提出的职业生涯发展第一个"三阶段"是指输入阶段、输出阶段和淡出阶段，见表3-2。输入是指对知识、信息、经验的输入，输出是指输出服务、知识、智慧和其他产品。

表3-2　人生发展的三段论

阶段名称	阶段划分	阶段特点与主要任务
输入阶段	从出生到从业前	主要以输入信息、知识、经验和技能为主，为就业与从业做好各方面准备，不断发展个人对职业环境和社会的认知，发展并形成各种所需的职业能力
输出阶段	从就业到退休前	输出自己的智慧才干，贡献个人能力与价值。当然，该阶段也包含知识能力的再输入、经验智慧的再积累和各种能力的再发展
淡出阶段	退休前后	此阶段生涯个体的精力渐衰，会逐步淡出职业生涯，进行生涯角色的转换。该阶段的个体凭借丰富的阅历与经验，仍会输出部分价值

2.职业生涯发展的第二个"三阶段"

职业生涯发展的第二个"三阶段"主要是指上述输出阶段中职业生涯发展所包含的三个子阶段，见表3-3。这一阶段与前述人生发展三大阶段一致，依然

---

❶　廖泉文.职业生涯发展的三、三、三理论[J].中国人力资源开发，2004（9）：21-23.

具有弹性、开放、动态的特征，该三个阶段也具有明显的个性化特征，会受到外部环境复杂因素的影响。

生涯个体的输出阶段是其一生中最重要的职业发展阶段，也是个体职业生涯发展能否取得顺利、成功的决定性阶段。在这一个阶段，生涯个体可能会遭遇职业生涯的成功或失败，会饱尝职业人生的酸甜苦辣，甚至体会到人生发展的沧海桑田。在该阶段，个体的职业发展既受其个性特质、智慧才干、身心状况、欲望能力和勤奋毅力等诸多个体要素的影响，也会受外部复杂环境与人文背景的影响，如发展机会、家庭背景与环境、社会人际关系、学习经历、配偶与朋友素质水平和人生贵人或导师等因素的影响。

表3-3 输出阶段的三段论

输出阶段	个人的工作状态	职业环境状态
适应阶段	订立工作的心理契约：服从领导安排，协同同事完成工作，努力贡献个人价值	适应工作的硬软环境，融入团队，尽快胜任职业角色
创新阶段	尽力做到可独立承担工作任务，努力作出创造性贡献，向领导或团队提出合理化工作建议	受到领导和团队高度认可，进入职业辉煌阶段，形成职业声望
再适应阶段	可能会因工作出色获得晋升，也可能遭遇发展瓶颈而原地踏步，抑或出现骄傲自满或工作差错而受到批评	需要调整心态，再适应变化了的环境；此时属职业状态分化期，领导和同事看法不一

3.职业生涯发展的第三个"三阶段"

廖泉文教授所提出的职业生涯发展的第三个"三阶段"，是指输出阶段中的再适应阶段的细分阶段，见表3-4。"再适应阶段"，每个职业生涯个体都会遇到并必然会经历的发展阶段。一方面，生涯个体一次就达到职业生涯发展辉煌阶段的人不多，历经曲折发展后实现人生辉煌往往是其必经的职业发展之路；另一方面，即使个体职业发展顺利而获得职位晋升，也同样会面临新的职业角色适应问题，可以说，人人都要经历"再适应阶段"。生涯个体在进入输出阶段后，当发展到具备独立工作能力，需要进一步升迁时，通常会遇到三种情况：顺利晋升、原地踏步和下降至职业低谷重新再来。这三个阶段或者说是三种职业发展状态，是职业生涯发展的关键阶段，需要个体的生涯智慧和勇气，需要学会面对和学习调整，甚至需要外部的支持与帮助。

表3-4 再适应阶段三段论

再适应阶段	职业状态
顺利晋升	面临新工作环境与新角色的挑战，需要构建新工作模式与技能，可能面临原同事嫉妒，表面风光但暗含职业风波
原地踏步	可能出现倚老卖老、不求上进的状态，常说"此事我尽在掌握"或"我有把握"，对同事晋升心理不平衡，此时宜做职业平移或变更
下降到低谷重新再来	由于各种原因，遭受批评或降级处分，工作状态进入波谷，此时需重新振奋精神，争取进入第二次"三、三、三"发展状态

三、生涯建构论

（一）生涯建构理论的提出

职业生涯的传统理论一般将职业生涯界定为：生涯个体受专业教育毕业后工作直至完全退休期间的生涯阶段，而个体职业生涯发展的重要前提是具有基本匹配的职业或工作岗位。传统理论适用于职业环境相对简单、发展变化不快和职业生命周期相对稳定的时代，以其进行职业选择和职业生涯的管理具有重要实践意义。伴随知识经济、经济全球化和新技术革命的发展，激烈的市场竞争给当今社会带来职业发展环境的极大不确定性，传统稳定的组织雇佣关系逐渐被短期化、兼职化和灵活的雇佣方式所改变，社会职业的分类与属性也被快速打破与颠覆，组织内部的角色分化与快速演变导致个体职业生涯的快速更迭与动荡。在此背景下，主导个体生涯发展的因素由个体与外部环境转变为个体主观因素，出现了职业生涯主体不再根据组织需要而是基于个人职业发展规划来选择职业或雇主，甚至以各种自由职业形式而不再寻找所属的雇主或组织，打破了就业或工作的组织与管理边界。

美国学者萨维科斯（Mark L. Savickas）通过多年职业心理学和职业辅导实践研究，从个体建构主义、社会建构主义和后现代主义的哲学视角出发，于2002年提出了生涯建构理论。他认为，职业生涯个体是通过一系列有意义的职业行为与工作经历来构建自身职业生涯发展过程的，个体应综合考虑自己过往经验、当前感受和未来的理想抱负做出职业选择，而职业生涯发展就是为这一人生主题所展开的、内涵丰富的主观建构过程[1]。

1.从职业匹配到自我生涯建构

传统职业生涯理论认为，组织或外部环境影响并制约着个体的生涯发展，个人最佳的职业生涯规划与管理模式是职业匹配，生涯个体主要通过自我职业人格或职业兴趣等个人特质来选择最匹配的职业或工作。传统职业生涯理论提出的职业匹配模式或理念的前提背景是职业分类清晰且需求及胜任条件是明确且在一段时间内是稳定不变的。但现如今雇佣关系越来越不稳定、组织边界模糊甚至被打破，信息技术使得个体工作方式变得弹性而灵活，职业变迁越来越快，个体职业生涯周期也越来越短，个体职业角色的变化也越来越快，这些都限制了传统职业生涯理论的适用性和有效性，为生涯建构理论的提供与发展提供了现实基础。萨维科斯认为，当今时代的个体在做职业规划与选择时，不再是做客观的、固定的、一成不变的选择，也不存在既定的、标准的职业生涯发展模板。他在职业匹配理论和生涯成熟度等理论的基础上，指出个体的职业行为和生涯选择还应参考个体在价值观、过往经验、社会资本等主观方面的因素。[2]他提出，个体的生涯建构过程就如同人们在亲身演绎一个以自己为人生主角的、以职业生涯发展为主线的人生主题故事，在这个故事发展历程中，其

---

[1] 关翩翩，李敏.生涯建构理论：内涵、框架与应用[J].心理学进展，2015，23（12）：2177.

[2] SAVICKAS M L, PORFELI E J. Career adaptabilities scale: Construction, reliability, and measurement equivalence across 13 countries[J]. Journal of Vocational Behavior, 2012, 80（3）: 661-673.

内心世界和外部环境之间不断进行着互动、调整以追求达到某种适应状态。

2.从职业成熟度到生涯适应力

萨维科斯曾师承舒伯和克里特（John O.Crites），与他们共同合作研究多年，受其影响比较大。萨维科斯赞同舒伯关于生涯发展的理论，包括生涯发展自我概念理论和终身职业生涯理论，并在此基础上创新性地提出了生涯建构理论。舒伯以个人职业生涯分阶段为基础，提出通过职业成熟度来评估个体在各生涯阶段的发展水平，该成熟度是通过与他人或社会客观标准比较来确定的。后来，舒伯提出了生涯适应力理论，作为终身职业生涯理论的核心。受到舒伯影响，萨维科斯也将适应力作为生涯建构理论的重要因素，指出个人职业发展是主观自我与外部世界相互适应的动态建构过程，不同人有着不同的具体建构内容和结果。

（二）生涯建构理论的主要观点

萨维科斯曾提出过16个关于人生发展的探索命题，并将这些命题与亚当斯一般人格结构理论结合，融合并发展为个体–环境匹配理论和职业人生主题理论。最终，将16个人生主题概括为生涯建构理论的三个核心内容：个体间特质存在差异、生涯阶段面临任务及应对策略具有发展性、人生发展是一个有内动力的演变过程。因此，生涯建构理论可用职业人格类型、生涯适应力、人生主题回答个体职业行为中的三个关键问题：什么、怎么样以及为什么[1]。

1.借助职业人格来形成对职业的自我概念

生涯建构理论认为，无论是个人的职业特质差异还是职业兴趣类型倾向，都是生涯发展中不可忽视的重要因素。但是，个人的这些特质并不能全面描述他们的职业自我。生涯建构是一个主观的、内在的并以独特方式逐渐推进的过程。个人的职业人格特质还应该包含自我能力、内在需求、价值观和发展期望等因素，这些因素都是形成或描述职业自我的必要考虑因素，也会对个人生涯建构的过程和结果产生深远的影响。

---

[1] SAVICKAS, M. L. Career adaptability: An integrative construct for life-span, life-space theory. The Career Development Quarterly, 1997(45): 247-259.

2.用适应来实现发展

随着职业环境的急剧变化，职业流动性增加、职业生涯变动频繁和知识经济时代的组织形式变化，舒伯认为生涯适应力可代替生涯成熟度，以解释各个职业生涯阶段的特征和个体所需完成的生涯任务。萨维科斯在舒伯理论的基础上，进行了实践研究，对生涯适应进行了概念化、实际操作和理论模型构建。萨维科斯提出，生涯适应关注的是个体生涯发展中的适应过程，即个体与环境如何在各种转换中实现顺畅过渡和相互配合，包括从学校到职场、从一份工作到另一份工作、从一种职业到另一种职业等角色和任务的转变。

3.把职业生涯发展动态视为人生主题

生涯建构理论的重要贡献在于把个人的职业生涯的动态发展融入人生的主题。在这个视角下，生涯个体可以通过具体的职业实践整合主观和客观世界，实现个人价值和人生发展。

人生主题作为生涯建构的重要组成部分，是个体生命历程中反复出现的模式和风格。这些模式和风格组织并解释了个体的生命过程。人生主题理论通过个体的职业实践为其职业行为赋予意义，强调职业行为的过程和产生原因，关注个体的行为内容和实现方式。在当前时代，每个个体的生命意义是属于他自己的，个体主观地引导和调节职业行为，即给生涯发展赋予意义，而不是从事实发展中发现。个体对人生主题赋予健康的自我概念是走向职业生涯成功的关键标志❶。

【资料延伸】

如何识别人生主题

萨维科斯认为，识别人生主题的方法有如下三点。

1.重要性

人生主题常常反映个人生命故事中非常重要的方面，这种重要性体现在它们为我们赋予的工作目标和意义上。它们关注我们正在做什么，以及我们的行为对社会的贡献和影响。当一个人能看到自己对他人的重要性和影响时，也会

---

❶ 王姗.生涯建构理论在职业生涯教育中的应用[J].社会科学前沿,2018,7(8):1129-1134.

影响自我概念。特别是当得到重要他人的认可时，会强化自我概念，增强归属感，这是自我关系因素，即与社会意义和联系相关的感受。

2.独特性

人生故事体现了个体独特的发展历程，与环境密切相关。每个人的人生主题都是特有的，与个人的人格或兴趣类型密切相关。人格类型或兴趣类型强调个人拥有哪些特点，而人生主题则强调为什么这些特征对个人那么重要。

3.重复性

人生主题总是重复出现，就像一首歌的旋律，贯穿始终。

（三）生涯建构的核心与框架

1.生涯适应力

生涯适应力是个人在应对工作任务、角色转变时表现出的调整能力，这种准备状态或心理资源是个人在生涯发展中面对挑战时所具备的核心能力。生涯适应力是生涯建构理论中的关键因素，可从抽象到具体分为三个层次理解。首层是最抽象的，由生涯关注、控制、好奇和自信四部分构成，回答"我有未来吗？""谁拥有我的未来？""未来我想做什么？""我能做到吗？"四个问题。中层是生涯适应力的主体，即态度、信念和能力。最底层是具体层次，是各种个体职业行为与应对策略，尤其是面对外部职业环境变化时的自我调整行为及策略，见图3-4。

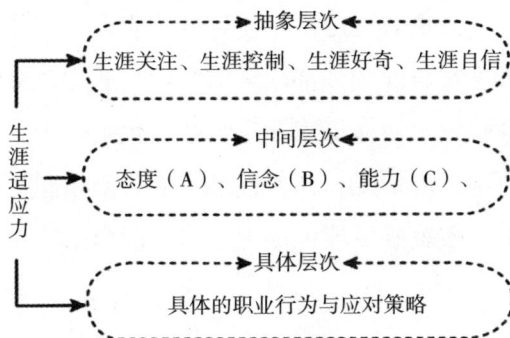

图3-4 生涯适应力

2008年至2012年，萨维科斯联合了多国学者对生涯适应力的操作化定义进行了补充、完善，通过定量和定性研究，共同开发了生涯适应力量表。❶其后，萨维科斯利用其《职业行为学报》主编身份，组织了多次生涯适应的专题研讨，致力于生涯建构理论的跨文化研究与检验，推广其理论应用。

2.自我建构的生涯适应模型

编制成功生涯适应力量表后，构建围绕"适应"概念的框架模型也在随之展开。生涯适应模型认为，个体要实现生涯阶段的稳定适应，必须具备四个方面：主观适应意愿，生涯适应力，适应反应和相对适应结果。这四个方面分别对应适应的动机、能力、态度和行为，且各个环节均受情境因素的影响，如图3-5所示。

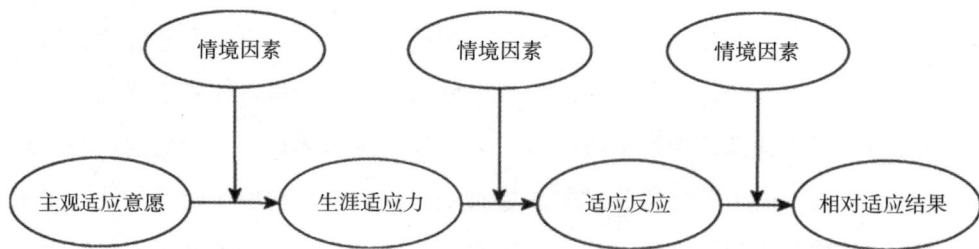

图3-5　生涯适应模型

适应动机是人格、价值观、目标需求、偏好与自我认知等导致的适应力内在驱动力。适应性较强的人具有积极心态，能灵活应对外部环境的变化。他们比固执坚持认定目标的人更有适应动机。生涯适应力是一种心理资本，在短期具有稳定性，受个人主观方面和外部因素的影响。适应动机驱动生涯个体自我调整，导致积极生涯规划、职业探索和组织社会化等行为。生涯建构的成果表现了个体在职业阶段中适应情况，评价标准可能各不相同，如大学毕业生获得满意工作、员工对上司成就感受或低压力工作。此模型为职业行为研究带来新

---

❶ SAVICKAS, M. L., NOTA, L., ROSSIER, J., et al. Life designing: A paradigm for career construction in the 21stcentury. Journal of Vocational Behavior, 2009, 75（3）: 239－250.

见解，并引发一系列验证生涯建构理论研究。

四、生涯混沌理论

混沌理论是一个复杂系统的理论，它被用来研究复杂的系统及其行为。它提出了许多认识论，如自组织的动力学，小变化的大影响，分岔现象等。混沌理论可以用来探索和分析许多自然现象，如突变、气候变化、流体动力学、社会系统等。

混沌理论的应用不仅限于自然现象，还可以用于研究与社会、经济、计算机科学等相关的复杂系统。混沌理论可以用来研究复杂系统的发展和行为，以及模拟复杂系统中不确定性和混乱。它也可以用来构建更可靠和更有效的系统，以满足不断变化的环境需求。

（一）生涯混沌理论内涵

回顾文献，生涯混沌理论大致从2001年之后陆续出现较多相关研究，稍做整理包含下列重要概念：

1.改变

事实不断变化，需要具有迎接变化的意愿。混沌理论认为，我们的世界是不断发生变化的，而且这种变化可能不会按照我们想象的那样发生。这种变化既可能是有利的，也可能是不利的，但无论如何，变化是不可避免的。

这个世界上的事情总是在发生变化，各种事物的变化可能不受我们的控制，也可能超出我们的预期。这可能是政治上的变化、社会上的变化、经济上的变化，还有科学上的变化，所有这些都可能使我们的生活发生变化。

因此，我们应该有能力去迎接变化，让我们的生活变得更好。这意味着，我们应该有敏锐的洞察力，看到变化带来的机会，以便把握它们，并且懂得如何应对变化带来的挑战。

这种能力不是一蹴而就的，它需要我们不断学习，积累经验，掌握知识，以及培养具有迎接变化的意愿。当我们能够做到这一点时，就能够更好地适应变化，并最大限度地利用它们。

总之，混沌理论表明，事实不断变化，需要具备迎接变化的意愿。我们可以通过不断学习，积累经验，掌握知识，以及培养具有迎接变化的意愿，来应对变化带来的机遇和挑战。

2.机缘

将意外、改变视为机会。混沌理论的核心思想是，在复杂的现象中，秩序可以从混沌中产生出来，而往往是由意外和改变引发的。因此，混沌理论建议我们将意外和改变视为机会，而不是威胁。

一般来说，混沌理论强调了在自然界中存在的不确定性，它提醒我们，许多现象是不可预测的，因此我们应该学会接受和调整这些不确定性，而不是抗拒它们。例如，一个公司可能突然失去一个重要的客户，而这可能会使公司陷入困境，但是混沌理论建议，我们应该将这次失去客户的机会，转化为寻找新的机会。

混沌理论还提供了一种新的思维方式，即可以从混沌中构建出秩序。举个例子，一个公司可能会被视为一个混沌的系统，它有许多部门，或者它的客户和供应商。但是，它也可以被视为一个有秩序的系统，其中可以有效地运作和管理。这就是混沌理论的主要思想，即从混沌中构建秩序，同时从意外和改变中获得机会。

总之，混沌理论提醒我们，我们应该将意外和改变视为机会，而不是威胁，我们也可以从混沌中构建出秩序。因此，我们应该学会接受不可预测性，并从中获得机会。

3.复杂性

接受多元发展、个别差异、异质多音的现象。多元发展，是指在众多复杂的社会环境中，每个系统的发展都是多元的，不同的发展方向会产生不同的结果。每个系统的发展都是相互影响的，受到外部环境的影响，并具有自己的特点。

个别差异是指在多元发展过程中，每个系统都具有自己的特点，而不是每个系统都具有相同的特点。每个系统的发展都会有不同的结果，所以每个系统的发展都是独特的。

异质多音的现象是指在多元发展的过程中，每个系统都有自己的特点，每个系统的发展都会产生不同的结果，就会出现异质多音的现象。

总之，混沌理论接受多元发展、个别差异、异质多音的现象，这些现象是混沌理论的重要组成部分，也是它吸引众多研究者的原因。只有理解和掌握混沌理论中的这些现象，才能更好地深入研究混沌理论，帮助我们更好地理解复杂的社会环境。

4.碎形模式

强调在乱中有序，即在看似无关的小图案中，我们能看出其重复出现、堆叠、累积出的图案。这种模式的观念起源于数学家贝尔托夫的相似几何学，他发现在不同尺度上的自然现象中都存在相似的结构，即从远处看的地貌图案，与从近处看的地貌图案是相似的。

碎形模式也常被称为分形模式，是一种"渐进"的模式，即一个图案会在不同尺度上重复出现，一张图案中会有更多的小图案，而这些小图案又是原图案的放大版。以雪花为例，每一片雪花的形状都是一样的，而每一片雪花的细节却不尽相同，这就是碎形模式在自然界中的体现。

碎形模式也可以应用在社会经济学中，如可以把市场分割成碎片，然后对比不同市场之间的模式，也可以用来描述某种财务产品的"复杂碎形"。这些碎形模式的运用，可以帮助我们更好地理解市场，并做出更准确的投资决策。

碎形模式也可以用于分析趋势和风险，从而有助于投资者做出更精准的投资决策。因此，混沌理论中的碎形模式，对于我们做出正确的决策，具有重要的指导意义。

总之，混沌理论中的碎形模式，强调在看似无关的小图案中，能看出其重复出现、堆叠、累积出的图案，它不仅可以应用于自然界，也可以应用于社会经济学，从而帮助投资者做出更准确的投资决策。

5.突现模式

了解突发事件不是危机而是新的可能性。混沌理论指出，我们看到的一切都是有组织的突现模式，它们潜伏在混沌状态的背后，而不是完全随机的。混沌理论的核心思想是，混沌状态中的突发事件并不是危机，而是新的可能性，它们可以带来新的结构，新的发展机会和新的变化。

虽然突发事件可能本质上是随机的，但它们仍然可以被混沌理论所理解，因为它们仍然是系统变化的一部分，可以被视为新的可能性。突发事件可能会导致系统发生剧烈变化，但也可能会产生新的组织模式。例如，当混沌状态下的突发事件发生时，系统中可能会出现新的趋势，这些趋势可能会改变系统的发展方向，并最终导致新的组织模式。

此外，混沌理论还指出，突发事件可能会导致系统中存在的结构发生改变。这些改变可以产生新的结构，也可以使原有的结构变得更加强大。因此，突发事件不仅可以带来新的机会，还可以使系统产生新的结构，这些结构可以更有效地处理新的变化。

总而言之，混沌理论中突现模式的核心思想是：突发事件不是危机，而是新的可能性，可以带来新的机会、新的结构、新的发展机会和新的变化。它可以使系统变得更加强大，更有效地处理新的变化，并最终导致系统的发展。

6.吸引子

吸引子是指一种混沌系统中无序稳态的运动形态，在生涯上强调稳定而反复出现的吸引个体关注的力量。

（二）混沌理论对生涯教育的影响

近年来，混沌理论越来越受到关注，它可以更准确地理解我们周围的世界。从天气到股票，混沌理论已经应用于各个领域，现在正被用来更好地理解职业发展的复杂性。通过探索混沌理论对大学生职业教育的影响，可以更好地了解如何利用混沌理论来实现更有效的职业发展过程。

混沌理论强调非线性关系、不可预测的事件以及所有事物之间的相互关联性的重要性。这与传统的线性思维有所不同，该思维认为，通过遵循一系列可预测的步骤，可以预测事件并控制结果。通过拥抱混沌理论的不可预测性，可以更好地为任何给定的职业道路做好准备。

（1）就职业教育而言，混沌理论可以用来更好地理解职业发展过程的潜在复杂性。例如，学生可能无法预测未来将提供给他们什么职业机会，但他们仍然可以通过了解可能影响他们未来职业的因素来为自己做准备。通过了解混沌理论的潜在影响，学生可以采取一种有意识的方法来进行职业发展，而不是依赖线性思维。

（2）混沌理论也帮助学生理解社交和关系发展的重要性。通过了解混沌理论的非线性和不可预测性，学生可以采取更积极的关系建设方式，从而开辟出各种职业机会。网络对于学生获得潜在雇主的访问权以及了解自己领域的最新发展至关重要。此外，网络可以帮助学生在求职中获得优势，因为拥有强大的联系网可以在就业市场上起到关键作用。

（3）混沌理论还可以帮助学生更好地理解自我发展的重要性。混沌理论强调理解自身优势和劣势以及制定改进策略的重要性。通过了解混沌理论的不可预测性，学生可以采取更有意识和积极的方式来进行自我发展。此外，了解混沌理论的不可预测性可以帮助学生在面对不确定性时更加坚韧，并能够适应不断变化的情况。

总之，混沌理论在大学生职业教育方面提供了很大的帮助。通过了解混沌理论的不可预测性和非线性，学生可以采取更有意识和积极的方式来进行职业发展。此外，混沌理论还可以帮助学生更好地理解社交和关系建设的重要性，以及自我发展的重要性。通过利用周围世界的混沌特性，学生可以制订更有效的自我职业发展计划。

第四章　大学生自我探索基础理论

第一节　生涯认知理论

一、职业自我的概念研究

　　近代职业辅导理论的奠基人帕森斯认为，职业辅导有三个核心任务：帮助当事人进行深入的自我认知、协助其做好职业探索和职业选择的决策。其中，自我认知是首要任务，是职业探索与职业选择的前提和基础。职业生涯规划理论中强调个体因素的理论有很多，如人格类型论、心理动力论和心理需要论等，这些理论都是直接从个体的角度探究个体因素对择业与职业生涯发展的影响。而在生涯发展阶段理论中，舒伯等人也是从发展心理学角度出发，提出了职业自我的概念。舒伯认为，职业自我概念是一个人整体自我概念的一个重要组成部分，是一个人整体自我概念在职业选择和职业发展上的反映❶。同时，一个人对职业的选择及其职业行为又对他的职业自我概念乃至人的整体自我概念的发展起着重要的作用。舒伯认为，个体的自我概念包括个人的自尊与需求，对自我认识的明确性和切实性，以及个人的价值观、兴趣爱好、能力与天赋潜能的发展状况等。舒伯在1984年提出，职业自我概念的建立需要生涯个体

---

❶　SUPER,D.E.Vocational Development A Frame for Research[M].New York,Columbia University,1957（a）.

同时考虑个人特质与职业所需要的特质。舒伯认为，职业自我概念大致可分为两个部分：一是个性方面，重点是个体是如何进行生涯选择与决定，以及自我是如何调适其选择与决定的；二是社会性方面，重点是个人对其所处的外部社会环境状况及社会职业需求与特点的认知评价。舒伯认为，职业指导的本质与重点是协助生涯个体发展并形成、接纳统合完整的自我概念，协助其发展适合自我的职业角色形象，以提升个体在适应、经受现实考验的能力，并整合为现实社会的从业者，以满足个人的自我需要和生涯发展需求，进而造福社会。

美国心理学家泰德曼在金斯伯格及舒伯的职业发展理论的基础上，提出了"职业自我概念发展"的观点，他认为，个体职业心理发展的过程，实际上是个体所做的一连串决策的综合，也是个体职业自我概念不断分化与综合的过程[1]。在此，"职业自我概念"指的是个体对自我职业与自身关系的认识和定义。职业自我概念是个体在与外部社会、职业交互过程中对自我发展进行反思、分析、统合与概念化描述的结果。当个体的职业自我概念清晰定型时，其职业发展方向也就基本确定了。而个体的职业发展方向一旦明确，会对其职业态度产生直接影响，进而会对其职业选择和职业决策产生影响。泰德曼还认为，个体的职业选择是贯穿于一生的、不断反复的过程。每当个体遇到职业发展问题或为了满足个人新的发展需求，需要产生某种新的职业实践或体验时，就会激发职业选择意识与行为，开启新的职业抉择过程。在人的整个人生发展历程中，个体在抉择过程中，通常受两种心理作用的影响：分化与综合。分化是指个体在做出抉择的关键时刻，根据其认知、观念与所掌握的外部信息，对所面临的各种问题加以鉴别、评估和分析，进而形成新的观念或思路。而综合则是指将新产生的、碎片化的分析结果加以组织与统整。在个体的职业发展过程中，这种分化与综合的心理机制交替进行，最终达成"自我发展"的终极目标。在此观点下，生涯发展理论认为个体的整个职业发展本质上是自我发展的过程，其职业选择的过程可看作是个人形成自我职业认同的发展过程，其中，"自我"是职业认同的核心。

首都师范大学蔺桂瑞的"职业自我概念与大学生职业指导"一文中[2]，对

---

❶ 邱美华，董华欣.生涯发展与辅导[M].新北：台湾心理出版社，1997：223-226.
❷ 蔺桂瑞.职业自我概念与大学生职业指导[J].首都师范大学学报（社会科学版），2002：107-109.

职业自我概念进行了论述和再定义。蔺桂瑞指出，职业自我概念是一个人整体自我概念的一部分，职业自我概念在生涯个体的职业选择和职业发展过程中起着重要的核心和驱动作用，而职业自我概念的形成和发展是贯穿于人的一生整个过程的。蔺桂瑞着重分析了大学生在职业自我概念上存在的偏差，认为大学生的职业指导不应当仅仅停留于职业信息的提供和职业技巧的训练上，而应当帮助大学生建立和完善职业自我概念，促进其职业选择、职业发展及至整个人生的成长。

二、自我认知的维度与方法

（一）自我认知的维度

自我认知是生涯设计和职业选择的第一步，指的是通过科学的方法进行自我分析、自我评价，明确自己的优势与特长、劣势与不足，诊断出个人问题所在。职业生涯规划与发展中的自我认知，主要通过兴趣、性格、能力和价值观四个典型的维度来进行探索、认知自我，如图4-1所示❶。

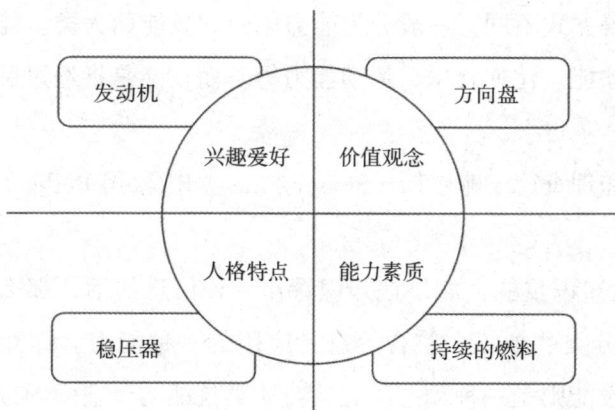

图4-1 自我认知的维度

---

❶ 杜汇良，刘宏，薛徽.高校辅导员九项知能教程[M].北京：高等教育出版社，2009.

1.能力与技能[1]

从心理学角度理解，能力是指顺利完成某种活动所具备的稳定的性格心理特征。它是顺利完成某一活动所必需的主观条件，直接影响活动效率。能力总是和人完成一定的活动相联系在一起的。离开了具体活动既不能表现人的能力，也不能发展人的能力。

哈佛大学加德纳认为，能力倾向（即潜能或智力）是多元的，是由同样重要的多种能力构成的，这就是著名的多元智能理论。他提出，人类的智能至少可以分成八个范畴：

（1）语言（verbal/linguistic）。

（2）数理/逻辑（mathematical/logical）。

（3）视觉/空间（visual/spatial）。

（4）身体/动觉（bodily/kinesthetic）。

（5）音乐/节奏（musical/rhythmic）。

（6）人际交往（inter-personal/social）。

（7）内省（intra-personal/introspective）。

（8）自然探索（naturalist）。

能力按获得方式不同，一般分为能力倾向和技能两大类。能力倾向是指上天赋予的特殊才能。比如音乐、运动能力等。而技能是指经过后天学习和训练而培养的能力。

辛迪·梵和理查德·鲍尔斯（Sidney Fine & Richard Bolles）将技能分为三种类型。

（1）专业知识技能。如果把知识看作一种信息的话，那么知识性技能则是将信息进行分类、加工、整合等进行应用的一种能力。即知识本身是静态的，而知识性技能则是一种动态的表达。这类技能与专业学习或工作内容直接相关，需要经过有意识、专门的培训获得，不能迁移。专业知识技能并非只通过正式专业教育才能获得。它的获取还有下列途径：课程学习，课外培训、辅

---

[1] 李竹梅.大学生职业生涯与发展规划[M].北京：现代教育出版社，2016:124-125.

导班、自学，专业会议、讲座或研讨会，资格认证考试、证书，上岗培训，爱好、娱乐休闲、社会实践、社团活动、家庭责任等。

专业技能分为基础技能和专项技能。

基础技能指从事专门职业所必须掌握的最基本技能。较高层次技能的培养依赖于基础技能的掌握。以师范生为例，不管是历史、中文、还是数学或物理专业的学生，作为未来的教师，都应具备基础的教学技能，如表述技能、书写技能、信息处理技能等，即要有标准的普通话和良好的语言表达能力、扎实的三笔（钢笔、粉笔、毛笔）一画基本功以及应用现代教学媒体的能力等。这些技能都是教师不可或缺的技能，是教师的基本功。

专项技能指从事某种职业所必须掌握的某项或几项特殊能力。专项技能是在基础技能的基础上进一步发展起来的能力。它对于不同职业的从业者提出了更高的要求。如教师在掌握了基础技能外，在课堂上还应有板书变化技能、提问技能、强化技能、练习指导技能、课堂组织技能、教学技能的综合运用等多种技能。专项技能的高低决定了择业顺利与否，也决定了未来事业的成败。

（2）自我管理技能。良好的自我管理技能能够帮助个体更好地适应周围的环境、应对工作中出现的问题，因此它也被称为"适应性技能"。自我管理技能经常被看作个性品质，被用来描述或说明人具有的某些特征，常以形容词或副词的形式出现，如仔细的、慷慨的、喜悦的、欢快的、聪明的、高尚的等。自我管理技能无论是一个人先天具有的，还是后天习得的，都需要练习。它可以从非工作领域转换到工作领域。

（3）可迁移技能。可迁移技能是指一系列能够跨越行业和职业领域的技能，可以帮助个人有效地发展和在不同的环境中提高自己的能力。这些技能可以涵盖个人能力、分析技巧、沟通技能、组织能力和领导力等方面。可迁移技能是一种技能，可以在不同的工作领域中运用，以帮助个人达到其目标。

可迁移技能的重要性在于，它能够帮助个人在任何工作环境中发挥最大的作用。例如，当一个人在一个新的职业环境中工作时，他可以利用他的可迁移技能来更好地发挥作用，从而更快地融入新的工作环境。此外，可迁移技能还可以帮助个人在更广泛的工作领域中发挥作用。

随着社会的快速发展，可迁移技能在大学生职业生涯发展中起着越来越重要的作用。

可迁移技能的重要性在于它可以帮助大学生更好地应对任何给定的工作环境。例如，可迁移技能可以帮助大学生更好地理解新的工作环境，从而更快地适应新的环境。此外，可迁移技能还可以帮助大学生更好地处理和解决工作中遇到的各种挑战，从而更好地完成工作任务，有以下四点：①沟通能力。学会有效沟通，包括口头和书面沟通，可以更好地与同事和客户进行沟通，从而提升职业生涯的发展；②分析能力。学会分析问题，从而解决问题，对职业发展有重要意义；③团队合作能力。学会和同事合作，利用团队的力量，共同完成任务，可以有效提高工作效率，从而提升职业生涯发展；④抗压能力。学会在工作压力下保持冷静和自信，帮助大学生更好地处理工作中的问题，从而提高职业发展。

还有一些其他可迁移技能，如创造性思维能力、组织能力、时间管理能力等，也可以帮助大学生提升职业生涯发展。此外，还有一些其他社会技能，如社交技能、情商能力等，也可以帮助大学生获得更多的机会，从而实现职业发展。

此外，可迁移技能还可以帮助大学生更好地实现自我提升。例如，可迁移技能可以帮助大学生更好地了解自己的优势和劣势，从而更好地利用自己的优势，克服自己的劣势。因此，可迁移技能可以帮助大学生更好地实现自我提升，从而更好地发展自己的职业生涯。

综上所述，可迁移技能对大学生职业生涯发展具有重要的作用。可迁移技能可以帮助大学生更好地应对任何给定的工作环境，更好地提升个人技能，以及更好地实现自我提升。因此，大学生应该努力学习可迁移技能，以帮助自己更好地发展职业生涯。

2.兴趣

兴趣是个体力求认识某种事物或从事某项活动的心理倾向，它表现为个体对某种事物或从事某种活动的选择性态度和积极的情绪反应。

兴趣具有以下三个特点：

（1）兴趣是人类行为中的重要因素之一。它可以驱动人们去探寻新的知识和技能，也可以帮助人们在工作和生活中保持积极向上的态度。而兴趣的动力性特征则是指一个人在追求某种兴趣时所表现出的特点和行为。

以下是兴趣的动力性特征：

坚持不懈。当一个人对某种兴趣产生浓厚的兴趣时，他们通常会表现出坚持不懈的态度。无论遇到什么困难或挫折，他们都会继续努力，直到达到他们想要的目标。

专注力强。在追求某种兴趣的过程中，一个人通常会表现出极强的专注力。他们会忘记时间，全神贯注地投入自己喜欢的领域中，以便更好地理解和掌握相关的知识和技能。

好奇心旺盛。兴趣与好奇心密切相关。当一个人对某种兴趣产生浓厚的兴趣时，他们通常会表现出好奇心旺盛的特点。他们会不断地探寻新的领域，探索新的知识和技能，以满足自己的好奇心。

自我激励。兴趣的动力性特征还表现在自我激励方面。一个对某种兴趣产生浓厚兴趣的人通常不需要外界的激励，他们可以自我激励，不断地追求自己的目标。

不断学习。追求兴趣的人通常会表现出不断学习的态度。他们会不断地探索新的知识和技能，以便更好地发掘自己的潜力和提高自己的能力。他们会通过不断的学习来不断提高自己的能力和素质。

综上所述，兴趣的动力性特征是追求兴趣的人所表现出的一系列特点和行为。这些特点和行为可以使追求兴趣的人更加坚定、自信、积极，不断提高自己的能力和素质，从而获得更多的成功和成就感。

（2）是高度卷入的积极情绪体验。兴趣是一种让人深陷其中、全神贯注的情绪体验，它是一种快乐的体验，让人感到有趣、愉悦和充实。兴趣可以激发个体的好奇心和探索欲，促进个体的学习和成长。因此，兴趣被认为是一种高度卷入的积极情绪。

具体来说，兴趣是一种强烈的情感状态，它能够引起人的注意力和投入。

当人们对某件事情感到兴趣时，他们会自发地投入大量的时间和精力去探索和研究这个领域。这种情绪状态会让人感到非常愉悦和有成就感，因为他们能够学到新的知识、掌握新的技能或者解决新的问题。此外，兴趣还能够提高人们的专注力和自我调节能力，让人们更好地应对困难和挑战，从而提高自己的表现和成就。

因此，兴趣是一种非常重要的情绪体验，它能够激发人们的探索欲和学习热情，让人们更加积极地面对生活中的各种挑战和机遇。

（3）在实践中产生、变化和发展。兴趣是人在进行某项活动时所表现出来的心理状态。它是一种主观感受，是人们对周围事物的好恶、喜欢或厌恶的程度。兴趣的产生、变化和发展是一个与个体的生活经验和学习经验有关的过程。以下是三个原因：

第一，实践是兴趣产生的源头。人们的兴趣是从实践活动中产生的。例如，一个人对音乐感兴趣，可能是因为他在学习音乐过程中发现自己对音乐有天赋，或是在欣赏音乐的过程中感受到了快乐。因此，实践是兴趣产生的源头。

第二，实践可以改变兴趣。当人们在实践活动中发现自己对某个领域的兴趣不如预期时，可能会转而寻找其他领域的兴趣。或者，当人们在实践活动中发现自己对某个领域的兴趣越来越深时，也可能会持续深入探索该领域。因此，实践可以改变兴趣。

第三，实践是兴趣发展的基础。兴趣的发展需要实践的支持。只有通过实践活动，人们才能不断地积累经验和知识，从而进一步发展兴趣。例如，一个人对绘画感兴趣，只有通过实践不断地画画，才能不断提高技能水平，进一步发展兴趣。

因此，我们可以得出结论：兴趣是在实践中产生、变化和发展的。只有通过实践活动，人们才能真正地感受到自己对某个领域的兴趣程度，并且通过实践活动不断地探索、改变和发展自己的兴趣。

3.性格

性格是指个体在长期生活中表现出来的相对稳定的心理特征，包括行为、情感和思维方式等方面。性格是人类个体差异的重要表现形式之一，是个体与环境相互作用的结果，同时也受到遗传和社会文化等因素的影响。

性格通常包括多个维度，如外向性、神经质、责任心、宜人性和开放性等。这些维度的不同特点构成了个体独特的性格特征，影响着个体的行为、情感和思维方式，进而影响其生活和人际关系等方面。

性格的形成是一个长期的过程，既受到遗传因素的影响，也受到社会文化环境的影响。因此，不同的人在性格方面存在着差异，这也是个体差异的重要表现形式之一。

总之，性格是指个体在长期生活中表现出来的相对稳定的心理特征，是人类个体差异的重要表现形式之一，同时也受到遗传和社会文化等因素的影响，包括多个维度，影响着个体的行为、情感和思维方式等方面。但是性格并非全部是别人能看清楚、自己也很明白的，有些性格不但不容易看清楚，有时候还有迷惑性，容易让人以为是另一种性格，因此，性格具有复杂性。每个人的性格都不同，俗话说，"一龙生九子，九子各不同"，因此，性格具有独特性。

职业性格是指一个人在工作或职业环境中表现出来的稳定的心理特征和行为方式，它包括个体的兴趣、价值观、情绪状态、社交能力、决策能力等多方面的因素。职业性格对于一个人的工作表现和职业发展具有重要的影响，了解自己的职业性格可以帮助个体更好地适应工作环境，提高工作效率，并找到适合自己的职业岗位。

人们的职业性格可以通过各种方式进行评估，如职业性格测试、面试、自我评估等。对于用人单位来说，了解应聘者的职业性格可以帮助他们更好地筛选人才，从而提高招聘的成功率和员工的满意度。

总之，职业性格是一个人在工作环境中表现出来的心理特征和行为方式，对于个体的职业生涯发展和用人单位的招聘管理都具有重要的意义。

职业心理学研究表明，职业性格影响着一个人的职业适应性，一个人的职业性格会影响他们对职业的选择。例如，具有探究精神和好奇心的人更适合从事科学研究，而具有实干精神和耐心的人更适合从事技术工作。只有选择了适合自己职业性格的职业，才能更好地发挥自己的特长，提高职业适应性。职业性格还会影响一个人在工作中的表现。再如，具有领导才能和决策能力的人更容易在管理岗位上表现出色，而具有艺术天赋和创造力的人更适合从事创意行业。只有在适合自己职业性格的工作中，才能发挥出自己的优势，提高工作表现和职业适应性。

职业性格还会影响一个人的职业发展。例如，具有冒险精神和创新力的人更容易从事创业或者担任高管职位，而具有稳重和谨慎性格的人更适合从事稳定的职业。只有在适合自己职业性格的职业中，才能有更好的职业发展，提高职业适应性。

综上所述，职业性格对职业适应性有着重要的影响，只有了解自己的职业性格，并选择适合自己的职业，才能更好地提高职业适应性。

4.价值观

人生价值观是指人们对人生价值的根本看法和态度，也就是人们对人生目标、人生价值取向和人生价值途径的认识和根本态度。价值观就是个人的一个过滤器。它决定了什么是有意义有价值的，什么是无聊的、乏味的。如果个人的价值观与工作相吻合，会觉得很开心、很带劲。如果不相吻合，就会感到很无奈或很痛苦。而这些感受通常是金钱和威望不能弥补的。

个人的价值观是决定人生命运的关键因素，决策所造成的结果也是由此决定。成为社会中的领导人物，必须清晰认识自己的价值观，并秉持这一价值观生活。无论是职场人士、企业家还是教育家，社会精英中的每一个人都因秉持着其独特的价值观而在其领域内有所成就。

拥有卓越表现的人，大多因为他们能够快速作出决策，因为他们清晰地知道自己生命中最重要的价值。而不知道自己价值观的人，就会像头缺失的苍蝇一样乱撞，很多人只关注物质方面的东西，却忽略了自己生命的意义和目标，这是一种极大的悲剧。物质永远不能使人生得到满足，只有真正明白生命的价值才能发挥出自己的潜能。

尽管研究职业价值观的文献相当多，却没有统一的定义。为此，研究者们根据自己的研究结果从不同角度对职业价值观进行了界定。

我们可以这样理解职业价值观：

职业价值观是个人在职业生涯中所坚持的价值观念和信仰，是指个人对于工作以及事业发展的目标、态度和行为准则的认知和理解。职业价值观是基于个人对于自身处境、环境和社会的认知和理解，形成的对于工作和事业的期望和追求，是职业生涯发展中的重要驱动力。职业价值观不仅仅反映了个人的职业追求和期望，也反映了社会和行业的价值取向和期望。

职业价值观的形成涉及个人的家庭背景、教育经历、工作经验、文化背景、社会环境等多个方面。一个人的职业价值观在职业生涯中也可能发生变化，随着个人经历的变化和社会环境的变化，职业价值观也可能发生调整和变化。

在职业生涯中，保持清晰的职业价值观有助于个人在工作中做出明智的决策，保持职业道德和职业操守，同时也能够使个人在职业生涯中更加自信和成功。职业价值观具有以下特点：

（1）职业价值观是因人而异的。职业价值观是一个人职业生涯中最重要的事情、最关键的目标以及最需要承担的义务的看法和态度。每个人的职业价值观都是基于其个人经历、生活背景、文化价值观等多种因素而形成的。因此，职业价值观是因人而异的。

第一，每个人的个人经历都是独一无二的。不同的生活经历会对个人的职业观念产生巨大影响。例如，一个曾经遭受过经济困难的人可能会更加重视获得高薪的工作，而一个从小生长在家庭企业中的人可能会更加注重家族企业的发展和传承。

第二，文化价值观也是影响职业价值观的重要因素。不同的文化背景和价值观会对人们的职业价值观产生深远的影响。例如，在一些亚洲国家，注重个人责任和家庭责任比注重个人成就更为重要。因此，在这些国家，人们可能更加注重家庭和社会责任感，而不是个人成就。

第三，职业价值观也会随着时间和阶段的变化而变化。随着个人的成长和经验的积累，人们对自己的职业目标和职业价值观也会有不同的看法。一个年轻人可能更加注重个人成就和发展，而一个中年人可能更注重家庭和社会责任感。

（2）职业价值观是相对稳定的。职业价值观是指个体在职业生涯中对于职业和工作的看法和认知，是对于职业生涯目标和价值的评价、认同和追求。职业价值观的形成是一个长期的过程，受到家庭、教育、文化、社会环境等多种因素的影响。因此，职业价值观的形成相对稳定，也比较难以改变。

职业价值观的形成是一个深层次的心理过程。职业价值观不仅仅是表面上的职业选择和偏好，更是一个深层次的心理过程，反映了个体对于自我认同、价值观念、生活意义等方面的认知和需求。这些认知和需求往往是相对稳定的，并且具有很强的指导作用。因此，职业价值观的稳定性也是这些深层次心理过程的结果。

（3）职业价值观是具有阶段性的。职业价值观是指个人对职业生涯中重视的价值观念和目标。随着个人经历和成长，职业价值观也会不断发生变化，具有阶段性的特点。这一点可以通过马斯洛需求理论进行解释。

马斯洛需求理论将人的需求分为五个层次：生理需求、安全需求、社交需求、尊重需求和自我实现需求。这些需求是按照优先级排序的，只有满足了低层次的需求，才能进一步满足更高层次的需求。在职业生涯中，个人也会经历这些需求的不同阶段。

在职业生涯的早期阶段，个人的主要需求是满足生理和安全需求，即获得稳定的收入和工作机会，以满足基本的生存需求。因此，在这个阶段，个人的职业价值观可能更加偏向于稳定性和安全性。

随着个人经验的积累和职业水平的提升，个人的需求也会逐渐向更高层次的需求转变，如社交需求、尊重需求和自我实现需求。在这些阶段，个人对于职业发展的追求也会更加注重个人成长和价值实现。

因此，职业价值观的阶段性可以通过马斯洛需求理论进行解释。个人的职业价值观会随着自身需求的变化而发生变化。理解这一点对于职业生涯规划和个人发展至关重要。

（4）职业价值观不是唯一的。职业价值观分为以下十三种类型，各类型的基本含义如下。①利他主义：以他人的幸福和利益为追求，始终为他人着想，尽心竭力；②审美主义：追求美的事物，寻求美感的享受；③智力刺激：不断进行智力开发，以动脑、学习和探索为源泉，解决问题；④成就动机：创新不息，取得成就不断，得到赞赏，实现愿望；⑤自主独立：充分展现独立性和主动性，做自己想做的事，不受干扰；⑥社会地位：从事的工作在人们眼中有较高地位，得到尊重和重视；⑦权力控制：管理他人或事物的权力，指挥调遣范围内的人和事；⑧经济回报：通过获得丰厚的报酬，使自己拥有足够的经济实力，实现自己的生活愿望，过上富裕的生活；⑨社交关系：与各种不同的人建立联系，广泛结交社会朋友，甚至有机会与知名人士交往；⑩工作安全：期望工作中能拥有稳定的岗位，不因奖金、岗位调整或上司批评等因素而经常紧张不安；⑪工作舒适：希望工作成为一种休闲娱乐或享受的形式，寻求舒适、轻松、自由、优越的工作条件和环境；⑫人际关系：期望工作中的同事和上司人品端正，在一起愉快自然地相处；⑬创新意识：希望工作内容经常变化，使工作生活丰富多彩，不单调乏味。

（二）自我认知的方法[1]

1.自我分析法

自我分析，就是自我认知的总结，对自身各种因素进行理性分析，得出结论，从而改进自身的缺点，增进自身的优点。自我分析的主要方法有以下三种：

（1）人生历程法。一个人的性格特点，心理素质以及对世界、对人生的看法，很多都是来源于人生历程。记录自己的人生历程，一方面可以了解自己的性格，价值观，对于人生与世界的看法是怎样一步步形成的；另一方面就是通过分析过去，为未来的发展提供参考意见。

（2）背景分析法。认识自己，要在社会背景、学校背景、家庭背景等方面以及个人生活背景等方面来分析自己，这样做的自我认识，除了对自己有全面的认识外，还会得出家庭、社会、学校等背景下，自己如何发挥。对自己各方面背景的分析，可以帮助自己掌控并运用所拥有的全部资源。

（3）自我追问法。问自己，你拥有什么样独特的与生俱来的天分、技术和才能？你天生就对哪些方面的知识特别的感兴趣？每个人来到这个世界上都会有一些天生的能力，这些能力看起来与众不同，有时甚至被人们看成怪异的不合乎

---

[1]　朱坚，陈刚，王利民.规划未来：大学生职业生涯设计与就业指导[M].北京：现代教育出版社，2009:39-42.

常理。只有正确地使用这些与生俱来的能力时，才能将自己的价值发挥得更加的彻底。

2.360°评估法

360°评估法又被称为多渠道评估法，是一种综合性的评估方法。它是通过多种渠道，对被评估对象的工作表现、能力和潜在的发展方向等进行全面、多角度的评价。

在360°评估法中，被评估对象不仅接受来自领导的评价，也接受来自同事、下属以及客户等多个渠道的评价。评估结果综合考虑了各个评价者的意见，能够更加全面地反映被评估者的职业素养、能力及潜力。

这种评估方法的优点是能够减少评价者的主观性，更好地反映被评估者的真实表现和潜力。但同时也存在评价者对被评估对象的偏见和不公平评价等问题，需要对评估者进行严格的规范和培训。

总的来说，360°评估法是一种综合性的评估方法，能够更加全面地反映被评估者的工作表现和潜力，但需要对评估者进行严格的规范和培训，以确保评价结果的客观性和准确性。学生可以请老师、长辈、父母、家人、师兄师姐、同学或朋友等，对自己进行全面评估，如图4-2所示。

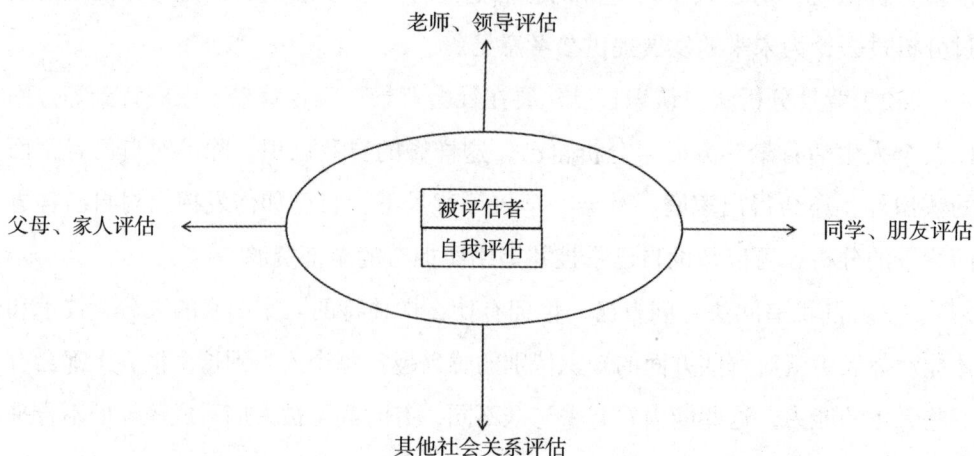

图4-2 360°评估法

评估的内容和标准如表4-1所示。

表4-1 360°评估

方式	评价内容	评价标准
自我评估	1.自己的才能是否充分施展 2.对自己的职业发展状态是否满意 3.对自己的学习、生活状态是否满意 4.对处理职业生涯发展与其他人生活动的关系的结果是否满意	根据个人的价值观念及个人的性格、兴趣、能力
家庭评估	1.是否能够理解和肯定 2.是否能够给予支持和帮助	根据父母家人的反馈意见
老师评价	1.是否获得老师的认可 2.是否有明显的缺点 3.是否获得了长足的进步 4.各项能力是否都得到了提升	根据行为表现及综合素养
同学评估	1.是否获得同学的认可与好评 2.是否在某些方面树立了榜样 3.是否存在哪些缺点	根据行为表现及同学感受

3.橱窗分析法

橱窗分析法也是进行自我认知的一种常用方法。所谓橱窗分析法，是一种借助直角坐标不同象限来表示人的不同部分的分析方法，它以"别人知道"或"别人不知道"为横坐标，以"自己知道"或"自己不知道"为纵坐标。坐标橱窗如图4-3所示。

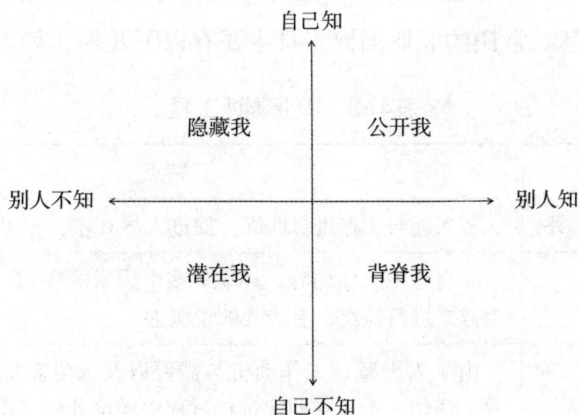

图4-3 橱窗分析法

橱窗1：为"公开我"

即：自己知道、别人也知道的部分，是个人展现在外，无所隐藏的部分。

橱窗2：为"隐藏我"

即：自己知道、别人不知道的部分，是属于个人内在的私有秘密，不外显。

橱窗3：为"潜在我"

即：自己不知道，别人也不知道的部分，具有巨大的发掘潜能。

橱窗4：为"背脊我"

即：自己不知道，但别人知道的部分，自己可能无法察觉，但他人却很清楚。

运用橱窗分析法进行自我分析，主要是要了解"潜在我"和"背脊我"。

针对"潜在我"，现代科学研究证明，人类只利用了极少的大脑潜力，大多数都未被开发，这就提供了广阔的开发空间。因此，了解和认识"潜在我"是自我认识的重要内容。开发"潜在我"的方法有：积极暗示、冥想技巧、光明思维等，您可以参考关于潜力开发的相关书籍和资料。

至于"背脊我"，则需要个人诚恳的态度和博大的胸怀，真诚地询问他人意见和看法，有则改之，无则加勉。否则，不会得到好结果，他人也不会如实说出。

4.职业测评法

职业测评是客观地评价自己的重要参考工具。通过科学的职业测评量表，同学们可以对自己的职业倾向、综合能力等进行测试，根据测试的结果加深对自己的探索与了解。常用的职业测评工具主要有以下几种，如表4-2所示。

表4-2　职业测评工具

职业测评工具	特点
霍兰德职业兴趣测评	将兴趣与工作进行匹配，促进人尽其才，才尽其用
MBTI人格测评	综合考虑工作内容、环境等多个因素的影响，将个人性格、行为方式进行匹配，有较强的说服力
职业价值观测评	由个人天赋、工作动机与需要以及人生态度与价值观融合而成，评估一个人在职业选择过程中无论如何都不会放弃的稳定的价值判断

续表

职业测评工具	特点
职业能力测评	测试一般能力倾向和特殊能力倾向，帮助学生了解自己综合能力

三、红叶子理论[1]

厦门大学廖泉文教授是我国著名的人力资源管理专家。她从人力资源开发的角度，提出了关于个体职业发展的"红叶子理论"。她认为，每个人的身上都有其特有的优缺点，她将个人的优点比作树上的红叶子，而将个人的缺点则比作绿叶子。她认为，红叶子的大小对应于个人优点的大小，其大小决定了个人价值的大小，也对个人的职业成功起着决定作用。人们要学会准确地识别并找到最适合自己发展的那片红叶子，进而开发、发展这片红叶子，使其特别硕大而红艳，以成长为引起社会关注的人力资本。她指出，红叶子的大小比数目多少更重要，红叶子越大，表明个人优势越明显；而想要形成鲜明的个人优势，不能仅仅依赖先天的禀赋，而需要通过后天的不懈努力和开发训练。这个观点，与作家格拉德威尔在《异类》一书中所提出的一万小时定律相类似，即"人们眼中的天才之所以卓越非凡，并非天资超人一等，而是付出了持续不断的努力。1万小时的锤炼是任何人从平凡变成世界级大师的必要条件。"

红叶子理论，有三个核心观点：①生涯个体要努力让自己的绿叶子足够少、足够小；②要准确识别出自己与众不同的那片红叶子；③发展这片红叶子，使它足够硕大。

红叶子理论指出，个人的红绿叶子大小与多少具有相对性和动态发展性。一方面，红叶子本身具有可塑性，是可变的，可以变大，也可以变小；另一方面，红叶子和绿叶子是相对而言的，红叶子与绿叶子的关系是动态的、可变的，如果绿叶子迅速长大，可能会吞噬红叶子，或造成红叶子变少变小。另外，不同

---

[1] 廖泉文.人力资源管理[M].北京：高等教育出版社，2011.

个体之间的红叶子大小也是相对的，是横向比较而言的。发展红叶子，需要时间和环境的长期积累才能看出结果，而此过程对个体来说是需要付出艰辛努力的。

红叶子理论强调，生涯个体要注重开发自己的潜力，塑造自己的优势与亮点，为了获得良好的职业发展，实现个人目标与职业自我，需要以实际行动来改变自我、发展自我和塑造自我。

【资料延伸】

红叶子理论对职业生涯发展的启示

红叶子理论告诉人们，不必追求完美，因为人人都有缺点。而职业生涯的成功，在于追求卓越，且要有某方面的卓越。该理论同时也阐释了红叶子与绿叶子是相互关系，发展出自己的红叶子不能保证一直占优势，因为红叶子是可变的，它可以增大也可以减小。相对于绿叶子的变化，红叶子的变化也是动态的。因此，我们必须关注这种动态性，永远不断地努力，永远不断地奋斗。

1.识别红叶子，全面了解自己

古希腊城墙上有一则格言："人啊，认识你自己"。对于任何一个有求于事业的人来说，了解自己是不可或缺的预备步骤，必须全面了解自己以获得社会的认可。比如说兴趣、优势特长、性格等。只有深入认识自我，才能更好地适应社会，更高效整合资源，为未来的发展打下坚实的基础。同时，在识别优势时，要留意每个人都有红叶子也有绿叶子。因此，开发优势要选择重点，不是所有的红叶子都必须全部发掘，因为生命的时间和精力是有限的。此外，在识别的过程中，还要对不同性质的红叶子分类，如潜力最大的、价值最高的、能力最强的等，在不同情况下选择适当的红叶子发展。

2.缩小绿叶子，加强全面质量

在增长红叶子的过程中，不能忽视缩小绿叶子。因为大量的绿叶子会掩盖红叶子，争抢养分与水分，浪费时间与精力，甚至危害红叶子的成长。因此，我们需要努力减少绿叶子的数量，以便让红叶子更加突出和繁茂。从整体上看，增加红叶子的数量，使得整个层面上红叶子的比例更高，意味着个人全面成长得到了更加全面的提升。

3.突出红叶子，打造核心竞争力

要成为红叶子的佼佼者，必须要满足三个条件：首先，需要有坚强的意志和决心。不折不扣的信念是枝繁叶茂红叶子的基础。其次，需要拥有健康的心理素质。勇往直前，镇定应对困难，从容面对困惑、评价、失败、挫折。最后，必须有智慧和技能。懂得寻找支持，把握机会，明确重心。一个人的职业成功不仅需要有个人的优势，更要拥有自己的核心竞争力，并且这种竞争力需要是独特的、不可复制的、不可模仿的。在现代社会中，一个人的价值取决于他的全面质量以及优势特长，只有拥有优势特长，才能锻炼自己的职业技能，立于不败之地。

第二节　人格类型理论

一、MBTI人格理论

MBTI全称Myers–Briggs Typ eIndicator，是一种迫选型、自我报告式的性格评估工具，用以衡量和描述人们在获取信息、做出决策、对待生活等方面的心理活动规律和性格类型。它以瑞士心理学家CarlJung的性格理论为基础，由美国的Katherine.C.Briggs和Isabel.Briggs.Myers母女共同研制开发❶。

MBTI从四个维度考察个人的偏好倾向，以区分人与人之间的差异，这四个维度为：

精力支配：Extraversion（E）vs.Introversion（I）

外倾—内倾

接受信息：Sensing（S）vs.Intuition（N）

感觉—直觉

❶ 曾维希，张进辅.MBTI人格类型量表的理论研究与实践应用[J].心理科学进展，2006，14（1）：255–260.

判断事物：Thinking（T）vs.Feeling（F）

思考—情感

行动方式：Judging（J）vs.Perceiving（P）

判断—知觉

其中两两组合，可以组合成16种性格类型，如表4-3所示。

表4-3　16种性格类型表

序号	性格类型	序号	性格类型
1	ISTJ 内倾感觉思考判断 稽查员	9	ISTP 内倾感觉思考知觉 操作者、演奏者
2	ISFJ 内倾感觉情感判断 保护者	10	ISFP 内倾感觉情感知觉 作曲家、艺术家
3	INFJ 内倾直觉情感判断 咨询师	11	INTJ 内倾直觉思考判断 智多星、科学家
4	INFP 内倾直觉情感知觉 治疗师、导师	12	INTP 内倾直觉思考知觉 建筑师、设计师
5	ESTJ 外倾感觉思考判断 督导	13	ESTP 外倾感觉思考知觉 发起者、创设者
6	ESFJ 外倾感觉情感判断 供给者、销售员	14	ESFP 外倾感觉情感知觉 表演者、演示者
7	ENFJ 外倾直觉情感判断 教师	15	ENTJ 外倾知觉思考判断 统帅、调度者
8	ENFP 外倾直觉情感知觉 倡导者、激发者	16	ENTP 外倾直觉思考知觉 企业家、发明家

MBTI性格类型系统中有四种性格倾向组合，这四种组合是：

1.直觉+思考=概念主义者（NT）

概念主义者具有自信、智慧和富有想象力，目标是将一切事情做到最佳。他们天生好奇，怀着对知识的渴望不断汲取，并善于全面思考问题，用分析的眼光多角度诠释问题，从而找出真实或假设问题的解决方案。

独立性较强的概念主义者工作严谨，要求高，不受外界的冷遇和批评影响，喜欢以自己的方式行事。

他们喜欢工作自由度高、变化多且需要智力挑战的工作，渴望看到自己的想法实现，喜欢与有能力的上司、下属和同事共事。很多概念主义者追求权力，容易被有权力和地位的人吸引。

2.感觉+知觉=经验主义者（SP）

经验主义者非常关注通过观察五官得到的信息，他们只相信能够经过测量和证明的事物。他们对各种可能性怀有兴趣，喜欢自由随性的生活方式，表现出敏锐的反应和主动性。

在四种类型中，经验主义者是最具冒险精神的。他们具有机智、富有吸引力且非常有趣，是最值得珍视的一种类型。他们生活得充实而激动人心，活在当下，对某件事情有强烈的冲动想立刻去做，喜欢马上把事情完成，但也不愿长时间做同一件事。

经验主义者对具有自由、变化和行动元素的工作十分热衷，他们渴望工作效果可以立即体现。完成工作，使其高效成功，是他们的乐趣所在。为了追求快乐生活，他们认为无论做什么事都必须让自己有高度的欢愉，才能满足自己的需求。

3.直觉+情感=理想主义者（NF）

理想主义者关注事物的含义、联系和可能性，并以自己的价值观为基础做出决策。他们的人生原则是直面自己。

理想主义者是四种类型中精神上最具哲学性的人，他们乐于接纳新的思想，善于容忍他人。他们高度重视人际关系中的真实和正直，易于将他人理想化。

理想主义者认为，一份工作需要具有个人意义，而非仅仅是一份重复性的职业或生计的手段。他们喜爱民主的组织，能够激励各个层面的人高度参与，并且会被那些弘扬人类价值观的公司或那些允许他们为他人服务的职业所吸引。

4.感觉+判断=传统主义者（SJ）

传统主义者信仰事实和证据，依赖于已有的经验、数据以及外观所提供的信息，喜好有条理、有秩序的生活。他们对决策具有现实主义，目标明确。作为四种类型中最为传统的一类，传统主义者重视法律和规则，尊重权威和权力，价值观保守。他们有责任感，勤奋工作，可以得到信任和依靠。

传统主义者需要归属感，以服务他人为己任，总在做正确的事情。他们注重稳定、秩序、合作和可靠性，工作态度严肃。他们对自己要求严格，期望他人也是如此。

【资料延伸】

16种MBTI类型及匹配职业（表4-4）

表4-4　16种MBTI性格类型与匹配的职业

类型	性格特征	职业倾向
ISTJ 内倾感觉思考判断型	实际：ISTJ重视实际、客观和现实，倾向于基于经验和事实做决策 责任心：ISTJ认为有责任保持秩序和遵守规则，并且以自己的责任感为原动力 计划性：ISTJ喜欢有计划的生活和工作，对于任务的完成有高的要求 稳重：ISTJ被认为是冷静、稳重和严谨的，对于事物的变化不敏感 信仰传统：ISTJ尊重传统和惯例，倾向于遵循已经证明有效的方法 保密：ISTJ喜欢私密和保密，不喜欢暴露自己的情感和思想	审计员、后勤经理、信息总监、预算分析员、工程师、技术工作者、计算机编程员、证券经纪人、地质学者、医学研究者、会计、文字处理专业人士等

续表

类型	性格特征	职业倾向
ISFJ 内倾感觉情感判断型	有同情心：ISFJ关心他人的需求，对他人的痛苦和困难有强烈的同情心 忠诚：ISFJ非常忠诚，对他们的朋友、家人和工作全力以赴 依赖性：ISFJ喜欢稳定的环境，对变化不太敏感，并且喜欢依赖他人 细心：ISFJ注重细节，乐于提供帮助和支持 保守：ISFJ比较保守，对于新想法和变化不太敏感 敏感：ISFJ对于自己和他人的情绪敏感，并且易受他人的影响	人事管理员、计算机操作员、顾客服务代表、零售业主、房地产代理人、艺术人员、室内装潢师、商品规划师、语言病理学者等
INFJ 内倾直觉情感判断型	关心他人：INFJ非常关心他人的需求和感受，对他人有很强的同理心 有强烈的兴趣：INFJ对生活和工作充满热情，对他们所热爱的事物有强烈的兴趣 有洞察力：INFJ对人类心理和行为有深刻的洞察力，善于理解他人的内心 充满热情：INFJ充满热情，对于自己的信仰和价值观非常坚定 敏感：INFJ非常敏感，对于自己和他人的情感敏感，容易受到他人的影响 善于沟通：INFJ善于与他人沟通，能够表达他们的想法和感受	人力资源经理、事业发展顾问、营销人员、企业组织发展顾问、职位分析人员、企业培训人员、媒体特约规划师、编辑、艺术指导、口译人员、社会科学工作者等
INTJ 内倾直觉思考判断型	有领导力：INTJ有强烈的领导力，能够掌控和组织复杂的情况 有规划性：INTJ喜欢规划和组织，喜欢有组织的工作方式 有分析能力：INTJ具有强烈的分析能力，喜欢通过思考和研究来解决问题 独立：INTJ喜欢独立工作，不喜欢受到他人的干扰 冷静：INTJ非常冷静，不容易受到情绪的影响 有强烈的目标：INTJ对自己的目标有强烈的执着，不容易被挫折和困难打倒	管理顾问、经济学者、国际银行业务支援、金融规划师、设计工程师、动作研究分析人员、信息系统开发商、综合网络专业人员等

续表

类型	性格特征	职业倾向
ISTP 内倾感觉思考知觉型	喜欢探索：ISTP喜欢探索新的事物，具有强烈的好奇心 实际：ISTP非常实际，不愿过多受理论和情感的影响 有手工技能：ISTP有很强的手工技能，喜欢动手实际的工作 自我：ISTP喜欢独立工作，不喜欢受到他人的干扰 冷静：ISTP非常冷静，不容易受到情绪的影响 具有快速反应能力：ISTP具有快速的反应能力，在紧急情况下能够非常快速地作出决策	证券分析员、银行职员、管理顾问、电子专业人士、技术培训人员、信息服务开发人员、软件开发商、海洋生物学者、后勤与供应经理、经济学者等
ISFP 内倾感觉情感知觉型	喜欢艺术：ISFP对艺术和美学有强烈的兴趣，喜欢参与创造性的活动 敏感：ISFP非常敏感，对他人和环境非常关注 喜欢安静：ISFP喜欢安静和私密的环境，不喜欢受到公众的注意 善良：ISFP是非常善良和体贴的人，关心他人的感受 有直觉：ISFP有敏锐的直觉，喜欢直接的感性体验 实际：ISFP非常实际，不喜欢过于理论化的工作方式	行政人员、商品规划师、测量师、海洋生物学者、厨师、室内/风景设计师、旅游销售经理、职业病理专业人员等
INFP 内倾直觉情感知觉型	关心他人：INFP非常关心他人，拥有强烈的同情心和正义感 情感丰富：INFP拥有丰富的情感，非常敏感 理想化：INFP喜欢理想化的生活，有强烈的理想主义 想象力丰富：INFP具有丰富的想象力，喜欢创造和创新 喜欢内省：INFP喜欢内省，常常思考自己的价值观和生活目标 敏感：INFP对自己和他人非常敏感，不喜欢粗鲁和冲突的环境	人力资源开发专业人员、社会科学工作者、团队建设顾问、编辑、艺术指导、记者、口笔译人员、娱乐业、建筑师、研究工作者、顾问、心理学专家

续表

类型	性格特征	职业倾向
INTP 内倾直觉思考知觉型	喜欢探究：INTP喜欢探究和了解事物的本质，对解决复杂的问题有强烈的兴趣 逻辑性强：INTP拥有出色的逻辑思维能力，喜欢理性分析 独立性强：INTP非常独立，不喜欢受他人的干涉，喜欢有自己的空间 具有想象力：INTP具有丰富的想象力，喜欢思考未来的可能性 直率：INTP直率坦诚，不喜欢虚伪和表面文章 追求完美：INTP追求完美，常常对自己的工作和生活有很高的要求	计算机软件设计师、系统分析员、研究开发专业人员、战略规划师、金融规划师、信息服务开发商、变革管理顾问、企业金融师等
ESTP 外倾感觉思考知觉型	自信：ESTP拥有很强的自信心，并且非常乐于冒险 直率：ESTP直率坦诚，不喜欢虚伪和表面文章 喜欢刺激：ESTP喜欢刺激，喜欢快节奏的生活 实际：ESTP非常实际，擅长解决现实问题 热情：ESTP具有高度的热情，是非常受欢迎的人 喜欢交际：ESTP喜欢交际，具有很强的社交能力	企业家、业务顾问、个人理财专家、证券经纪人、银行职员、预算分析师、技术培训、旅游代理、促销商、手工艺人、新闻记者、土木/工业/机械工程师等
ESFP 外倾感觉情感知觉型	热情：ESFP具有高度的热情，是非常受欢迎的人 喜欢交际：ESFP喜欢交际，具有很强的社交能力 实际：ESFP非常实际，擅长解决现实问题 喜欢刺激：ESFP喜欢刺激，喜欢快节奏的生活 富有同情心：ESFP对他人具有高度的同情心，是非常关爱他人的人 自我表现技巧高：ESFP具有很高的自我表现技巧，喜欢在大众面前展示自己的才华	公关、劳动关系调解人、零售经理、商品规划师、团队培训人员、旅游项目经营者、表扬人员、社会工作者、融资者、保险代理人、经纪人等

类型	性格特征	职业倾向
ENFP 外倾直觉情感知 觉型	充满热情：ENFP非常热情，性格开朗，善于交际 具有创造力：ENFP具有很高的创造力，善于发现新的想法和机会 理想主义：ENFP抱有理想，努力追求自己的梦想和价值观 具有同情心：ENFP具有高度的同情心，关心他人的感受 善于沟通：ENFP具有很强的沟通能力，善于表达自己的想法 喜欢变化：ENFP喜欢变化，不喜欢固定的生活方式和程序	人力资源经理、营销经理、企业/团队培训人员、广告客户经理、战略规划人员、宣传人员、事业发展顾问、律师、研究助理、广告撰稿人、播音员等
ENTP 外倾直觉思考知 觉型	充满活力：ENTP性格开朗，充满活力，喜欢探索新的事物 具有创造性：ENTP具有很高的创造性，善于发现新的想法和机会 喜欢挑战：ENTP喜欢挑战，喜欢冒险，不喜欢安逸 具有智慧：ENTP具有很强的智慧，善于分析和解决问题 善于沟通：ENTP具有很强的沟通能力，善于表达自己的想法 具有批判性：ENTP具有很强的批判性，喜欢批判和挑战	人事系统开发人员、投资经纪人、工业设计经理、后勤顾问、金融规划师、投资银行业职员、营销策划人员、广告创意指导人员、国际营销人员等
ESTJ 外倾感觉思考判 断型	组织能力强：ESTJ具有很强的组织能力，善于制订计划和组织任务 实际和现实：ESTJ注重实际和现实，不喜欢空想和浪费时间 喜欢控制：ESTJ喜欢控制，希望对周围的环境和人们产生影响 有领导力：ESTJ具有很强的领导力，喜欢指导和激励他人 注重纪律：ESTJ重视纪律，希望大家遵守相关规则 直率和坦诚：ESTJ直率和坦诚，喜欢表达明确的观点	银行职员、项目经理、数据库经理、信息总监、后勤与供应顾问、证券经纪人、计算机分析员、保险代理人、工厂主管等

续表

类型	性格特征	职业倾向
ESFJ 外倾感觉情感判断型	喜欢关爱他人：ESFJ注重他人的需求，关心他人并善意帮助他们 社交能力强：ESFJ具有很强的社交能力，喜欢与他人交往 热情：ESFJ热情友好，希望建立良好的人际关系 有同情心：ESFJ具有强烈的同情心，对他人的不幸感到难过 喜欢稳定：ESFJ喜欢稳定，不喜欢变化和冲突 注重礼仪：ESFJ重视礼仪和遵守传统，喜欢维护社会关系	公关客户经理、业务员、销售代表、人力资源顾问、零售业主、餐饮业者、房地产经纪人、营销经理、电话营销员、办公室经理、接待员、信贷顾问、口笔译人员等
ENFJ 外倾直觉情感判断型	社交能力强：ENFJ具有魅力和社交能力强烈的人际技巧和建立关系的能力 有同情心：ENFJ具有富有同理心和同情心 有领导力：ENFJ是自然的领导者，经常在团体情况下掌控 果断和有组织，有明确的未来视野 善于沟通：ENFJ能够有效地表达自己的想法，重视和谐和合作，经常寻求共同点	人力资源开发培训人员、销售经理、程序设计员、生态旅游业专家、广告客户经理、公关专业人士、作家、记者等
ENTJ 外倾直觉思考判断型	有领导力：ENFJ是自信和坚定的领导者 战略思想家：ENFJ能够看到大局，制订长期计划 执行能力强：ENFJ果断高效，重点把事情做好 善于沟通：ENTJ拥有出色的沟通技巧，能够有效地表达自己的想法 独立：ENTJ喜欢独立和自给自足，不容易受到他人意见的影响 具有智慧：ENTJ是天生的解决问题者，能够快速分析情况并找到解决方案 积极进取：ENTJ不断设定和实现目标	人事/销售/营销经理、技术培训人员、国际营销经理、特许经营业主、程序设计员、环保工程师等

【资料延伸】

MBTI人格理论为何在我国突然流行

1.文化差异

中国和西方的文化存在很大的差异，中国对西方的思维方式和行为方式存在着一定的好奇心和探究欲望。MBTI作为一种西方心理学理论，因其新颖和具有异国情调的特点，在中国受到了广泛关注。

2.自我认知

中国的年轻人越来越关注个人发展和自我认知，MBTI作为一种能够帮助人们更好地认识自己和他人的工具，受到了越来越多人的追捧。

实用性：MBTI理论能够帮助人们更好地了解自己的性格特点，避免性格不匹配造成的沟通障碍，更好地调整自己的行为方式，提高工作和生活效率。因此，MBTI在职场和人际交往方面得到了广泛应用。

3.热门话题

由于MBTI的普及程度和广泛使用，MBTI成为了一个热门话题，在社交媒体和各种讨论场合都有人在讨论和分享自己的MBTI类型和经验。这也进一步加强了人们对MBTI的兴趣和关注。

4.教育和招聘领域的应用

在中国的教育和招聘领域，MBTI也得到了广泛应用。例如，在学生职业规划和选专业时，MBTI可以帮助学生更好地了解自己的兴趣、天赋和适合的职业方向；在企业招聘中，MBTI也可以帮助企业更好地了解应聘者的性格特点和适合的岗位，从而提高招聘的准确性和效率。

5.容易理解和操作

相比于其他心理学理论，MBTI相对简单易懂，容易被人们接受和应用。MBTI使用的是字母代号来表示不同的人格类型，这种简单的表达方式使得人们更容易理解和记忆MBTI理论。

6.好奇心和探究欲望

最后，MBTI在中国受到关注和火爆的原因之一也是因为人们的好奇心和探究欲望。许多人对于自己的性格特点和他人的性格特点都很感兴趣，MBTI为人们提供了一个探索自己和他人性格的新的角度和方法，满足了人们的好奇心和探究欲望。

二、九型人格理论

九型人格可以追溯到中亚的古代历史，最早被称为"九芒星"和"九注图"等，已有两千多年的历史。起源于古代的"九芒星"图的创始人已不可考证，传承了悠久的历史，类似于中国传统文化如佛教、易经。尽管九型人格已有两千多年的推广历史，但由于其神秘性、独特性和复杂性，一直未被广泛接受，只是在苏菲教等组织团体内以口述的形式逐渐传承❶。

现代九型人格的创始人可追溯到20世纪60年代，智利心理学家Ichazo将九型人格理论完善并发展下来❷。之后，九型人格逐渐被Naranjo（纳兰霍）、Hudson（赫德森）、DavidDaniels（戴维·丹尼尔斯）和HelenPalmer（海伦·帕尔默）以及Riso（里索）等不同国家的心理学方面的研究学者广泛推广和传播。他们除了在九型人格理论方面进行了研究和探索外，更为九型人格的传播和推广做出了卓越贡献❸。

九型人格理论以个人发展动力为研究重点，它认为每个人生存的初衷各有不同，这就导致他们对待世界的观察、理解和判断都有差异，从而影响了他们的思维和行为方式。因此，在面对相同情境时，人们的反应也有很大差别。例如，面对竞争，有人感到兴奋与积极，有人却感到恐惧逃避；面对分离，有人会非常痛苦，有人则能够平静应对；面对变化，有人积极适应，有人则消极抵抗。九型人格理论认为，个体的人格特点决定了内在心理活动和外在行为表现

---

❶ PALMER H.The Enneagram in Love and Work. Understanding your Intimate and Business Relationships[M].New York: Harper Collins, 1995: 126−129.

❷ RISO，D.R.HUDSON，R.Discovering Your Personality Type−The New Enneagram[M]. Boston，MA: Houghton Mifflin, 1995: 223−227.

❸ 裴宇晶.九型人格理论在组织管理中的应用述评与展望[C].第六届（2011）中国管理学年会，74−79.

的差异。正如没有两片完全相同的树叶，也不存在完全相同人格的两个人。但是，不同人格的关键特征存在相似性，因此可以将其划分为九大类，形成九型人格的九种类型。九型人格是根据人的思维、情绪和行为特征的差异，将人的性格分为九种的理论，如图4-4所示。

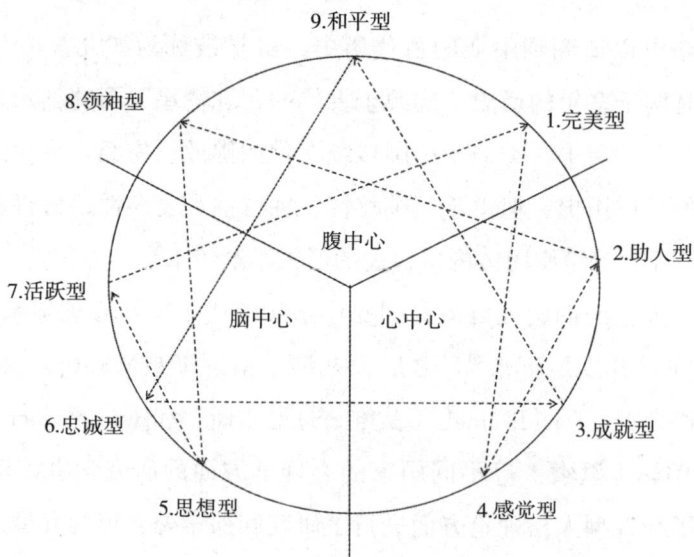

图4-4　九型人格的类型

九型人格是一种根据人们的行为和思维方式进行分类的理论。根据个体对外部世界的反应与感觉，九型人格又可以划分为三个中心类型：思想中心、情感中心和本能中心。

所谓思想中心，又称为"脑中心"，是九型人格理论中的三个中心之一，包括五型、六型和七型。五型是思想型，注重自己的感受和情感，通常会寻找与自己情感共鸣的人和事物。六型是忠诚型，注重理性思考和安全感，通常会寻找可靠的信息和支持。七型是活跃型，注重创意和冒险，通常会寻找新奇和刺激的体验。了解自己的思想中心，可以帮助我们更好地理解自己的行为和情感，从而更有效地应对生活中的挑战和压力。

情感中心又称"心中心"，心中心的人通常倾向于通过情感和情感联系来感知和理解世界。他们非常关注与他人的关系和情感互动，并以此来确认自己的身份和自我价值感。

情感中心的人可以分为三种类型。

二型助人型：他们通过关心他人并为他们提供支持来感受到自己的存在和价值。他们通常会优先考虑他人的需求，而不是自己的需求。

三型成就型：他们通常会将自己的价值和成就与他人的认可联系在一起。他们非常在意自己的形象和地位，并致力于获得他人的赞扬和认可。

四型感觉型：他们通常会通过表现自己的情感和独特性来感受到自己的存在和价值。他们非常关注自己的内在感受和经验，并试图将这些感受转化为创造性的表达方式。

而本能中心，又称为"腹中心"，是指那些以情感为基础，注重人际关系和亲密关系的人。他们通常会通过情感来表达自己，也会以情感为导向来做出决策。在人群中，本能中心的人通常具有同理心和关注他人的特质。他们注重人际关系，并愿意与他人建立亲密关系。

然而，腹中心的人也有一些缺点。他们可能会太过依赖他人的情感反馈，并且过度关注他人的看法。这会导致他们在做出决策时过于顾虑他人的感受，而不是真正考虑自己的需要和价值观。

腹中心是指包括了八型、九型、一型三种人格类型。这些类型的人格特点如下：

八型领袖型通常自信、果断、具有领导才能。他们喜欢冒险，能够迎接挑战并直面困难。然而，他们可能会过分强调自己的权威和控制欲，容易变得好斗和具有攻击性。

九型和平型通常和善、包容、具有调解能力。他们喜欢和平，不喜欢冲突和紧张局势。然而，他们可能会过分追求和谐，变得过于妥协，缺乏自我主张。

一型完美型通常有着强烈的道德感、责任感和自我约束力。他们喜欢秩序和规律，在生活中追求完美和优秀。然而，他们可能会过分苛求自己和他人，变得过于批判和挑剔。

九型人格各类性格特征简要描述，如表4-5所示。

表4-5　九型人格各类性格的简要特征

类型	简要特征
1.完美型 （Perfectionist）	有强烈的正义感和道德感 想要改变和改进周围的环境和社会 喜欢有计划和组织的生活方式
2.助人型 （Helper/Giver）	热情、友好和关心别人 希望得到他人的认可和赞扬 喜欢通过帮助别人来实现自我价值
3.成就型 （Achiever/Motivator）	渴望成功、荣耀和成就 有很强的自我驱动力和自信 善于表现自己和营销自己
4.感觉型 （Artist/Individualist）	感性、浪漫和独特 希望得到他人的理解和认可 喜欢表达自己的情感和感受
5.思想型 （Thinker/Observer）	喜欢独处和思考 好奇心强，喜欢探索和研究事物 喜欢通过分析和理解来掌握知识
6.忠诚型 （TeamPlayer/Loyalist）	信任和忠诚是他们的核心价值观 善于发现和应对潜在的威胁和危险 喜欢寻求他人的支持和建议
7.活跃型 （Enthusiast）	充满活力和好奇心 喜欢尝试新的事物和体验 希望拥有快乐和充实的生活
8.领袖型 （Leader）	自信、果断和决断 喜欢掌握权力和控制局面 希望成为他人的领袖和指导者
9.和平型 （Peace-maker）	懂得如何调和与解决冲突 希望维护和平和稳定 喜欢与他人和谐相处

九型人格是一种基于心理学的性格分类方法，它与其他性格分类方法最大的区别在于，它更加关注个体内心的动机和信念，而不是仅仅描述个体的行为特征。

其他性格分类方法可能更多地关注个体的外部行为表现，比如通过问卷调查来评估人的性格类型。但是九型人格更加关注个体内心的驱动力，它试图揭示人们为什么会表现出某些行为，而不只是描述他们的行为。

此外，九型人格还强调了每种类型的内在动机和信念对个体行为的影响。每种类型都有自己独特的内在动机和信念，这些动机和信念通常是潜意识的，但它们会影响个体的行为和思维方式。

因此，九型人格是一种更加深入和全面的性格分类方法，它不仅仅描述个体的外部行为特征，同时试图揭示这些行为背后的内在动机和信念。这使九型人格成为一个非常有用的工具，可以帮助人们更好地理解自己和他人的行为，从而更加有效地应对各种情况。

三、卡特尔16种人格因素

卡特尔（Raymond B.Cattell）是美国伊利诺州立大学教授，著名心理学家，是人格特质理论的重要代表人物之一。卡特尔认为，并非所有的特质在人格结构中都具有同等的地位，由此，他根据特质层次的不同，把人格特质分为"表面特质"和"根源特质"。表面特质是指可通过对个体外部行为的直接观察而得到的行为特征，而根源特质是指内隐性的，引起并决定表面特质的最终根源和原因，属于人的最基本的、稳定的特征，既是构成人格的基本元素的特质，也是在表面特质的基础上推理设定的。根源特质需要通过严格的科学方法才能获得。他运用因素分析的方法，将人的人格特质归类为16种人格因素，这些因素是决定人的行为属性和功能的基本要素，即属于人的根源特质。他所编制的人格测验量表（卡特尔16种人格因素测验）至今被各领域广泛使用，是广受认可的人格测量基本工具。卡特尔16种人格因素测验可有效测量出人的16种主要人格特征，且具有较高的效度和信度。卡特尔所提出的16种人格因素是各自独立的，相互之间的相关度极小，而每一种因素的测量都能使被试者某一方面的人格特征有清晰而独特的呈现。

卡特尔的人格因素理论，主要观点如下。

（一）构成人格基本结构的元素是特质

卡特尔人格特质理论的形成，始于他的学习历程。他在伦敦大学学习时主修了化学，门捷列夫的元素周期表对他后来的心理学研究产生了深远的影响。卡特尔认为，人格的结构与物质的结构类似，都有基本元素，即为特质。特质是卡特尔人格理论中的核心概念，代表着人们在不同时间和情境下一致行为的根源与原因，既是决定人格恒定性的因素，也是进行人格研究的基本分析单位。卡特尔指出，虽然心理学中没有元素周期表，但可以通过多变量研究和因素分析法来确定人格基本结构的元素，他也利用因素分析法确定了人格构成的特质的不同方面。

（二）根源特质是人格结构中最重要的部分

卡特尔认为，根源特质既是人格结构的最关键、最核心部分，也是构建人格的基本要素。它影响着个人所有行为，并且掌控表面特质，是人行为的根本根源。卡特尔的研究发现，构成人格的根源特质有16种，并将这16种根源特质划分为：天生素质根源特质、环境影响特质、动力特质和能力特质。前者是由天赋和遗传决定；后者是由环境因素、个人经历和经验形成；动力特质是推动人们朝着目标行动的力量；能力特质是决定一个人能否有效实现目标的因素。

卡特尔认为智力是重要的能力特质之一，并提出了独特的智力"液晶理论"。他把智力分为晶体智力和液体智力。液体智力指的是先天性的、对人的各种活动有广泛影响的智力，不与经验有关；晶体智力则是后天学习获得的智力形式。卡特尔认为人的智力主要取决于遗传因素，也就是液体智力占主导地位，只有20%的晶体智力是通过后天学习得到的。他认为，传统标准化智力测验（IQ测验）测得的大多是液体智力，所以把测验得到的IQ分数等同于智力是不全面的。

（三）人格是可以测量的

卡特尔运用因素分析的方法，得出35个人的表面特质，然后基于这些表面特质进一步分析、推论和概括，总结出16个根源特质，其中包括15个人格因素和1个一般智力因素。卡特尔的16个人格因素有：乐群性（A）；聪慧性（B）；稳定性（C）；恃强性（E）；兴奋性（F）；有恒性（G）；敢为性（H）；敏感性（I）；怀疑性（L）；幻想性（M）；世故性（N）；忧虑性（O）；实验性（Q1）；独立性（Q2）；自律性（Q3）；紧张性（Q4）。卡特尔认为，人类具有16种根源性格特质，这些特质在各自独立的基础上，具有普遍性和同一性；不同的人的特质强度不同，而这16种特质的强度差异构成了人的人格特征差异。要了解个人的人格特征，可通过测量这16种特质的强度。为此，卡特尔编制了《16种人格因素调查表》（16PFTest），该量表信度和效度极高，最高信度系数达0.92，因素间相关系数较低，可同时评价总体人格和某一特质的特征，并因此被广泛应用于心理学、职业预测和学业预测领域。目前，16PFTest已被多国修订，成为国际上最权威、实用的心理量表之一。我国有刘永和修订版和李绍衣修订版两个版本。

卡特尔16种人格因素以及八种次级因素的含义如下❶：

因素A—乐群性：低分特征表现为比较内向，不太善于主动与人交往。沉默寡言：他们不太愿意和别人交流，甚至在有人和他们说话时也很少主动开口回答。高分特征表现为开朗，喜欢主动与人交往，善于与人相处，容易结交新朋友。对生活和人际关系都充满热情，乐观向上。

因素B—聪慧性：聪慧性评估了一个人的智力水平，学识水平和思维能力。低分特征包括思维缓慢、反应迟钝、记忆力弱、易忘事、语言表达不流畅、理解能力差、难以理解抽象的概念和思想、缺乏创造性思维和解决问题的能力、容易受到干扰和分散注意力。高分特征包括思维敏捷，反应灵敏、记忆力强、善于记忆和联想、语言表达流畅、理解能力强、能够理解和运用抽象的概念和思想、具有创造性思维和解决问题的能力、能够集中注意力并快速适应环境变化。

---

❶　秦凤华，姚娜娜. 关于卡特尔十六种人格因素测验本土化的探讨[J].呼伦贝尔学院学报，2008，16(6): 94−96.

因素C—稳定性：低分特征表现为情绪波动的倾向。稳定性较低的人可能会经历强烈的情绪高低，可能会很容易受到外部压力因素的影响。他们可能难以控制自己的情绪，导致焦虑、烦躁和不安的感觉。这可能导致难以做出决策、维护健康的人际关系和实现个人目标。高分特征表现为情感韧性。这意味着即使面临逆境，稳定性较高的人也能保持冷静和头脑清醒的态度。他们更有能力处理压力，可能对外部事件的反应性较低。这使他们能够保持专注于自己的目标，即使在面对具有挑战性的情况时，也能做出更理性的决策。

因素E—特强性：低分特征表现为谦逊、顺从、和蔼、恭敬。高分特征则体现为喜好强硬，独立有活力。

因素F—兴奋性：低分特征表现为严肃、谨慎、冷静和沉默寡言。这些人通常对刺激和情感反应不敏感，他们更倾向于保持冷静，沉着冷静地思考问题，不会轻易表露自己的情感。这些人的表现更加内向，不易被外界干扰。

而高分特征则体现为随和兴奋，从容不迫。这些人更容易对刺激产生强烈的情感反应，并且在社交场合中表现出随和、友好和活跃的特点。他们通常喜欢多样化的活动和不同的挑战，更容易适应新的环境和变化。因此，这些人通常更具有社交能力和魅力，更容易获得他人的关注和认可。

因素G—有恒性：低分特征表现为敷衍逃避，缺乏尽责履行的责任感。这种类型的人往往缺乏自我激励和热情，对工作缺乏热情和投入，往往会在任务完成之前放弃或者敷衍了事，无法保持高度的工作效率和质量。

相反，高分特征则体现为有恒心，认真负责。这种类型的人通常具备较强的自我激励能力，对工作充满激情和投入，能够承担起自己的责任并尽职尽责地完成任务，能够在高强度和高压力的工作环境下保持高效率和高质量的工作表现。

因素H—敢为性：在低分表现中，人们通常不善于冒险，缺乏自信心，对于未知的事物感到害怕和犹豫不决。而在高分表现中，人们则表现得大胆无畏，勇敢无私，敢于挑战和面对各种困难和挑战。

低分特征的人们通常会因为害怕和犹豫不决而错失机会。他们缺乏自信心和勇气，不敢尝试新的事物和挑战自己的极限。相比之下，高分特征的人们通常更加勇敢和果敢，他们敢于面对各种困难和挑战，不会被未知的事物吓倒，而是会积极主动地去探索和尝试。

因素I—敏感性：低分特征表现为通常能够冷静地面对问题，注重实际，对自己充满信心。而高分特征则是容易感受到他人的情感、情绪化的反应。

因素L—怀疑性：低分特征表现为比较依赖随和，乐于与他人相处。倾向于相信别人，相信周围的事物和环境。很容易相信别人的承诺，而不会对别人的行为持怀疑态度。高分特征表现为怀疑、刚愎自用和固执己见。周围事物持怀疑态度，往往不轻易相信别人。常常对别人的承诺和保证持怀疑态度，需要通过不断确认才能确信别人的话是真实的。在决策时，也往往会持怀疑态度，需要多方考虑才能做出决定。

因素M—幻想性：低分特征表现为现实、合乎成规、力求妥善合理，通常表现出务实、踏实、稳重的特点。而高分特征则表现为幻想的、狂放不羁，通常表现出具有创造力、冒险精神和个性魅力的特点。

因素N—世故性：低分特征通常表现为坦白、直率和天真，倾向于相信别人的好意并对世界抱有美好的幻想。高分特征则表现出精明能干和世故的特点，懂得如何应对各种社交场合，并善于处理复杂的人际关系。

因素O—忧虑性：低分特征表现为安详，比较冷静，不容易受到外界的干扰和影响。沉着镇定，不容易产生过度的情绪反应。有自信心，有信心面对挑战和不确定性。高分特征表现为忧虑、焦虑、抑郁和烦恼。

因素Q1—实验性：低分特征表现为通常会对传统的价值观和道德准则持有高度的尊重，注重稳定和秩序，同时偏好经验主义和实用主义。高分特征表现为开放和自由，更加开放于新的经验和想法，更加激进和挑战现状，更加不拘泥于约定俗成的行为和观念，愿意尝试新的、不同寻常的想法和行为。

因素Q2—独立性：低分特征表现为依赖他人、缺乏自信和随大流等。需要他人的支持和认可来稳定自己的情绪和行为，缺乏独立思考和自我判断的能力。高分特征通常表现为个性自立、自我决策和不受他人影响。

因素Q3—自律性：低分特征表现为往往不喜欢遵守规则和约束，缺乏自律性和责任感，经常会做出冲动的决定。如过度放纵自己，无法控制自己的欲望和情绪，导致生活和工作上的问题。高分特征表现为非常自律，能够严格遵守规则和自我要求，有强烈的责任感和使命感。如懂得如何自我约束和控制，具有高度的计划性和执行力。

因素Q4——紧张性：低分特征表现为性格安宁，淡定平静。高分特征表现为常常感到紧张和困扰，思想不宁。

适应与焦虑型X1：具体来说，适应与焦虑型X1的特征包括以下几个方面。

低分特征表现为适应性强，能够顺利适应生活，感到满足和自信。面对困难时容易丧失信心，缺乏决心。对于目标不够明确或缺乏动力的事情，可能缺乏积极性和动力。高分特征表现为总是感到对生活和工作不满意，难以得到满足。常常感到焦虑和不安，难以放松身心。长期紧张和焦虑可能导致身体症状，如失眠、头痛、胃痛等。

内向与外向型X2：低分具有的特征是内向、胆小、趋于自我安逸，对于外部世界保持着内敛的态度，更适合从事细致的工作。如喜欢一个人独处，不喜欢被打扰，比较害羞内向，需要时间来适应新环境和新人。注重自我反省和内省，喜欢思考，不喜欢大声说话，因而表达能力相对较差，更加适合从事需要安静和精细的工作，如编程、研究等。高分特征表现为外向、开朗、善于交往。如喜欢与人打交道，不拘束、不怕生，具有较强的表达能力和沟通能力，在社交场合中表现得比较活跃。

情绪敏感与机智谨慎型X3：低分特征表现为有比较敏感的情绪体验，但同时也会感到不安和困扰。对自己的能力和价值感到怀疑。性格温和，关注生活细节和艺术，注重生活品质。在行动之前，会再三思考，顾虑过多，使在做决定时可能会犹豫不决或者考虑过多，导致错失机会。高分特征表现为有很强的事业心和进取精神，能够做出果断的决定并且精力充沛。

态度胆怯与有攻击性型X4：低分特征表现为胆怯、顺从、依赖他人、纯洁、个性被动、受他人驱使不能独立、为了讨好他人会屈服。高分特征表现为果决、独立、有气魄、有攻击性、通常主动寻找机会展示独创能力、以获取利益。

心理健康因素Y1：低于12分者仅占分配人数的10%，情绪不稳定的程度颇为显著。

专业有成就者的人格因素Y2：平均分为55分，67分以上者应有其成就。

创造力强者的人格因素Y3：标准分高于7分者属于创造力强者的范围，应有其成就。

在新环境中有成长能力的人格因素Y4：平均值为22分，不足17分者仅占分配人数的10%左右，从事专业或训练成功的可能性极小。25分以上者，则有成功的希望。

4.人的行为是可以预测的

卡特尔的观点是，人的行为是由一些有限数量的变量所决定的，若完全了解这些变量，则人的行为就能够得到精确的预测；但是，完全了解影响人类行为的变量是不可能的，因此，对人格特质进行测量是预测人类行为的基础和有效手段，因为人格特质可以预测个人行为的大致表现。在预测人的行为时，除了需要考虑个人稳定的人格特质和各特质在特定情景下的影响力（卡特尔称其为"因素载荷"）外，还需要考虑当时的情况，如个人的身体状况和扮演的角色等（卡特尔称其为"情景调节器"）。他总结出了一个预测人的行为的公式：

$$R=f(P,S)$$

式中，R表示个人的行为反应；P表示个人的人格特质；S表示行为发生的具体情景。

第三节　兴趣探索理论

一、职业兴趣的主要理论

（一）霍兰德职业兴趣理论

1959年，霍兰德在长期职业指导实践基础上，通过研究提出了著名的职业兴趣理论。该理论将人的兴趣类型分为六种：实际型（R）、研究型（I）、艺术型（A）、社会型（S）、企业型（E）和常规型（C）。这六种兴趣类型的个人兴趣特点如表4-6所示。

表4-6　霍兰德兴趣类型及其特点

类型	兴趣倾向	人格特点	对应职业环境
实际型（R）（realistic）	通常对实际性强，喜欢从事与实际相关的活动，如体育、手工活动、农业、机械和技术。他们喜欢实际的任务，有时喜欢独自工作，也喜欢与其他人一起工作。他们喜欢使用工具和机器来解决实际问题，并对实际问题果断有效地作出反应	实际、实干、有效、实时、稳重、认真	实际型（R）型人喜欢通过肢体动作实现工作目标。他们常常需要掌握某些特定技能，以便完成各项操作、维护、修理等工作。喜欢从事的领域包括机械、电子、建筑、农业等。对他们来说，处理物质问题的重要性高于处理人际关系问题
研究型（I）（investigative）	喜欢思考、探究、研究各种事物。他们通常喜欢追求知识，喜欢通过分析、观察等方式了解事物	聪明、有求知欲、喜欢独立工作	研究型（I）型人喜欢从事需要智力思考的工作，如理化、生物、医学、编程等。工作环境需要运用复杂的抽象思维能力。他们喜欢通过数学或科学的方法来解决问题，如计算机程序员、医生、数学家、生物学家等。大型公司的研发部门也是属于此类工作场所。在这种环境中，人际关系较少需要处理，多数情况下需要独立解决工作问题
艺术型（A）（artistic）	喜欢创造、表现、表达自己的想法和感受。他们通常喜欢使用不同的形式，如音乐、绘画、表演等，表达自己的想法和感受	敏感、富有想象力、喜欢独特的东西	在这种工作环境中，创造力和个人表现能力非常受到鼓励。该环境提供了创新产品和创造性解决方案的自由空间，如艺术家、音乐家、自由文学作者等。这种工作场所鼓励感性和情绪的充分表达，而不是逻辑的形式

类型	兴趣倾向	人格特点	对应职业环境
社会型（S）（social）	喜欢从事与他人合作的工作，如社工、教师、护士等，重视人际关系，喜欢帮助他人，有较强的社交能力	关心社会问题，渴望发挥自己的社会作用，寻求广泛的人际关系，看重社会义务和社会道德	工作环境鼓励友好相处、互相帮助、和谐关系。在工作场所，沟通、心理支持、精神指导等方面都得到了充分发挥，如教师、心理咨询师等。这样的环境强调人类的价值观，如理想、仁慈、友好和慷慨等
企业型（E）（enterprising）	喜欢从事有挑战性的工作，如销售经理、企业家、领导者等，重视组织管理和商业目标的实现，有较强的领导和组织能力	有野心、有抱负，为人务实，看重利益得失，重权利地位金钱等，做事有目的性	工作环境要求领导与激励团队，以实现组织或个人的目标。在这样的场合中，权力、财富和经济等因素占有重要地位，为了达成预期的业绩，他们可能冒点风险，如企业经营、保险、政治、证券市场、公关、营销、房地产销售等行业中的工作岗位就是典型代表。这样的工作环境强调业绩、权力、说服力和推销能力，需要具有自信、社交技巧和机敏应对能力
常规型（C）（conventional）	喜欢在系统和组织框架内工作，他们喜欢细心计划和有序执行，重视精确度和效率。通常擅长于解决问题，他们喜欢了解事情的细节，并从多个角度考虑问题。他们通常喜欢的工作包括会计、银行、计算机科学、工程等	尊重权威和规章制度，较为谨慎和保守，不喜欢冒险和竞争，富有自我牺牲精神	工作环境崇尚组织和安排。办公室的日常工作如文件管理、数据记录和进度控制等需要运用数学和人力行政能力。常见的部门有秘书处、人力资源、会计、总务

霍兰德在20世纪70年代初认为，个人行为的解释和预测不仅需要考虑个体的个性特征，还要考虑他们所处的职业环境。他把外部职业环境划分为六种类型，认为人们会偏好寻求符合他们的兴趣和特长的工作环境，以更好地发挥自身价值。如果个人选择与自己的职业兴趣相吻合的工作环境，那么工作满意度和工作积极性会提高，从而使职业生涯更稳定，成就更高。职业环境不仅给予了符合特定兴趣类型的人才更多发挥的机会，还强化了他们的个性特征和职业兴趣，有利于最大限度地激发个人潜能。

霍兰德、卡尔等人在职业兴趣类型理论的基础上，通过对职业兴趣结构分析研究，在1969年又提出了六种职业兴趣类型的"六边形"结构模型，对职业兴趣各类型之间的联系与区别进行了深入的阐述，如图4-5所示。

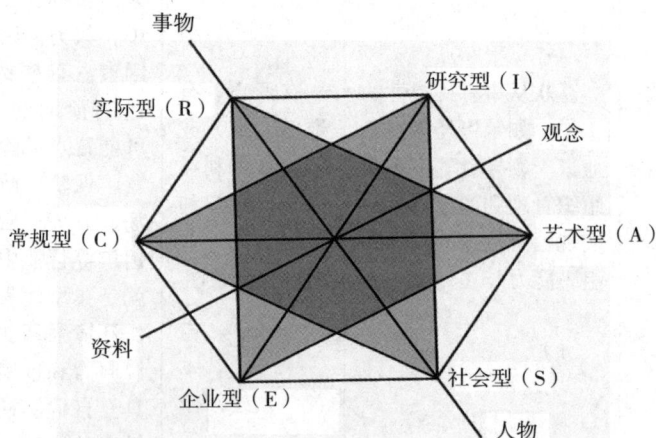

图4-5　霍兰德职业兴趣六边形模型图

霍兰德职业兴趣理论的核心在于它有四个基本假设。首先，个人间的文化、教育、环境差异导致不同类型的职业兴趣，通常可将人分为六种职业兴趣类型之一，但一个人可能同时具有多方面的兴趣，有一种占主导地位，其他的相对较弱。其次，在现实的职业社会中，存在六种不同的职业环境类型，这些环境分别由不同类型的人领导。例如，研究型环境是由研究型人主导的，也就是说研究型人最多。再次，人们喜欢寻找和选择自己感兴趣且能发挥个人能力的职业环境类型，而不同类型的职业环境也会选择适合自己环境的人，这是一个双向互动和动态匹配的过程。最后，个人的职业选择和职业行为是其个性和环境特征交互作用的结果，可以根据个人人格和环境模式的匹配情况预测其职业选择、工作转换、职业成就、教育和社会行为等情况。

霍兰德职业兴趣六边形模型将六种类型（R、I、A、S、E、C）排列成一个"六边形"的形式，在其中，各种类型之间有紧密的相邻关系、相隔关系和相对关系。相邻关系是最紧密的，如RI、IR、IA等，此种类型的个体共同点较多，如现实型与研究型的人都不喜欢人际交往。相隔关系共同点较少，如RA、RE、IC等。相对关系是指在六边形上处于对角位置的类型关系，如RS、IE等，这种关系的个体共同点很少。因此，一个人同时对相对关系的两种职业兴趣非常浓厚的情况很少见。

霍兰德的职业兴趣模型，在其后的职业兴趣结构研究与职业兴趣测量（如SCII、SCIB、KOIS、ACT等）实践中不断得到印证，证明了该职业兴趣模型具有普遍性。

（二）罗伊的职业兴趣理论

罗伊（A.Roe）按照职业所需职责、能力和技能要求层次的不同，将其划分为6个水平层次，分别是独立职责的专业和管理、一般专业和管理、半专业和小商业、技能、半技能和无技能。同时，罗伊将职业活动归为八个焦点领域：艺术类（艺术与娱乐活动）、服务类、商业类（商业接触活动）、组织类、技术类、户外类、科学类和传统类（一般文化活动）。罗伊提出，根据职业活动过程中人际关系亲疏程度和职业类型性质相似性，将上述八类职业之间的关系用一个特定的圆形排列来表示，该圆形又称为八分仪模型（图4-6）。在该模型中，相邻的职业类型在人际关系和职业性质方面较之相间、相对关系具有更高的相似性。

（三）盖蒂的职业兴趣理论

1991年，盖蒂（Gati）认为，霍兰德所提出的职业兴趣正六边形模型中相邻的职业类型之间距离相等这一假设具有局限性，在其六个职业兴趣类型的基础上提出了

图4-6 罗伊的八分仪模型

自己的职业兴趣类型的"三层次"模型，如图4-7所示❶。盖蒂认为，在霍兰德六大职业类型中，R和I两种职业类型较为相似，A和S两种职业类型较为相似，E和C两种职业类型较为相似，而这三大类（RI，AS，EC）职业群之间的相似性较弱。盖蒂提出，个体在进行具体的职业选择时，首先会在现实/研究（RI）路线、艺术/社会路线（AS）和经营/常规路线（EC）层次进行大方向选择职业发展路线，然后根据具体自身和实际情况框定具体的职业类型。由于盖蒂提出的这个三层次职业结构理论缺乏连续性，而三个职业群之间是离散关系，因而遭到很多学者的质疑甚至批评。后来，盖蒂试图把该三层次模型与霍兰德六边形模型相结合，并放在一个圆中，如图4-8所示。在此模型中，罗伊提出R和I之间的距离、A和S之间的距离、E和C之间的距离是相等的，而I和A之间、S和E之间、C和R之间的距离也是相等的。

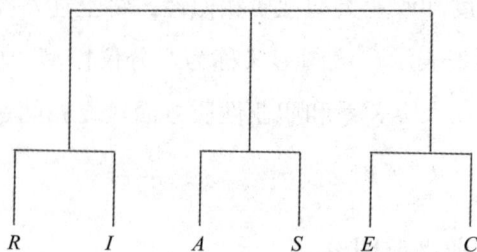

图4-7 盖蒂的三层次模型

❶ GATI, I. The structure of vocational interests. Psychological Bulletin, 1991(109):309−324.

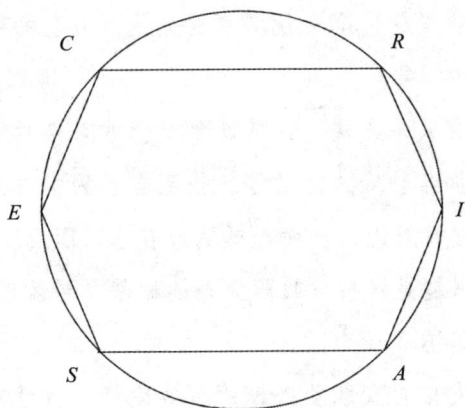

图4-8 盖蒂的整合模型

【资料延伸】

发掘自我职业兴趣

虽然职业兴趣一旦形成，便在生涯中具有一定的稳定性，但根据实际需要，还是可以通过多种途径，加上自己的努力去规划、改变、发展和培养的，在培养职业兴趣时，可从以下五个方面努力：

1.培养广泛的兴趣

培养广泛的兴趣是很重要的，因为它可以帮助我们了解自己的兴趣所在的领域。例如，如果一个人对音乐很感兴趣，他可以尝试学习一种乐器或参加一个合唱团，以了解自己对音乐的兴趣程度。同样，如果一个人对科学很感兴趣，他可以尝试参加一些科学课程，了解自己对科学的兴趣。

2.重视培养间接兴趣

重视培养间接兴趣也很重要，因为它们可以帮助我们了解自己对某一特定领域的兴趣。例如，如果一个人对历史很感兴趣，他可以尝试阅读一些历史书籍，了解自己对历史的兴趣程度。

3.要有中心兴趣

中心兴趣是一个人在生活、工作、学习等各个方面都表现出来的特别热爱和关注的事物，是人们内心深处最真实的愿望和渴望。因此，如果一个人想要更好地发掘自己的职业兴趣，那么他必须要先找到自己的中心兴趣，并将它作为职业选择的出发点和指导。

中心兴趣的发掘有很多方法，如从幼年时代的兴趣爱好入手、了解自己的性格和兴趣爱好、参加各种实践活动等。找到自己的中心兴趣后，就可以将其与职业的要求和特点进行对比，从而选择适合自己的职业。

因此，要有中心兴趣是发掘自我职业兴趣的基本要素之一。

4.积极参加职业实践

参加职业实践是发掘自我职业兴趣的有效途径。通过实践，可以更直观地了解职业特点，体验职业生活，评估自己是否适合这个职业。此外，参加实践还可以拓展个人知识，增强专业能力，为以后的职业选择打下基础。

因此，为了发掘自我职业兴趣，积极参加各种职业实践活动，通过实际操作加深对职业的了解，是非常重要的。可以参加实习，志愿者活动，模拟课程，观摩实习等多种形式的实践，从中寻找自己的兴趣点。

5.客观评价自己的能力来确定职业兴趣

对某项职业有浓厚的兴趣是成功的前提，但事业要取得成功也必须具备该职业所要求的能力。因此，在培养职业兴趣的同时也要客观评价自己的能力，看自己是否适合某种职业，在此基础上形成的职业兴趣才是长久的、可规划利用的。

二、职业兴趣的测量与应用

（一）西方职业兴趣量表的编制

为了指导个体的职业选择，职业兴趣的测量是职业辅导的基础与重要依据，从20世纪初，不同学者陆续编制了不同版本的职业兴趣测量的量表。在"一战"期间，瑟斯通（Thurtone）编制了第一份瑟斯通职业兴趣调查表。在1915年，霍尔和梅乐（S.Hall&J.Miner）也编制了另一套兴趣测量的调查问卷。在1927年，斯特朗（E.K.Strong）编制了第一个正式的、系统严谨的职业兴趣量表❶。斯特朗的量表设计方法及过程是先编制涉及各种职业、学校科目、娱乐方式、活动方式、人际对比和个性问卷，然后采取对照组（分别为标准职业组和一般职业组）实验的方法，通过对两组测量结果的比对分析，将能反映两组差异的题目整合在一起，最终形成职业兴趣量表。坎贝尔（D.P.Campbell）后来对斯特朗的量表进行了修订，在原来基础上增加了基本兴趣量表（the basic interest scale，BIS）和一般职业主题（the general occupational theme，GOT），被称为斯特朗—坎贝尔兴趣量表（strong—campbell interest inventory，简称SCII）❷。后来SCII不断得到完善和发展，至1985年，SCII共计有325个项目，由264个量表构成，其中包括6个一般职业主题、23个基本兴趣量表（the occupational scale，OS）、207个职业量表（共代表106种职业）、2个特殊量表（the special scale，SS）和26个管理索引（the administrative indexer，AI）。

在1934年，库德（G.F.Kuder）编制了职业偏好记录表，在其基础上修订扩充为一般兴趣调查表，之后他又借鉴其他职业量表，编制出了职业兴趣调查表。库德职业兴趣调查表后经修订，可提供10种基本兴趣的分数和多种职业偏好分数。库德把职业分为10个兴趣领域，分别是说服型、文秘型、机械型、服务型、计算型、科研型、户外型、艺术型、文学型和音乐型。通过库德职业兴趣调查表的测试，被试者可得到这10个兴趣领域的相应分数，其分数高低反映其主要兴趣领域。1985年版的库德职业兴趣调查表，共有100组三选一的迫选型题目构成，而其测量结果是把个人得分情况与标准组进行比较，认为个人得分与最接近的标准组其职业兴趣是相近或一致的。

从20世纪50年代开始，霍兰德以职业兴趣类型理论为依据，先后编制了职业偏好量表（vocational preference inventory，VPI）和自我职业选择量表（self-directed search，SDS）。这两种职业兴趣量表，得到广泛应用，并在此期间进行了多次修订。①个人心目中的理想职业：该部分主要测试个人内心深处的职

---

❶ STRONG E. K. Vocational interest blank[M]. Palo Alto，CA:Stanford University Press: 1927.
❷ CAMPBELL D. P.，HANSEN J. C. Manual for the SVIB—SCII（3rd ed.）[M]. Palo Alto，CA:Stanford University Press: 1981.

业理想，反映了个人对职业的期望和追求。②个人感兴趣的活动：该部分主要测试个人在日常生活中感兴趣的活动，反映了个人在职业方面的偏好和倾向。③个人所擅长或胜任的活动：该部分主要测试个人在某些方面的专业技能和能力，反映了个人在职业方面的优势和劣势。④个人所喜欢的职业：该部分按照六种职业兴趣类型来组织，每种类型有10道测试题，主要测试个人在职业方面的喜好和兴趣。⑤个人的能力类型测试：该部分测试个人在某些方面的能力类型，反映了个人在职业方面的潜在能力。⑥测试分数统计，判定个人的职业倾向：该部分将以上各部分的测试结果进行综合统计和分析，判断个人的职业倾向和性格类型。⑦职业价值观测试：该部分主要测试个人在职业方面的价值观和态度，反映了个人对职业的认识和态度。

霍兰德自我职业选择量表是在职业偏好量表基础上发展而来的量表，其包括以下四个部分。

（1）个人理想职业。我们需要列出个人理想的职业。这需要考虑到自己的兴趣爱好、能力和价值观等因素。在选择理想职业时，我们应该坚持自己的梦想和追求，但也需要考虑到市场需求和就业前景等实际问题。理想职业的选择应该是一个平衡的过程。

（2）职业测评。为了更好地了解自己的职业兴趣和能力，我们可以通过职业测评来进行评估。职业测评包括活动、能力、爱好和自我能力四个方面的测试。每个方面对应职业兴趣的六种类型，而每个类型有38道测试题。通过测评，我们可以了解自己在不同方面的职业兴趣和能力。

（3）职业兴趣类型。通过职业测评，我们可以得出自己在不同职业兴趣类型上的得分。职业兴趣类型分为现实型、研究型、艺术型、社会型、企业型和常规型。根据测试结果，我们可以从每个方面选定三种职业兴趣类型来组成由职业类型代表字母组合的职业码。

（4）职业选择。通过职业码，在对应的职业类型表中寻找、匹配相应类型的职业。在选择职业时，我们需要考虑自己的职业兴趣和能力，以及市场需求和就业前景等因素。最终选择适合自己的职业，才能够让我们在工作中得到充分的满足感和成就感。

（二）我国职业兴趣量表的引进和编制

1.我国职业兴趣量表的引进和修订

1987年，郑日昌等人对美国大学考试中心（ACT）的职业兴趣、经历、技能评定量表进行了修订，并将中国版本命名为"中学生升学就业指导评定量表"（VIESA—R）。该量表的测试对象是中学生，样本数为1 400人，其中效标效度的样本数为94人。测试结果表明，兴趣分量表的效标效度为0.352，技能分量表的效标效度为0.254，均达到显著水平（$P<0.05$）。此外，兴趣分量表的再测信度为0.706~0.863，技能分量表的再测信度为0.638~0.835，均达到显著水平。

1993年，时勘介绍了霍兰德的自我职业选择量表（SDS）及其应用方法，在《心理咨询读本》中进行了阐述。1996年，龙立荣、彭平根等人对霍兰德1985年版的SDS进行了修订，在中学生人群中进行了适用性验证，样本数为853人。修订项目超过20项，并进行了项目分析和信效度检验。结果显示，该量表修订后具有良好的项目特征，具有一般心理测验标准的同质信度和分半信度，其结构效度和效标关联效度也较理想，可作为中学生职业指导的工具。1996年，葛树人、余嘉元等人翻译了1994年版的斯特朗职业兴趣调查表（SII）。译结果显示，SII的英文版和中译版具有高度一致性，95%的项目在语言和推论上具有等值性，仅有15项在用词上不对等，需要转译。SII的中译版可以全面描述中国的职业领域，作为对中国人职业兴趣测量的有效工具。

2.霍氏中国职业兴趣量表的编制

1996年，白利刚、凌文辁等人根据霍兰德职业兴趣理论，结合中国的国情和职业分类体系标准，制定了霍氏中国职业兴趣量表。该量表的编制过程中，借鉴了霍兰德的VPI和SDS、美国大学考试中心的VIESA量表、中国的职业分类体系以及国内多种其他量表。这份量表由活动、潜能、职业和自我评判四个部分组成。在最初的设计阶段，总共有355个项目，通过对408名大学生的调查结果的因素分析，进行了项目筛选，最终保留了138个项目，其中有78个是霍兰德原始量表的项目，另外60个是新增项目。该量表经过信度检验，表明量表和各个维度的再测信度在0.77和0.88之间，效度检验的结果也显示，该量表的特质的汇聚效度和区分效度良好。

第四节　能力探索理论

一、职业能力的分类

职业能力是指一个人在工作和职业生涯中所具有的各种技能、知识和能力，这些技能、知识和能力能够帮助他们在职场上高效地完成任务、解决问题和获得成功。唐以志等人认为，职业能力包括专业能力和关键能力[1]，其中关键能力是指适用于多个行业、职位和领域的技能，如分析、沟通、团队合作、领导力等。

专业能力是指在某一特定领域、行业或职位所必备的专业技能，如语言能力、技术能力、市场营销知识等[2]。不同国家对关键能力也都有不同的界定（表4-7）。

表4-7　英、美、德、澳四国的"关键能力"表

国家	关键能力的内容
英国	通信技巧：能够有效地沟通和表达 团队合作：能够与他人合作，包括远程团队 问题解决：能够独立思考并找到解决方案 做决策：能够快速做出明智的决策 数字技能：能够使用计算机和数字技术
美国	创新能力：能够创造新的想法并将其付诸实践 逻辑思考：能够独立思考并做出有分析性的决策 交流技巧：能够有效地沟通并倾听他人的意见 领导力：能够领导和激励团队成员 团队合作：能够与他人合作以完成任务

---

[1]　唐以志.关键能力与职业教育的教学策略[J].职业技术教育，2000（4）：8-11.

[2]　徐朔，吴霏.职业能力及其培养的有效途径[J].职业技术教育，2012（10）：36-39.

续表

国家	关键能力的内容
德国	职业技能：具备相关的职业技能和知识 人际交往：能够有效地沟通并与他人合作 解决问题：能够独立思考并找到解决方案 创新能力：能够创造新的想法并将其付诸实践 责任心：能够承担责任并按时完成任务
澳大利亚	问题解决：能够独立思考并找到解决方案 人际交往：能够与他人合作，包括远程团队 做决策：能够快速做出明智的决策 数字技能：能够使用计算机和数字技术 学习能力：能够不断学习和适应新的技术和工作环境

　　从图4-9可知，根据蒋乃平的理解，综合职业能力应包含专业能力、方法能力以及社会能力三个部分。他认为，专业能力是指直接关联职业的基础能力，如专业知识、专业技能和专项能力等。专业能力是职业活动的前提，包括在特定方法指导下，能够独立解决专业问题、评价成果的能力。方法能力则包括思维能力、分析能力、决策能力、信息获取能力、学习能力、独立计划能力等。而社会能力则涵盖组织协调能力、团队合作能力、社会适应能力、表达能力、心理承受能力以及社会责任感等方面❶。

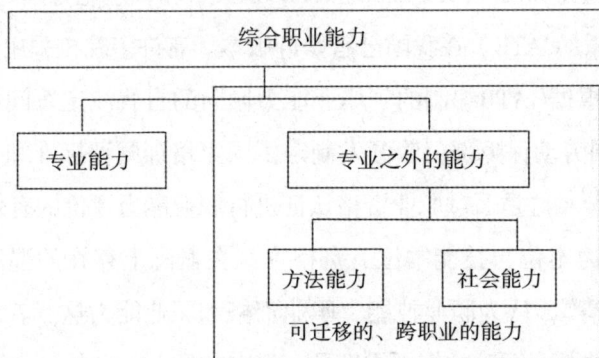

图4-9　综合职业能力的构成

❶　蒋乃平.对综合职业能力内涵的思考[J].职业技术教育（教科版），2001（10）：18-20.

陈宇认为，职业能力可以被结构化，有三个重要层次。分别是职业特定技能，行业通用技能和核心技能。职业特定技能是指从事特定工种岗位必须具备的技能；行业通用技能则包括一些通用的职业功能和技能模块；核心技能是人们日常生活中所必需的，同时也是从事任何职业工作都需要的基本技能，包括交流表达、数字运算、创新、自我提高、合作、问题解决、信息处理和外语应用等八类。

二、职业能力的评价

职业能力评估是可行的，通过对个人所掌握的知识、技能和实际应用情况，以及工作成果等方面的评估，可以得出其职业能力水平，作为职业资格认证的参考依据。刘德恩认为，职业能力评估过程是通过不同的途径获取职业活动绩效的证据，并将这些证据与特定的职业能力标准进行比对，从而判定其职业能力的水平。目前职业能力评估的模式主要包括：行为样本评估模式、工作场所观察评估模式和已有绩效评估模式。

目前，被广泛采用和实行的评价模式（方式）主要有职业能力倾向测验和职业资格认证体系两种。在国外，普遍使用的职业能力倾向测验有10多种，其中差别能力倾向测验（differential aptitude tests，DAT）和普通能力倾向测验（general aptitude test battery，GATB）在我国已有修订版本。有许多院校采用华东师范大学俞文钊教授等人根据GATB编制的"职业能力倾向的自我测定"问卷对在校学生进行测试❶。我国劳动保障部门曾开发制定了国家培训测评标准和《职业核心能力培训认证体系》，这是通过职业资格认证进行职业能力评价的有效模式。

姜大源对能力本位与技能本位、资格本位在概念上存在的混淆作了非常具有指导意义的澄清❷，认为职业技能、职业资格和职业能力这三者之间的本质差异，在于其认可的职业行动的作用维度及其潜在的职业行动的自主程度的不同。

---

❶ 俞文钊.职业心理与职业指导[M].北京：人民教育出版社，1996.
❷ 姜大源.职业教育学基本问题的思考[J].职业技术教育（科教版），2006，27（4）：5-11.

【资料延伸】

发现自己的能力

"能力"这个词常常会被大家误解，根源在于大家将其理解得过于复杂与深奥。对于任何人来讲，都不存在"无能"的说法。从出生开始，我们就具备基本的生存能力，再到学习成长中，我们开始逐渐掌握知识并培养学习的能力以及优良的品质。可是，很多时候我们都会有一些未被发现的能力。例如，一位同学在相貌、学习、文体等方面都表现一般，但是喜欢与人沟通，组织协调能力强，特别是在班级的各项集体活动中能体现出来。无论是前期的筹备、协调，还是活动中的气氛活跃方面，只要有他参与，同学们都会很积极地配合。然而面对大家这样的拥戴，他自己并不觉得这是一项能力。其实我们或多或少有一些这样的未被我们发觉的能力。所以，需要通过一些方法来鉴别，探索我们的能力，这样可以更加清晰地了解自我，更好地确定未来的发展方向。通常我们通过以下方法来鉴别自己的能力。

1.自我的肯定

这种方式最直接、最简便。例如，我参加过羽毛球比赛，并且取得了冠军；我的雅思考了7分，我的英语水平很高；我假期在某公司做过销售员，销售额达到了5万元。这都是自己实际取得的成绩和在工作中实际可以衡量的业绩，通过这些数据我们能看到自己在某一方面的技能。

我们在大学学习的是什么专业？专业课有哪些？除了专业课，还选修了哪些课程？参加过哪些培训？最近在看什么书？篮球的规则是什么？这些都是我们能够肯定的自身所具备的知识方面的能力。我自己都会做什么？我参加过哪些社会实践？我最突出的工作能力有哪些？哪些能力使我们能够胜任这项工作？这些都是我们所具备的技能方面的能力。

2.别人的赞许

我们会常常听到来自他人的赞许，"他唱歌唱得真好""他创新意识特别强，每次的活动都能出好多好点子"，这些称赞直接表明了他人对你的能力与成绩的认可与赞扬。在老师眼里，你是一个什么样的学生，你的同学平常都怎么评价你？通常你给别人留下最深刻的印象会是什么？你觉得自己身上最明显的特点是什么？

我们可以通过与他人的相处来发现自己未能意识到的自我技能。比如你从未上台进行过演讲，学院组织相关的演讲类比赛，你自己也不认为自己有很强的语言表达能力或者舞台经验。但是，在宿舍讨论中，同学们却一致觉得你可以参赛且对你有信心。同时，同宿舍的同学还用几个案例来告诉你，你具备很好的表达能力、展示能力。而这个过程就是你通过他人来探索自我技能的过程。

3.通过"STAR"法则来发现自己的成就

在技能探索的时候，可以回忆一下自己的过往曾经遇到过什么样的难题，自己是怎样克服解决的，成功了还是失败了？通过这些问题的回忆与总结，就能够清晰地发现自己到底拥有什么样的技能，这就是"STAR"法则，主要从以下四个方面思考：

你曾经面临什么问题？（situation）

_____

_____

你承担了什么任务、责任？（tasks）

_____

_____

你采取了什么行动来解决问题？（action）

_____

_____

你的行动取得了什么样的有益结果？（result）

_____

_____

例如，一个同学认为自己最值得自豪的事情就是在大学临近毕业时成功举办了毕业晚会。用"STAR"法则来分析：

S：筹备晚会前期，大家想法很多，想在晚会上表达的也很多，但是晚会时长有限，节目内容需要精心筛选。

T：组织一场令大家都难忘的毕业晚会。

A：首先收集毕业生对于毕业晚会的想法，根据收集到的内容以及节目的类型划分出几个主题，将相似的节目进行整合，安排演员阵容，动员节目中参与度较低、表演效果欠佳的同学创编新节目或者转到后勤组，协助我开展后期的工作。逐一审核节目，与节目负责人商量人员安排及节目内容改进的细节等工作。

R：几乎所有毕业生都发挥了自己的特长，每一位同学都在前期用心沟通，找到晚会对应的工作岗位，明确个人工作内容，相互配合。经过前期的筛选，节目内容精致，时间把控严格。这是一场令人难忘的毕业晚会。

从"STAR"的表述中可以发现该同学成功举办晚会的很大原因是及时沟通、分工明确、整合资源等，这些就是这位同学的技能了。

4.书写成就故事

一个好的成就故事可以让人们了解你的能力、经验和成就，让你在面试、职场和社交场合中脱颖而出。以下是书写成就故事的步骤：

第一步：选取合适的成就

你需要回顾自己的职业生涯或者学习经历，挑选出那些最令你自豪的成就。这些成就可以是你在工作中创造的业绩，也可以是你在学校里取得的荣誉或者领导团队的经验等。

第二步：描述情境和挑战

接下来，你需要描述一下成就的情境以及你所面对的挑战。这可以让读者更好地理解你所面对的问题，并能够更好地欣赏你所取得的成就。

第三步：介绍你的行动

在描述完情境和挑战之后，你需要介绍一下你所采取的行动。你可以描述一下你所采取的策略和方法，以及你所做出的决策，让读者了解你的思考过程和决策能力。

第四步：强调成果和影响

最后，你需要强调一下你所取得的成果和影响。你可以讲述一下你所取得的具体结果，如完成的项目数量、提高的销售额等，并且介绍一下你所带来的影响，如带领团队实现业绩目标、改善公司流程等。

以上就是书写成就故事所需要的步骤。通过这些步骤，相信你可以写出一个生动、有说服力的成就故事，让人们更好地了解你的能力、经验和成就。

下面，请写下你自认为比较成功或者感觉不错的事情：

_____

_____

_____

_____

写下生活中令你有成就感的具体事件后，对其进行分析，看看你在其中使用了哪些能力（尤其是技能）。多撰写自己的成就故事，并对成就故事进行分析讨论，看一看在这些故事中是否有重复出现的技能，这就是你喜爱施展也擅长的技能。

第五节　价值观探索理论

一、价值观对职业发展的影响

价值观是指人们所坚信的、对生活和行为起指导作用的信念、原则和规范。个体的价值观是由社会文化、家庭教育、个人经历和性格特点等多种因素共同塑造的，对个体的职业选择和职业发展具有重要的影响。

（一）价值观对行为动机有导向作用

不同的人在追求职业发展时，会根据自身的价值观和兴趣来选择职业领域和工作内容，这些选择会直接影响个体的职业发展和成就。例如，一个强调公益、奉献和人道主义价值观的人，可能更倾向于选择从事慈善、教育、医疗等行业，而不是从事商业、金融等领域。

（二）价值观反映个人需求，影响职业决策

价值观可以代表一个人对于什么是好、什么是错误、什么会使自己满意的看法。因为每个人受教育的环境和处于不同的环境都有差异，它们的职业目标和要求也不尽相同。许多时候，人们都可能需要权衡利弊，而决定这种衡量的，往往是他们的职业价值观。例如，要了解工作的舒适性或高标准的报酬，或者要追求事业的成就或者追求安定；当两者之间产生矛盾时，最终会决定人们行动的，是内心里的职业价值观。

（三）价值观影响个体职业发展的态度和行为

一个坚信努力工作、追求卓越、不断学习的人，更有可能获得职业成就和成功，因为他们具备了实现职业目标的必要素质和能力。相反，一个消极、懒惰、怕吃苦的人，很难获得职业成功，因为他们的价值观和态度不利于职业发展。

【资料延伸】

树立正确的职业价值观

1.正确处理职业价值观与金钱的关系

金钱是一种成就报酬，它是在确定职业价值观时个体首先要面对的问题。基本的物质条件是个体立足社会的前提，人首先要满足自身的物质需要才会产生更高层次的精神需要，因此，将金钱作为首要的职业价值观本身并没有错。但在正确处理职业价值观与金钱的关系时我们必须要认识到金钱固然重要，但并不是唯一最重要的。在物质生活丰富的今天，人除了满足基本的物质需要之外，更要关注精神层面的需要。精神需要是人类特有的，也是不可或缺的重要方面。人作为有思想、有情感的存在物，其对于道德、理想、信仰、尊重等方面的需要可以说是肯定的。

2.正确处理职业价值观与生活的关系

工作和生活处理不好常常会出现两个极端：一种是把工作看得太重的"工作狂"，另一种是过分强调生活的"生活狂"。每个个体对工作强度的接受程

度不同，有的人事业心较强，经常把工作摆在首位，有的人事业心较弱，倾向于家庭第一。这两种职业价值观本质上都没有问题，但实际工作生活中还是经常会出现"工作第一"，还是"家庭第一"这样价值观冲突的问题。面对这样的价值观冲突，我们要努力寻求工作与生活中的平衡点，学会合理安排自己的日程，找到适合自己的工作节奏，提高工作效率，既做工作上的强者，又做生活中的智者。

3.正确处理职业价值观的排序与取舍问题

【小故事】学会舍得

从前有一个聪明的年轻人特别要强，希望自己各方面都比别人强。很多年过去了，他发现自己并没有实现之前的目标，心中十分懊恼，于是他去向大师求教。

大师说："我们去登山吧，到了山顶你就明白了。"

山上有许多漂亮的小石头，大师说："你去捡一些喜欢的石子装起来吧。"刚开始的时候，年轻人饶有兴致地遇到每个漂亮的小石子就装起来。过了没多久，他发现自己越走越吃力，很快就要走不动了。

这时候，大师停下来语重心长的对他说："你的负担太重了，这样下去是永远不可能爬到山顶的。你明白吗？"

年轻人愣了一下，随后恍然大悟："登山途中漂亮的小石子有很多，要学会舍弃才能登到山顶，有舍才有得啊！"

职业价值观的特性决定人们不会只具有唯一的职业价值观，在职业价值九宫格的探索中我们已经能够感受到每个人可能同时具备几种职业价值观的事实。所谓"鱼与熊掌不可兼得"，我们在做出职业选择的时候经常会遇到很多困惑，如何正确处理职业价值观的排序与取舍问题成为我们必须思考的重要问题。

每个人都希望找到一份"好工作"，但究竟什么样的工作才是"好工作"呢？一千个人心中有一千个哈姆雷特。每个人心中对"好"都有自己的定义，有的人认为只要薪资待遇好就是好工作，有的人认为只要工作自由就是好工作。其实每个人对于"好工作"的定义都是基于自身需求角度出发做出的判断。因此，对于个体来说，探索自身的职业价值观，不断地进行澄清才能获得自己内心真正的"好工作"。只有想清楚了你最想要什么，才能学会在众多的选择面前做出取舍，有"舍"才有"得"，学会舍弃是一种能力，在不断舍弃选择的过程中探寻属于自己的职业价值观。

4.正确处理职业价值观中个人与社会的关系

马克思在1835年中学毕业论文《青年在选择职业时的考虑》中提道："在选择职业时，我们应该遵守的主要指针是人类的幸福和我们自身的完美。不应认为，这两种利益会彼此敌对、互相冲突，一种利益必定消灭另一种利益；相反，人的本性是这样的，人只有为同时代人的完美、为他们的幸福而工作，自己才能达到完美。"人的本质是一切社会关系的总和，生活在社会中的每个人的工作都不仅仅是为了个人物质利益的满足，而是会直接或间接为他人、为社会服务。比如，医生从治病救人中获得了劳动报酬和职业成就，患者在医生诊治后重新获得健康。树立正确的职业价值观要将个人利益寓于国家利益、集体利益之中，利己不难，利他不易，多为他人谋幸福，与祖国共奋进，与时代齐发展才能得到社会的认可和尊重，自身才能得到更长远的职业发展。

良好的职业价值观应符合社会现实，将个人价值观同社会价值观紧密结合。既要知晓"我想要什么"，也要符合"社会需要什么"。人是社会的人，不可能离开社会而单独存在，社会价值是实现个人价值的基础，没有社会价值，人生的自我价值就无法实现。美国社会学家莫里施瓦茨说："许多人过着没有意义的生活。即使他们在忙于一些自以为重要的事时，他们也显得昏昏庸庸。这是因为他们在追求一种错误的东西。你要使生活有意义，你就得献身于爱、献身于你周围的群体，去创造一种能给你目标和意义的价值观。"当你告别狭隘的自己，走向更广阔的天地时，你会发现你的人生价值已不仅是个人对他人需要的满足，更是个人对社会的责任和贡献。那些拥有利他价值观、肯担当的、具有人文关怀的人，获得了更多的主观职业成功和幸福，他们的人性光辉在照亮他人的同时更照亮了自己。

5.正确处理职业价值观中追求努力与淡泊名利的关系

【小故事】居里夫人——视奖章如玩具

玛丽·居里是历史上第一个两次获得诺贝尔奖的人，其一生获奖无数，但她淡泊名利，以献身科学为荣。在发明元素铀之后，她和丈夫主动放弃申请专利，"一战"爆发后，她无偿捐献出诺贝尔奖金。

有一次，朋友来居里夫人家做客，发现居里夫人的小女儿正在玩一枚奖章，忙问："夫人，您应该知道能得到一枚英国皇家协会颁发的金质奖章是多么崇高的荣誉啊，怎么可以给小孩子当玩具呢？"

居里夫人想了一会儿，淡然地回答道："我是想让孩子们从小就知道，荣誉就像玩具，只能玩玩而已，绝不能永远守着它，否则你将一事无成。"

树立正确的职业价值观要平衡好追求努力和淡泊名利之间的关系。俗话说："不想当将军的士兵不是好士兵"，作为刚步入工作岗位的年轻人，更要有"初生牛犊不怕虎"的勇气和干劲儿，树立积极上进的职业价值，用拼搏和努力换取进步。淡泊名利是个体在取得成绩后不骄傲、不放纵，对自己有更高的要求。那种对自己没有任何要求，消极懈怠，以不争不抢为荣宣称自己是"淡泊名利"的，不能称为淡泊名利。每个人要给自己设定职业目标，朝着目标的方向去努力，不论结果如何，追求努力的过程就能够使自己获益匪浅。真正取得名利之后，也要学会淡泊名利，不能把一时的成就当作永恒。淡泊名利是一种境界，取得成绩之后的淡泊是重新出发，只有淡泊名利，才能让自己永远保持努力上进的状态，更好地实现自己的职业目标。

二、职业价值观的影响因素

（一）家庭因素

家庭因素是影响个人职业价值观的重要因素之一。家庭背景、教育程度、家庭价值观念等都会对个人职业选择和职业追求产生深远的影响。

（1）家庭背景对职业选择有着重要的影响。一个家庭的社会经济地位、职业背景、文化程度等都会对孩子产生潜移默化的影响。例如，一个家庭中父母都是医生，孩子可能会更容易选择医学相关的职业。而一个家庭中父母都是商人，孩子可能会更容易选择商业领域的职业。因此，家庭背景是一个人职业选择的重要因素之一。

（2）教育程度也会对职业价值观产生影响。受过良好教育的人可能更加重视个人成长和自我实现，更加关注职业发展和职业满意度。而受教育程度较低的人可能更加看重收入和稳定性，选择的职业可能也更加偏重于实用性。

（3）家庭的价值观念也会对个人职业价值观产生深远的影响。家庭对于成功、奋斗、家庭责任、社会责任等价值观的传递，都会对个人的职业选择和职业追求产生影响。例如，一个家庭非常看重社会责任，孩子可能更容易选择从事公益事业或者环保领域的职业。

（二）社会文化因素

1.社会观念

社会观念是指社会对于某种思想、价值观念的共同认知和认可。不同社会的社会观念不同，这也影响人们对于职业的看法和选择。例如，在中国传统观念中，医生、教师、公务员等职业被认为是高贵、神圣的职业，而商人、销售员等职业则被认为是功利、低贱的职业。因此，很多人在选择职业的时候会受到社会观念的影响。

2.教育背景

教育背景也是影响职业价值观的因素之一。在不同的教育背景下，人们会接受不同的职业价值观教育。例如，在高等教育机构中，人们更容易接受知识型、创新型的职业价值观，而在职业学校中，人们更容易接受实用型、务实型的职业价值观。

3.媒体影响

媒体也是影响职业价值观的因素之一。电影、电视剧等媒体作品中塑造的职业形象会影响到观众对于职业的看法和评价。例如，在一些电影中，警察、特工、医生等职业形象被塑造成英勇、正义的形象，这会让观众对于这些职业有更加积极的看法和评价。

4.经济状况

经济状况也会影响职业价值观。在经济困难的时期，人们更加注重收入和经济保障，这会导致一些人选择追求高薪的职业，而不顾及职业的其他价值。而在经济繁荣的时期，人们更加注重职业的发展和成长，这会导致一些人选择追求自我实现和事业成就的职业。

（三）社会风气

职业价值观是指个人在职业生涯中所持有的关于工作目标、职业道德、职业责任等方面的观念和信念。而社会风气则是指社会中一定时期内普遍存在的、被广泛接受的思想观念、行为方式和价值取向。

社会风气对职业价值观的影响可以从以下四个方面来分析。

1.对职业选择的影响

社会风气对不同职业的认可和评价不同，比如在一些传统观念较为强烈的社会中，医生、教师等职业往往被认为是受人尊敬的职业，而服务员、销售员等职业则被认为是较低端的职业。这种社会风气的影响可能会影响个人的职业选择，导致一些人选择从事被社会认可的职业，而不是自己真正感兴趣的职业，从而影响其职业发展和职业满意度。

2.对职业道德的影响

社会风气对职业道德的影响也很大。在某些社会中，为了追求金钱和地位，一些从业者可能会采用不道德的手段来获取利益。这种不良的社会风气可能会对职业从业者的职业道德产生负面影响，导致一些人放弃道德原则，从而影响职业信誉和职业发展。

3.对职业认同的影响

社会风气还会对职业认同产生影响。在某些社会中，一些职业被视为"高大上"的职业，而一些职业则被视为"低端"的职业。这种社会风气可能会影响从业者对自己职业的认同感。当从业者感到自己所从事的职业处于社会地位较低的位置时，可能会对自己的职业感到不满意，从而影响其对职业的投入和职业发展。

4.对职业责任的影响

不同的社会风气也会对职业责任产生影响。在一些社会中，个人的利益往往被看作最重要的，而忽视了对其他人和整个社会的责任。这种社会风气可能会对从业者的职业责任观产生消极影响，导致一些人只关注自己的利益，而忽略了职业责任。

综上所述，社会风气对职业价值观产生一定的影响。从业者应该树立正确的职业价值观，不被不良的社会风气所左右，坚持职业道德和职业责任，实现自己的职业理想和价值。

（四）社会经济发展

1.职业选择的多样化

随着市场经济的发展，人们有更多的职业选择，这也意味着职业价值观的多样化。在过去，人们更倾向于选择稳定的职业，如医生、教师或公务员等。然而，随着社会经济的发展，人们更加重视个人发展和个性化，更愿意选择他们真正热爱的事业，如文化创意、互联网科技等。

2.对待工作的态度

随着社会经济的不断发展，人们对待工作的态度也在不断演变。在过去，人们普遍认为工作仅仅是为了谋生，而现在，人们更加注重工作的意义和价值。人们更愿意追求自己的梦想和目标，更加认可具有社会价值的工作。

3.工作与生活的平衡

随着社会经济的发展，人们的生活节奏也在不断加快，这也意味着人们更加需要平衡工作和生活。人们更加愿意选择具有弹性的工作方式，如远程办公、弹性工作时间等。这也意味着人们更加注重工作的质量，而不是数量。

（五）新技术的发展

1.重视创新和学习能力

新技术的不断涌现，让人们对创新和学习能力的重视程度逐渐上升。在过去，经验和技能可能是一个人职业成功的基础，但现在，这些特质的作用正在逐渐减弱，人们更加关注那些有能力适应新技术和新环境的人。

2.意识到职业转型的必要性

新技术的快速发展意味着很多职业正在发生根本性的变化，有些职业可能会消失，而有些新职业也将应运而生。这让人们意识到，不断学习和职业转型已经成为保证职业生涯稳定的必要条件。

3.强调团队协作和沟通能力

新技术的广泛应用，让协作和沟通成为团队中最为重要的特质之一。这不仅需要人们具备一定的技术能力，还需要有良好的沟通和协作能力，以便更加高效地完成工作。

4.改变了工作方式和工作环境

新技术的出现，也让工作方式和工作环境发生了改变。越来越多的人可以在家里远程办公，这意味着工作和生活的平衡变得更加容易。同时，新技术的应用也让工作变得更加高效和便捷。

总的来说，新技术的发展对职业人员的职业价值观产生了深刻的影响。人们开始更加关注创新和学习能力，意识到职业转型的必要性，强调团队协作和沟通能力，并且逐渐适应了新的工作方式和工作环境。

三、工作价值观的结构

工作价值观是指个人对于工作的看法、态度和价值取向。一个人的工作价值观能够影响他对于工作的态度、行为和决策。以下是工作价值观的结构：

（一）根本信念

根本信念是个人在工作中最基本的信仰和价值观。它反映了个人对于自己和工作的看法。人们的根本信念是在自己的成长过程中形成的，对于个人的职业选择、职业发展方向、职业发展速度等都有很大的影响。例如，一个人可能认为工作是为了赚钱，而另一个人可能认为工作是为了实现自我价值。这些不同的根本信念会影响个人的决策和行为，如对于职业选择、工作态度等。

（二）工作满意度

工作满意度是个人对于工作的满意程度。它反映了个人对于工作环境、工作内容、工作待遇等方面的感受。高度的工作满意度能够提高个人的工作积极性和生产力，促进个人的职业发展和成就。而低度的工作满意度则可能导致个人的职业失落感和不满意度，影响个人的工作表现和心态。

（三）职业目标

职业目标是个人在工作中想要达成的目标。它能够激励个人在工作中不断进步和成长。职业目标能够帮助个人制定职业规划和提高职业成就感。例如，一个人可能希望在职业生涯中达到高管的职位，而另一个人可能希望成为某个领域的专家。这些不同的职业目标会影响个人的职业选择、职业发展方向、职业发展速度等。

（四）工作责任

工作责任是指个人在工作中所承担的义务和责任。它能够影响个人对于工作的认真程度和努力程度。高度的工作责任感能够提高个人的工作质量和职业形象，促进个人的职业发展和成就。而低度的工作责任感则可能导致个人的职业失落感和不满意度，影响个人的工作表现和心态。

（五）团队合作

团队合作是指个人在工作中与他人合作完成任务的能力。它能够促进协作和沟通，并提高工作效率。团队合作能够帮助个人建立良好的职业关系和提高职业竞争力。团队合作需要个人具备相应的沟通能力、合作意识和团队意识。这些能力和意识的提高能够促进个人职业发展和成就。

以上是工作价值观的结构。不同的价值观结构会影响个人在工作中的表现和成就。理解和认识自己的工作价值观，有助于个人选择适合自己的职业方向，提高工作积极性和生产力，实现个人职业发展和成就。

为了更好地理解和应用工作价值观，个人可以通过以下方式进行实践和提升：①定期反思自己的工作价值观，了解自己的职业目标和发展方向；②在工作中注重培养团队合作能力，建立良好的职业关系；③建立工作责任感，认真对待自己的工作，提高工作质量；④与他人交流沟通，了解不同的工作观念和方法，提高自己的工作水平；⑤不断学习和提高自身的职业技能和知识，为实现职业目标做好准备；⑥通过以上实践和提升，个人能够更好地理解和应用自己的工作价值观，提高工作表现和职业成就。

四、职业价值观的测量

2005年，金盛华和李雪通过对大学生职业价值观的研究，提出了大学生职业价值观可分为目的性职业价值观和手段性职业价值观两类。其中，目的性职业价值观由家庭维护、地位追求、成就实现和社会促进四个因子组成，按个人—集体和维护—发展两个维度,可将这四个因子划分为集体—维护、个人—维护和个人—发展及集体—发展四种类型；大学生手段性职业价值观由轻松稳定、兴趣性格、规范道德、薪酬声望、职业前景和福利待遇六个因子构成。大学生的目的性职业价值观影响其手段性职业价值观，不同的目的性职业价值观会导致相同或不同的手段性职业价值观。

金盛华和李雪所设计的职业价值观问卷如下（表4-8）：

亲爱的朋友：

您好！

感谢您花费时间完成这一问卷。您对这一问卷与您实际情况符合的回答，将有助于我们真实了解有关当代大学生心理和行为的重要情况，感谢您为科学研究做出的贡献！这一问卷中所有答案都没有对错、好坏、高低之分，与您的生活、学习和工作也没有任何利害关系。您回答的结果只汇总在总的科学研究报告中，没有人可以辨别您怎样回答，请放心根据您自己的实际情况和真实想法来回答所有项目。

谢谢您的合作！

请注意：

请您填写就选择职业来说，下列条目重要性如何，评价分数的含义为：

5 ="很重要"， 4 ="较重要"， 3="一般"， 2 ="较不重要"， 1 =

"很不重要"。

请在您选择答案的相应数字上画"○"。

表4-8　目的性职业价值观问卷

条目（目的）	很重要----------------不重要				
工作能使我方便照顾父母	5	4	3	2	1
工作能和家庭不相冲突					
工作能使我和未来配偶在一个城市					
工作能使我晋升到高职位					
工作能使我有高于一般水平的年薪					
工作能使我受到重视					
工作能使我享受高地位的个人空间					
工作能使周围人羡慕我					
工作能力带给我激情					
工作能使我发挥自己的创造性					
工作能使我实现个人的抱负和目标					
工作环境能磨炼我的个人能力					
工作能使我施展个人的能力和特长					
工作能使我提高我国在该行业的世界竞争力					
工作能使我为社会发展创造价值					
单位少有改革或风险					
工作不要经常出差或到异地工作					
工作强度或压力不能大					
自己在该领域有天分					
与自己的性格相符					
符合自己的兴趣爱好					
领导的性格人品符合期待					
环境不容易使人变得腐败或虚伪					

续表

条目（目的）	很重要----------------不重要			
工作不常发生道德困境				
初始的职位较高				
单位企业规模大				
一开始的薪酬就比较高				
单位有很好的发展前途				
单位的上司和同事好相处				
在该领域积累了一定的朋友圈				
单位提供住房或住宿				
单位解决户口问题				
单位提供的保险齐全				

第五章　大学生职业探索基础理论

第一节　职业环境宏观分析

职业环境，一般是指人才所处的职业群体所形成的外部环境，而宏观职业环境是指人才所处的特定社会环境，包括人才所在国家或地域的政治、法律和伦理道德约束；同时还包括人才所在国家或地区所实行的社会经济制度。社会宏观职业环境主要决定了人才发展的大方向。

一、经济环境分析

（一）经济形势

经济形势是一个国家或地区的经济状况。它对职业环境有着深远的影响，包括以下四个方面。

1.就业机会

经济形势的好坏直接影响到就业机会的数量和质量。经济形势好的时候，企业增加生产和服务，创造更多的就业机会。当经济形势不好的时候，企业减少生产和服务，裁员以降低成本，导致失业率上升。

2.薪资水平

经济形势的好坏也会影响到薪资水平。经济形势好的时候，企业为了留住和吸引优秀的员工，通常会提高薪资水平。当经济形势不好的时候，企业为了降低成本，可能会减少员工的薪资和福利。

3.行业结构

经济形势的好坏还会影响到不同行业的发展。经济形势好的时候，一些新兴行业会蓬勃发展，创造更多的就业机会。当经济形势不好的时候，一些传统行业可能会遭受打击，导致就业机会减少。

4.职业选择

经济形势的好坏还会影响到人们的职业选择。在经济形势好的时候，人们更容易选择自己喜欢的职业，因为就业机会多，薪资水平高。当经济形势不好的时候，人们可能会选择不太喜欢的职业，因为就业机会少，竞争激烈。

（二）劳动力市场供求状况

劳动力市场的供求关系是一个影响职业环境的重要因素。当市场上的工作机会增加，劳动力供给不足，职业环境通常会变得更加有利。相反，当工作机会减少，劳动力供给过剩时，职业环境可能会受到负面影响。

在一个供求平衡的劳动力市场中，劳动者和雇主之间的权力关系是相对平等的。这意味着劳动者可以更容易地找到工作，他们也更有可能获得更好的薪资和福利待遇。此外，雇主需要竞争性地提供更好的工作条件，以吸引和保留人才。

然而，在供给过剩的劳动力市场中，情况则完全不同。雇主会面临更多的选择，他们可以更容易地找到员工，这使他们可以更加挑剔，以获得更好的工作条件。同时，劳动者发现更难找到工作，他们可能不得不接受低薪或劣质工作，以满足生计。

总之，劳动力市场的供求关系对职业环境有深远的影响。在一个供求平衡的市场中，劳动者和雇主之间的权力关系是相对平等的，这有利于创造更好的职业环境。相反，在供给过剩的市场中，雇主更有权力，劳动者则更加弱势，这可能会导致职业环境的恶化。

（三）经济发展水平

经济发展水平是一个国家或地区的经济总体运行水平的衡量标准，包括国内生产总值、收入水平、就业率等多个方面。经济发展水平不仅对一个国家或地区的整体繁荣和稳定产生重要影响，也会直接影响职业环境。

（1）经济发展水平决定了就业机会的数量和质量。在经济发展水平较高的地区，企业和企业家更有信心扩大业务和招聘新员工。这就为求职者提供了更多的就业机会，同时提高了职业竞争力和薪资水平。然而，在经济发展水平较低的地区，就业机会相对较少，就业竞争激烈，薪资水平也相对较低。

（2）经济发展水平还会影响职业环境的稳定性和安全性。随着经济的快速发展，许多新兴产业和新型企业不断涌现，给职业环境带来了新的机遇和挑战。然而，这些新兴产业和企业也面临着许多风险和不确定性，如市场波动、竞争压力、政策变化等，这些都可能对职业环境的稳定性和安全性造成影响。

（3）经济发展水平还会影响职业教育和培训的质量和数量。在经济发展水平高的地区，职业教育和培训资源相对丰富，从而为求职者提供了更多的学习机会和增值空间。而在经济发展水平低的地区，职业教育和培训资源相对匮乏，职业技能培训和提升难度较大，从而影响了职业环境的整体素质和发展。

综上所述，经济发展水平是影响职业环境的重要因素之一。在经济发展水平高的地区，职业机会更多、职业稳定性更高、职业教育和培训资源更为丰富，这为职场人士提供了更多的机会和优势。反之，在经济发展水平低的地区，职业机会相对较少、职业稳定性和安全性较低、职业教育和培训资源相对匮乏，这对职场人士的职业发展带来了一定的挑战和压力。

【延伸阅读】

韩国大企业对本国青年大学生求职就业的影响分析

韩国大企业控制着韩国的经济命脉，对本国青年大学生求职就业也产生了重大影响。

1.招聘规模

这些企业在韩国国内是大型企业，拥有较多的就业机会。因此，许多韩国大学生选择在这些公司中寻找就业机会。然而，由于竞争激烈，许多人也可能面临着就业压力。

2.巨额薪资

由于这类企业通常会支付高额薪酬，因此对许多韩国大学生来说，这是一种吸引力和动力，他们认为通过进入这些企业，能够获取更高的薪酬、更好的福利和更好的职业发展机会。

3.社会地位

在韩国，能进入这类企业工作在社会中就会拥有很高的地位。因此，一些韩国大学生可能选择在这些企业工作，以增强自己的社会地位和声誉。

然而，韩国的财阀经济也存在着一些负面影响。这些企业通常拥有高度集中的经济实力和权力，可能导致经济不平等和社会不稳定等问题。此外，由于许多韩国大学生都希望进入这些企业，这可能导致其他领域的就业机会相对较少，而一些其他领域的就业机会可能需要更高的素质要求。

除了经济不平等和其他社会问题，韩国的财阀经济对本国青年大学生求职就业还产生了其他一些负面影响，包括以下三点。

1.青年就业难

由于许多韩国大学生都想进入这类企业工作，导致这些企业的招聘竞争异常激烈，而其他领域的就业机会相对较少。因此，一些韩国年轻人可能会发现他们的求职就业道路十分困难，甚至可能无法找到满意的工作。

2.工作压力

由于韩国的这些企业通常以高度竞争的方式运营，所以在这些公司工作通常需要承受高强度的工作压力。因此，许多韩国年轻人在工作中可能会面临着巨大的心理压力和身体疲劳。

3.就业前景有限

虽然韩国的大企业在韩国经济中占据着重要地位，但是这些企业也存在一定的就业不稳定性和风险。因此，许多韩国年轻人可能会担心他们在这些公司工作的前景和长期稳定性。

二、政治法律环境分析

（一）政治环境

政治环境是指国家政治制度、政治文化、政治稳定性等因素构成的总体环境。政治环境对于个人职业发展有着重要的影响。

（1）政治环境的稳定性对于职业发展具有重要意义。政治环境的不稳定会导致社会动荡和经济不稳定，这将直接影响个人的职业发展。例如，在战争或政治动荡时期，一些企业可能会倒闭或者调整业务，这将给从事该行业的人带来较大的职业风险。

（2）政治环境的发展趋势也会对职业发展产生影响。政治环境的变化可以导致某些行业的兴衰，而这些行业的兴衰将直接影响到从事该行业的人的职业前景。例如，随着环保意识的增强，许多国家在政策上支持清洁能源行业的发展，这将为从事清洁能源行业的人带来更好的职业发展机会。

（3）政治环境对于个人职业发展的影响还体现在政策法规上。政府的政策和法规将直接影响企业和行业的发展和运营，从而影响从事该行业的人的职业发展。例如，政府出台的减税政策可以降低企业成本，促进企业的发展，为从事该行业的人带来更好的职业发展机会。

因此，在选择职业时，需要考虑政治环境对该行业的影响，以及政治环境的稳定性和发展趋势等因素，以便更好地规划个人的职业发展路径。

政治环境对职业发展的影响还可以体现在国际合作与竞争上。不同国家的政治环境不同，这将直接影响各国企业之间的合作与竞争关系，从而影响从事相关行业的人的职业发展机会。例如，国际贸易政策的变化会影响跨国公司的业务拓展和利润状况，从而影响从事该行业的人的职业发展。

政治环境对于个人职业发展的影响还可以体现在教育领域上。政治环境的变化可能会导致教育政策的调整，从而影响各个行业所需要的人才素质和技能要求。因此，在职业发展过程中，不断学习和提升自身的素质和技能，以适应不断变化的政治环境和职业需求，是非常重要的。

总之，政治环境对于职业发展有着广泛而深刻的影响，个人在规划职业发展时需要全面考虑政治环境的各方面因素，以便更好地应对政治环境的变化，为个人的职业发展创造更多的机会和可能性。

（二）法律环境因素

在职业宏观环境分析中，法律环境是一个重要的因素。法律环境是指国家法律制度对于一个行业或职业的影响，包括法律政策、法规、案例等。

在职业发展过程中，法律环境的变化会对从业者的职业生涯产生影响。以下是几个常见的法律环境因素：

1.法规和政策

政府制定的法规和政策对职业发展具有重要的影响。例如，某些职业需要取得相关的执照或证书才能从事，政府的法规和政策会对取证流程、条件、费用等方面进行规定。此外，政府还会制定职业标准、行业规范等，对从业者的职业发展产生影响。

2.劳动法

劳动法是指国家对于劳动者权益的保护和劳动关系的调整所制定的法律。劳动法对于职业发展有多方面的影响：①对于劳动者的权益进行保护，如工资、休假、工作时间等，从而使从业者拥有更好的职业保障；②规定劳动关系的基本原则和制度，如劳动合同、劳动争议解决等，从而使从业者有明确的法律依据；③对于职业发展的限制和保护，如童工、女工、老工人等劳动者的保护。

3.行业标准

行业标准是指行业组织或政府制定的对于产品、服务、技术等的规范和要求。行业标准对于从业者的职业发展也具有很大的影响：①行业标准规定了从业者的职业技能和素质的要求，从而对从业者的职业发展提出了更高的要求；②行业标准规定了从业者的职业行为准则，从而使从业者在职业发展中有明确的行为规范。

4.诉讼和仲裁

在职业发展过程中，有时候会发生职业纠纷和争议。此时，诉讼和仲裁是解决纠纷的两种常用方式。不同的地区和行业对于诉讼和仲裁的规定不同，从业者需要了解相关的法律法规和程序，以更好地维护自己的权益。

5.知识产权

知识产权是指人们的智力成果所享有的权利，包括专利、商标、著作权等。在职业发展中，知识产权的保护对于从业者的职业发展具有重要的影响。从业者需要了解相关的知识产权法律法规，遵守知识产权的相关规定，以避免侵权和损害他人的权益。

6.税收政策

税收政策是国家对于税收的征收和使用所制定的政策和规定。税收政策对于从业者的职业发展也具有重要的影响。从业者需要了解自己所在行业的税收政策，合理规划自己的财务和税务，以避免因税收问题带来的不良影响。

综上所述，职业宏观环境中的法律环境因素对于从业者的职业发展具有重要的影响。从业者需要了解和遵守相关的法律法规和行业标准，了解相关的诉讼和仲裁程序，注意知识产权保护和税收政策规定，以确保职业发展的顺利和稳定。

三、文化环境分析

在职业宏观环境分析中，文化环境是一个重要的因素。文化环境可以影响一个行业的发展，影响员工的态度和行为，并影响公司的决策和战略。

以下是文化环境在职业宏观环境分析中的三个方面。

（一）社会价值观的影响

社会价值观是指人们对于"好"和"坏"、"对"和"错"的认知和评价准则。社会价值观的不同，会对职业环境产生不同的影响。例如，在一个强调个人利益的社会中，员工可能更倾向于追求自己的利益，而不是公司的利益。

（二）文化差异的影响

不同的文化背景、信仰和习惯，会对员工的态度和行为产生影响。例如，在某些国家，对于公司的忠诚度和服从度会更强，而在另外一些国家，员工更注重自己的创造力和自主性。

（三）多元文化的影响

随着全球化的发展，许多公司都变得越来越多元化。这种多元化可能涉及不同种族、文化和信仰的员工。在这种情况下，公司需要创造一个文化融合的环境，并且尊重不同背景的员工。

综上所述，文化环境是职业宏观环境分析中的重要因素之一。公司需要了解文化差异的影响，并且采取措施来创造一个文化融合的环境，以促进员工的发展和公司的成功。

四、价值观念分析

人们生活在社会环境中，会受到社会价值观的影响。一个人的思想成长和成熟，很大程度上便是接受社会价值观的过程。社会价值观会影响个人的职业发展。因此，大家在制定职业生涯规划时，应当坚持积极进取的正确价值观，接受社会上积极向上的价值观念。

第二节　职业环境中观分析

一、行业环境分析

行业，是指从事国民经济中同性质的生产或其他经济社会活动的经营单位和个体等构成的组织结构体系，如林业、汽车业、银行业、房地产业等。我国2017年第四次修订的《国民经济行业分类》对行业门类、大类、中类和小类进行了调整。新行业分类标准为20个行业门类，97个行业大类，473个中类，1380

多个小类。主要分类如下：

A.农、林、牧、渔业

B.采矿业

C.制造业

D.电力、热力、燃气及水生产和供应业

E.建筑业

F.批发和零售业

G.交通运输、仓储和邮政业

H.住宿和餐饮业

I.信息传输、软件和信息技术服务业

J.金融业

K.房地产业

L.租赁和商务服务业

M.科学研究和技术服务业

N.水利、环境和公共设施管理业

O.居民服务、修理和其他服务业

P.教育

Q.卫生和社会工作

R.文化、体育和娱乐业

S.公共管理、社会保障和社会组织

T.国际组织

行业环境分析包括对目前从事或拟从事的目标行业的环境分析。其内容应包括行业的发展状况、国际、国内重大事件对该行业的影响，目前行业的优势与问题、行业发展趋势等。

在分析行业环境时，一定要结合社会大环境的发展趋势。由于科学技术的飞速发展，会使某些行业如同夕阳坠落，逐渐萎缩、消亡；更有许多极具发展前途的朝阳行业不断出现、发展起来。同时还要注意国家政策的影响，要了解国家对某一行业是支持、鼓励和引导，还是限制、控制和制约。要尽量选择那些有前景、发展空间较大的行业。例如，我国近年来狠抓环境保护，推行可持续发展战略，保护生物多样性，在农业生产中控制化学制品的使用，开发"绿色食品"等，使环境保护产业如初生朝阳，充满生机，导致环保设备生产、环保技术咨询等行业迅速发展，提供了大量就业岗位。而这时如果不了解情况，为了一时利益，盲目进入那些污染后果严重的行业谋职，必将会给自己的职业生涯造成严重的不良后果。

行业环境分析的主要内容包括以下六个方面：

（一）行业现状及发展趋势

行业现状是分析行业环境的重要方面。行业现状分析包括了行业的市场规模、市场份额、行业增长率等方面。同时，分析行业现状还需要考虑到行业的特点和行业的竞争状况等方面。在行业现状的基础上，我们还需要分析行业的发展趋势。行业发展趋势分析是指分析行业未来的发展方向、趋势以及面临的挑战等方面。分析行业的发展趋势可以帮助我们更好地了解行业的未来发展方向，为企业的决策提供参考。

（二）行业人才需求状况

行业人才需求状况是指分析行业的人才需求情况，包括了行业的人才结构、人才缺口等方面。分析行业人才需求状况可以帮助我们了解行业的发展方向，为企业的人才招聘和培养提供参考。

【资料延伸】

人工智能行业需要的十种人才

2022年末，ChatGPT吸引了全世界的目光，原因在于ChatGPT使用了海量的语料库进行训练，可以理解并回答多种语言的问题，这使其具有广泛的适用性，作为一个集成性的系统，可以在各种应用中使用，如聊天机器人、语音识别、智能客服等，这使其应用范围非常广泛。并且人们认识到ChatGPT和类似的技术正在为人们提供更为智能化和便捷的交互方式，有望改变人们的工作和生活方式。比如在教育领域，ChatGPT可以为学生和教师提供更加个性化的学习和教学体验，帮助学生更好地理解知识，提升教育质量。在商业领域，ChatGPT可以帮助企业提高客户服务和支持水平，提高销售额和市场份额。在医疗保健领域，ChatGPT可以帮助医生更好地诊断病情，为患者提供更加精准的治疗方案。这预示着人工智能将会得到各个国家的高度关注，各主要国家将会投入海量资金促进本国人工智能领域发展，需要大量相关专业人才。

人工智能行业需要多种不同方面的人才，以下是一些主要领域：

（1）计算机科学家：计算机科学家是人工智能行业最基本的人才之一。他们研究开发算法和计算模型，设计和构建人工智能系统。

（2）数据科学家：数据科学家使用数学、统计学和计算机科学知识来提取、分析和处理数据。在人工智能领域，数据科学家利用机器学习技术和深度学习来训练和优化模型。

（3）机器学习工程师：机器学习工程师负责实施和优化机器学习算法和模型。他们编写代码，设计和管理基础架构，并使用云计算平台。

（4）自然语言处理专家：自然语言处理专家研究如何将自然语言转换成计算机能够理解和处理的形式。他们负责开发语音识别、语音合成、文本分类、情感分析等应用。

（5）人机交互设计师：人机交互设计师负责设计用户界面，使用户可以更好地与人工智能系统进行交互。

（6）伦理学家：伦理学家致力于研究和解决人工智能系统的道德问题，确保这些系统的开发和使用不会对社会造成负面影响。

（7）业务领域专家：人工智能系统的应用范围非常广泛，需要专业领域知识来指导人工智能系统的开发和使用，如医学、金融、物流等领域的专家。

（8）硬件工程师：硬件工程师负责设计和构建高效的计算机系统和处理器，以支持人工智能系统的运行。

（9）数据库管理员：数据库管理员负责管理和维护人工智能系统所需的大量数据，确保数据的安全性、完整性和可靠性。

（10）产品经理：产品经理负责制定和执行人工智能系统的产品策略和规

划，确保人工智能系统能够满足市场和客户的需求。

（三）行业的社会评价与社会声望

行业的社会评价与社会声望是指行业在社会中的地位和影响力等方面。行业的社会评价与社会声望直接反映了行业的形象和信誉度。对于企业来说，了解行业的社会评价和声望，可以帮助企业更好地把握市场机会，提高企业的品牌价值和美誉度。

（四）行业代表人物

行业代表人物是指代表行业的知名人物或领袖人物。行业代表人物通常是在行业中具有广泛影响力和知名度的人物。想要了解行业的发展趋势和行业的未来走向，了解行业代表人物的观点和看法是非常重要的。

（五）行业规范及标准

行业规范及标准是指行业内相关的法律法规、规范性文件、技术标准等方面的内容。行业规范及标准是指导行业发展和保障行业质量的重要依据。对于企业来说，了解行业规范及标准，是企业顺应行业发展、提高企业质量的重要保障。

（六）行业知名企业名录

行业知名企业名录是指行业内具有广泛影响力和知名度的企业名单。了解行业知名企业，可以帮助我们了解行业的发展状况和企业的竞争状况。同时，了解行业知名企业的发展经验和成功之道，也可以为企业的发展提供借鉴和启示。

以上是行业环境分析的主要内容，通过全面深入地了解行业的现状、发展趋势、人才需求状况、社会评价与声望、代表人物、规范及标准以及知名企业名录等方面，可以帮助企业更好地把握市场机会，制定科学的发展战略，提高企业的竞争力和市场占有率。

二、地域环境分析

地域环境，主要是指就业意向的地区的行业、生活、人才、人文等影响职业生涯发展的客观环境因素。地域环境分析，主要包括以下两个方面：一是基础性的综合环境，具体包括前文所述的人才环境、生活环境等；二是个人的意向行业在不同地域的已有发展水平及其在不同地域尚未挖掘出来的发展潜力。

（一）人才环境

了解当地的人才密集程度和主要是哪些种类的人才，了解人才的基本供求关系状况，比如当地人才的需求状况，包括数量、要求、类型以及薪酬状况等。人才集中的地方，竞争激烈，但会带给你更快的职业发展。

（二）发展机会

要了解当地的主要经济支柱和未来发展规划，了解该地的行业发展潜力，以结合自身实际和职业发展规划，判断自己的发展机会和发展潜力。

无论是大都市还是小城镇，人才结构都呈金字塔形，高端人才少；人才分布则呈山地型，有的地方人才多，是高地，有的地方人才少，是平地。东北振兴、西部开发和中部崛起对中高级人才的需求量都非常大，在进行职业规划的时候，毕业生可客观地分析自己，不必拘泥于传统的地域限制，应选择一个适合自己发展的平台，寻找更广阔的发展空间。

第三节　职业环境微观分析

一、组织环境分析

在职业环境分析中，组织环境分析是必不可少的一部分。如组织结构：组织的结构对于组织的运作和管理有着至关重要的作用。需要关注组织的层级结构、权力结构、部门设置等方面。组织文化：组织文化是指组织内部的共同价值观、信仰和行为准则。需要关注组织的核心价值观、文化特点、文化氛围等方面。人力资源：人力资源是组织内部最重要的资源之一。需要关注组织的员工素质、员工数量、员工流动性等方面。技术水平：技术水平对于组织的发展和竞争力有着重要的影响。需要关注组织的技术水平、技术创新能力等方面。

（一）组织状况

企业的规模是影响其管理职业程度的一个重要因素。与小型企业相比，大型企业通常拥有更多的管理层级和更高的管理职业，因为大型企业需要更多的管理层级来协调不同部门之间的工作，并确保企业高效地运营。

（1）组织结构也直接决定了组织所属岗位的分布情况。不同的企业组织结构会导致不同的管理职业，例如，功能型组织结构通常会产生更多的专业技术人员，而项目型组织结构则会产生更多的项目经理。

（2）不同类型的企业对员工具有不同的要求。例如，高科技企业通常需要更多的技术人员，而服务型企业则需要更多的客户服务代表。因此，企业管理职业的种类和数量也会因公司的类型而异。

（3）企业的发展目标也是影响管理职业的因素之一。企业的发展目标决定了生产经营活动的方向，还影响着人员的安排。例如，如果一个企业的目标是扩大市场份额，那么它可能需要更多的销售和营销人员来实现这个目标。

（4）企业的规模扩大、产品结构的调整、采用新的生产工艺等，都会影响人力资源的层次、结构和数量的变化。企业的规模扩大可能会需要更多的管理职业和更多的员工，而产品结构的调整和新的生产工艺可能需要更多的技术人员。

（二）人力资源管理现状

随着社会的发展，企业越来越重视人力资源管理的重要性，这也越来越成为企业发展的核心竞争力之一。人力资源管理的现状对个体职业发展产生了深远的影响，本文将从以下六个方面进行探讨。

1.岗位匹配度

人力资源管理对个体职业发展的影响之一是岗位匹配度。在现代企业中，岗位匹配度是一个不可忽视的问题。如果个体所从事的工作与其专业技能和职业规划不符，那么他们的职业发展将会受到极大的影响。因此，人力资源管理需要通过有效的招聘、培训和晋升等方式，确保员工的岗位匹配度，从而推动个体职业发展。

2.培训与发展机会

人力资源管理对个体职业发展的影响之二是培训与发展机会。现代企业需要不断提高员工的专业技能和职业素养，以适应市场变化和企业发展的需要。因此，人力资源管理需要提供各种培训和发展机会，帮助员工不断提升自己的能力和水平，从而推动个体职业发展。

3.薪酬与福利

人力资源管理对个体职业发展的影响之三是薪酬与福利。薪酬和福利是企业吸引和留住人才的重要手段，也是员工对企业认同感和归属感的体现。因此，人力资源管理需要提供公正合理的薪酬和福利，激励员工积极进取和创新，从而推动个体职业发展。

4.工作环境与文化

人力资源管理对个体职业发展的影响之四是工作环境与文化。现代企业需要营造良好的工作环境和文化氛围，以提高员工的工作满意度和归属感。因此，人力资源管理需要关注员工的工作环境和文化需求，提供良好的工作条件和文化氛围，从而推动个体职业发展。

5.绩效考核

人力资源管理对个体职业发展的影响之五是绩效考核。现代企业需要通过绩效考核评估员工的工作表现和业绩，以此激励员工积极进取和创新。因此，人力资源管理需要制定公正合理的绩效考核机制，为员工提供公平的晋升和奖励机会，从而推动个体职业发展。

6.职业规划与发展

人力资源管理对个体职业发展的影响之六是职业规划与发展。现代企业需要为员工提供清晰的职业规划和发展路径，以激发员工的职业热情和创新精神。因此，人力资源管理需要制定科学合理的职业规划和发展机制，为员工提供广阔的发展空间和成长机会，从而推动个体职业发展。

（三）管理人员的支持

企业文化和管理模式是反映领导人品质和价值观念的重要指标。一家公司的运营哲学，往往是由企业家的管理理念所决定的。因此，企业家应该注重对员工的职业发展，从而创造更大的价值和财富。

1.企业文化反映领导人的品质和价值观

企业文化是一家公司的精神和行为准则，是由领导人所创造的。领导人的品质和价值观念对企业文化的塑造起着重要作用。如果领导人注重员工的职业发展和生活，那么这家公司的企业文化一定会倡导关注员工，关爱员工。相反，如果领导人只关注公司的利润和业绩，而忽略了员工的职业发展和福利，那么这家公司的企业文化就很可能是冷漠和利己主义的。

2.管理模式反映领导人的品质和价值观

管理模式是企业家对公司运营的总体安排，也是领导人品质和价值观的反映。管理模式通常包括领导风格、员工培训、绩效考核等方面。如果领导人采用民主式的领导风格，鼓励员工的创新和自主性，那么员工就会感到受到尊重和关注。相反，如果领导人采用专制式的领导风格，强制员工服从，那么公司的管理模式就会变得僵化和失去活力。

3.企业家应该注重员工的职业发展

企业家应该注重员工的职业发展，为员工提供更多的培训和成长机会，从而提升员工的专业素养和综合能力。如果员工感到自己在公司的职业前景受阻，那么他们就会失去对公司的忠诚度和工作积极性。相反，如果企业家注重员工的职业发展，为员工提供更好的福利待遇和工作环境，那么员工就会感到公司的关怀和尊重，从而更加积极地为公司创造价值和财富。

（四）组织文化

组织文化会影响到企业如何看待他们的员工，员工职业生涯的发展也受组织文化的影响。企业的管理模式对员工的发展有重要影响，支持员工参与管理的企业可以给予员工更多的发展机会，富有挑战意识的员工也更容易在这种企业得到重用。企业文化对经营效益有重大影响，若员工的价值观和企业文化存在冲突，不能适应企业文化，那么他在企业的发展前景也会受到影响。因此，制定职业生涯规划时，应该考虑企业文化，尽量避免与企业文化发生冲突，这是职场人士发展过程中要遵循的原则。

二、岗位环境分析

（一）岗位环境分析的内容

岗位环境分析是指对某一特定岗位的工作环境进行全面、系统、深入的分析和评估。其目的是全面了解该岗位的特点、职责、要求以及所处的内部和外部环境，为招聘、培训、评估等管理决策提供科学依据。岗位环境分析的内容主要包括以下五个方面：

1.岗位职责

对岗位的职责进行详细的描述和分析，包括工作任务、业务范围、工作流程、工作目标等方面。通过分析岗位职责，可以了解该岗位在组织中所处的位置和作用，以及需要具备的能力和素质。

2.岗位要求

对岗位的要求进行详细的描述和分析，包括学历、专业、工作经验、技能、能力等方面。通过分析岗位要求，可以了解该岗位所需要的人才类型和素质特点，为招聘和培养人才提供依据。

3.岗位特点

对岗位的特点进行详细的描述和分析，包括工作性质、工作环境、工作压力、工作时段等方面。通过分析岗位特点，可以了解该岗位的工作条件和工作要求，为评估工作绩效提供依据。

4.内部环境

对岗位所处的内部环境进行详细的描述和分析，包括组织结构、人员构成、管理制度、文化氛围等方面。通过分析内部环境，可以了解该岗位所处的组织文化和管理模式，为制定管理策略提供依据。

5.外部环境

对岗位所处的外部环境进行详细的描述和分析，包括产业环境、市场环境、政策环境、竞争环境等方面。通过分析外部环境，可以了解该岗位所处的市场竞争情况和发展趋势，为制定战略决策提供依据。

以上就是岗位环境分析的主要内容，通过对各方面的分析和评估，可以全面了解岗位的特点和要求，为有效管理和运营提供依据和支持。为了收集这些用于岗位分析的信息，一般采用访谈法、问卷调查法、观察法、关键事件法、见习日志法等。

（二）岗位环境分析的方法

1.访谈法

岗位环境分析是为了更好地了解一个岗位所处的环境和所需要具备的技能、经验等要求，以便更好地招聘和培养人才。其中，访谈法是一种常用的岗位环境分析方法。

访谈法是通过与相关岗位的员工进行交谈，了解他们的工作职责、工作内容、工作环境等方面的信息，来更好地了解该岗位的具体情况。具体而言，访谈法可以通过以下步骤来实施：

（1）确定访谈对象：根据需要分析的岗位类型，选择相关的员工作为访谈对象，通常选择在该岗位工作时间较长、工作表现较好的员工。

（2）制订访谈计划：制订访谈的时间、地点、方式等，以及列出需要了解的问题清单，保证访谈的全面性和有针对性。

（3）进行访谈：在访谈中，应当注意询问开放性问题，让员工自由发言，同时可以适当引导员工关注访谈的重点和目的。

（4）分析访谈结果：根据访谈的结果，对该岗位的工作职责、工作内容、工作环境等方面进行分析，以便更好地了解该岗位的具体情况。

综上所述，访谈法是一种常用的岗位环境分析方法，通过与相关岗位的员工进行交谈，了解他们的工作职责、工作内容、工作环境等方面的信息，来更好地了解该岗位的具体情况。

2.问卷调查法

岗位环境分析是评估职位环境的过程。选择合适的方法进行岗位环境分析是非常重要的。其中一种常用的方法是问卷调查法。

问卷调查法是通过向员工、管理层和其他相关方面发送调查问卷，以了解他们对职位环境的看法、感受和经验。以下是该方法的具体步骤：

（1）设计调查问卷：设计一份包含有关职位环境的问题的问卷。问题应该覆盖与职位环境相关的各个方面，如工作条件、工作负担、工作内容等。

（2）选择受访者：选择受访者，他们应该有足够的经验和知识，可以提供有用的反馈。除了员工和管理层，还可以向客户或供应商发送问卷。

（3）发送问卷：将设计好的问卷发送给受访者。问卷可以通过电子邮件、在线调查网站或纸质邮寄的方式发送。

（4）收集和分析数据：收集完问卷后，对数据进行分析。这将提供有关职位环境的信息，以便进行改进和调整。

问卷调查法是一种可靠的方法，因为它可以提供来自不同方面的反馈。这使它成为评估职位环境的重要工具之一。

3.观察法

观察法是通过直接观察岗位周围的环境来了解该岗位所处环境的特点，从而对该岗位的工作内容、工作方式等做出合理分析。具体方法如下：

（1）观察岗位的周围环境：包括岗位所处的地理位置、周边的人流、车流等情况。

（2）观察岗位的设施：包括岗位内外的设施、器材、物品等。

（3）观察岗位的工作内容：包括岗位的工作内容、工作方式、工作强度等。

（4）观察岗位的工作条件：包括岗位的工作时间、休息时间、工作环境等。

4.关键事件法

关键事件法是一种评估员工绩效的方法，旨在通过邀请岗位工作人员或其他有关人员描述能反映其绩效好坏的"关键事件"，从而对岗位工作进行全面评估。以下是关键事件描述的要点。

（1）描述关键事件的步骤。①确定关键事件的时间段：关键事件应该是在过去一段时间内发生的，时间段应该明确并且易于回忆；②确定与工作任务相关的关键事件：关键事件应该与工作任务有关，并对其产生显著的影响。这些事件可以是成功的，也可以是失败的；③描述事件的具体情况：在描述事件时，应该提供尽可能详细的信息，包括事件的背景、原因、结果以及员工在其中扮演的角色；④归纳分类：将事件按照一定的分类方式进行归纳，以便更好地理解员工的工作表现。

（2）关键事件的描述内容。①事件的背景：描述事件发生的时间、地点、相关人员等基本情况；②事件的原因：描述事件发生的原因，可以包括员工的行为、外部因素、公司政策等；③事件的结果：描述事件的结果，包括好的或坏的结果，以及员工如何应对；④员工的角色：描述员工在事件中所扮演的角色，以及员工的行为是否符合公司的期望。

5.见习日志法

在职场中，我们通常需要记录自己的工作内容和进展情况，以便更好地了解自己的工作状况和进步情况。而对于大学生来说，更需要一个有效的方式来记录自己的工作内容，以便更好地了解自己的岗位工作内容和进步情况。见习日志法便是一种非常有效的记录见习日志或者工作笔记的方式。

见习日志法是一种记录自己工作内容和进展情况的方式，可以是笔记、电子文档或者其他形式。通过记录自己的工作内容，可以更清晰地了解岗位的工作内容，帮助自己更好地适应岗位要求。

见习日志法的实践方法包括以下四个方面：

（1）确定日志记录的内容。在实践见习日志法前，需要明确记录的内容，包括工作内容、进度、心得体会等。这些内容可以根据个人需要和岗位要求进行调整。

（2）确定日志记录的形式。日志记录的形式可以是笔记、电子文档或者其他形式，需要根据自己的习惯和工作环境进行调整。

（3）确定日志记录的时间。日志记录的时间可以是每日、每周、每月等，需要根据自己的工作情况和个人需要进行调整。一般来说，每日记录可以更及时地了解自己的工作进度和状态，每周记录可以更好地总结自己的工作成果和不足，每月记录可以更好地了解自己的工作方向和目标。

（4）确定日志记录的方式。日志记录的方式可以是文字、图片、视频或者其他形式，需要根据自己的习惯和工作环境进行调整。一般来说，文字记录可以更清晰地表达自己的工作内容和心得体会，图片和视频记录可以更好地展示自己的工作成果和经验。

第四节　职业探索理论方法

一、职业探索的理论研究

自 20 世纪 60 年代初期开始，职业探索理论的视角发生了改变，由原本仅仅被视作与外部环境探索有关的观点演变成为在职业生涯管理理论中广泛出现的概念，并受到研究者们以多种不同的视角解读和解释。

第一种观点是源自职业选择和社会学习的相关理论，即职业探索。职业探索被视为个人在职业选择和决策过程中进行外部信息获取和验证的行为，并将其作为解决职业问题的方式。正如克朗伯兹所提出的，职业探索是一种收集有关专业技能、工作性质和环境的信息以降低职业选择的不确定性的行为。

第二种观点是源自职业决策的相关理论，认为职业探索是职业决策的关键步骤，包含确定、评估可能性以及搜集信息的行动。盖拉特等人认为，职业探索是重要的，需要利用多种探索活动来了解自身兴趣、能力和职业世界，以实现与工作的平衡统一。

第三种观点是源自职业发展的阶段理论，认为职业探索是一个十分重要的成长期，从14~24岁，个体过程中要完成形成、特别化以及实施选择的职业任务。生涯发展理论从宏观角度探究构建职业，并将它视为演变、回环和重复的步骤，既处于宏观的循环，也处于每个循环的微环境之中。根据金斯伯格的观点，在职业探索的阶段，个体的职业选择尚处于模糊状态，而在能力期，便有可能认清其工作能力与职业的关系。舒伯等人将职业发展划分为五个阶段：成长期、探索期、建立期、维持期和衰退期，其中职业探索是其中的一个重要步骤，是个体有目的地、有意识地不断加强对自身和外部环境的认知与了解的行为活动。在此阶段，尽管职业目标尚未确定，但是职业选择的范围正在变得越来越窄。时间上，职业探索可以分为实验期、过渡期和尝试期。实验期，个体会考虑自身的兴趣、能力、职业社会价值以及就业机会，进行择业尝试，常采用讨论、工种、选课等方式进行实践。过渡期，青年们正式进入劳动力市场、或是进入培训机构，努力完善自身对职业的认知。而尝试期，个体已经选定了一项适合自身特质的工作，开始从事并将其视作自己的终身事业。

第四种观点是将职业探索视为一个终生的过程，贯穿于职业学习和发展的整个周期。

通过这四种不同的观点和内涵的界定，可以清晰地展示出职业探索概念的演变历程，而且二者之间也是互补的。

学者普遍认为，职业探索是一个复杂的心理过程，它包括寻求信息、认识自我以及了解社会环境，期望实现职业目标。这种探索活动涉及个体在外部和内部动机的驱使下，对过去和当前的经历进行解释和重构，并将其延伸到未来的一系列认知与情感活动。和普通探索活动不同，职业探索的目的是实现职业目标。

二、职业探索的主要任务

（一）职业描述

在职业探索过程中，了解职业的特点和要求是非常重要的。职业描述是一种介绍职业的文本，可以帮助你更好地了解职业的工作内容、工作环境、工作要求等方面的信息。以下是职业描述的主要任务。

1.描述工作内容

职业描述要介绍职业的具体工作内容，包括工作的主要任务、工作的具体流程和操作方式等。这可以帮助你了解职业的具体工作内容，判断自己是否适合从事这个职业。

2.描述工作环境

职业描述也应该介绍职业的工作环境，包括工作场所、工作时间、工作压力等方面的信息。这可以帮助你了解职业的工作环境是否符合自己的期望和能力。

3.描述工作要求

职业描述还应该介绍职业的工作要求，包括对学历、工作经验、技能和能力等方面的要求。这可以帮助你了解自己是否符合从事这个职业的要求，以及有哪些方面需要提升。

总之，职业描述是职业探索过程中非常重要的一个环节，通过深入了解职业的特点和要求，可以选择更适合自己的职业，为未来的职业发展打下坚实的基础。

（二）职业的核心工作内容

职业的核心工作内容指的是该职业中最重要、最基本的工作内容。例如，医生的核心工作内容是诊断和治疗病人；教师的核心工作内容是教授知识和引导学生发展。

了解职业的核心工作内容有以下三个好处：

（1）帮助你了解职业是否适合自己。如果职业的核心工作内容与自己的兴趣、能力和价值观不符合，那么这个职业可能不适合自己。

（2）帮助你了解职业的职责和要求。了解职业的核心工作内容可以帮助你了解该职业的职责和要求，从而更好地准备自己。

（3）帮助你了解职业的发展方向。职业的核心工作内容通常是该职业的基础，了解核心工作内容可以帮助你了解该职业的发展方向。

（三）职业的发展前景及其对社会和生活的影响、作用

职业探索是指通过对自己的认识、对职业的了解和探索，确定适合自己的职业方向和发展目标的过程。职业探索的主要任务是了解不同职业的发展前景，以及这些职业对社会和生活的影响和作用。

（1）职业探索需要了解不同职业的发展前景。随着社会的发展和进步，不同职业的需求和市场情况也不断变化。因此，了解职业的发展前景可以帮助我们做出正确的职业选择，避免进入一个没有发展前途的职业领域。此外，了解职业的发展前景也可以帮助我们规划职业发展的方向和目标，从而更好地实现个人职业发展和成长。

（2）职业探索需要了解不同职业对社会和生活的影响和作用。职业是社会分工的体现，不同职业所承担的责任和作用也不同。因此，了解不同职业对社会和生活的影响和作用可以帮助我们更好地认识职业的重要性和意义，从而更加珍惜自己的职业，并为社会和他人做出更多的贡献。

总之，职业探索是一个非常重要的过程，它可以帮助我们找到适合自己的职业，实现个人职业发展和成长，同时可以让我们更好地认识职业的重要性和意义，为社会和他人做出更多的贡献。因此，我们应该积极地进行职业探索，从而找到适合自己的职业方向和发展目标。

（四）薪资待遇及潜在收入空间

在职业探索的过程中，薪资待遇和潜在收入空间是非常重要的考虑因素。无论是选择一个新职位还是决定要在当前职业中发展，了解薪资待遇和潜在的收入空间是非常重要的。

（1）薪资待遇是一个人在职业中获得的实际收入。这包括基本工资、奖金、津贴等。对于许多人来说，薪资待遇是选择一个职业的决定性因素之一。因此，在职业探索的过程中，了解不同职业的薪资待遇是非常重要的。

（2）潜在的收入空间是指一个人在职业中可能获得的未来收入增长。这可以通过升职、工作经验和技能的提高以及行业和市场的变化来实现。因此，潜在收入空间是一个人在职业中获得长期财务成功的重要因素。在职业探索的过

程中，了解不同职业的潜在收入空间也是非常重要的。

除了薪资待遇和潜在收入空间外，职业探索的其他重要考虑因素还包括个人兴趣、工作环境、工作内容、职业发展机会、工作稳定性等。在选择一个职业时，所有这些因素都应该被考虑到。

在探索薪资待遇时，还需要考虑地区和行业的差异。同样的职位在不同地区或不同行业中的薪资待遇可能会有所不同。因此，在考虑职业时，需要考虑到这些因素。

此外，潜在收入空间也受到行业和市场的影响。一些职业在未来几年内可能会有更高的需求和更高的薪资待遇。因此，在职业探索的过程中，了解行业和市场的变化也是非常重要的。

（五）岗位设置及不同行业、企业间的差别

岗位设置是指企业在组织中设立的各种职位，不同职位之间的职责、待遇、晋升等方面都存在一定的差别。在职业探索中，需要了解不同岗位的职责和要求，以及该岗位的晋升路径和薪资待遇等信息。这样可以更好地了解自己的职业目标，为未来的职业规划做好准备。

另外，不同行业、企业间也存在着差别。不同行业的企业在组织结构、企业文化、发展前景等方面都存在一定的差别。在职业探索中，需要了解自己感兴趣的行业、企业的特点和发展趋势，以便更好地根据自己的兴趣和能力做出职业选择。

（六）入门岗位及其职业发展通路

职业探索是每个人都需要面对的重要任务。在职业探索过程中，了解入门岗位及其职业发展通路是一个关键步骤。

入门岗位是指一个行业或领域中最基础、最初级的职位。通常，入门岗位不要求太高的学历和经验，但是可以提供学习和锻炼的机会。

例如，在IT行业中，入门岗位可能是软件开发或测试工程师；在医疗行业中，入门岗位可能是护士或实习医生；在金融行业中，入门岗位可能是客户服

务或数据分析等。

了解入门岗位的职业发展通路可以帮助你更好地规划自己的职业生涯。以下是一些通用的职业发展通路：

（1）纵向发展。在同一领域或公司内，通过升职、晋级等方式提升自己的职位和薪资。比如，软件开发工程师可以晋升为技术主管或项目经理。

（2）横向发展。在同一领域或公司内，通过转岗，学习新技能，拓展自己的职业领域。比如，软件开发工程师可以转岗为产品经理或数据分析师。

（3）跨领域发展。在不同领域或公司间，通过学习新的技能和知识，拓展自己的职业领域。比如，金融行业的客户服务人员可以通过学习数据分析和市场营销知识，转岗到互联网公司从事市场营销工作。

（七）职业标杆人物

在职业探索的过程中，了解职业标杆人物可以为我们提供更多的职业发展参考和启发。职业标杆人物是指在某一领域内具有杰出成就和影响力的人物，他们的职业经历和成功经验可以为我们提供宝贵的借鉴和启示。以下是了解职业标杆人物的一些方法：

（1）选择感兴趣的领域或职业，了解该领域或职业的职业标杆人物。可以通过搜索引擎、社交媒体、专业网站等途径获取相关信息。

（2）阅读职业标杆人物的传记或自传，了解他们的职业生涯、成功经验、挑战和教训等。可以从中学习到职业发展的方法和技巧。

（3）参加相关的职业讲座、研讨会或活动，与职业标杆人物面对面交流，听取他们的经验分享和建议。

通过了解职业标杆人物，我们可以更好地认识自己，明确职业目标和发展方向，提高职业竞争力和个人成长。希望以上方法能够为您的职业探索提供帮助和启示。

（八）职业的典型一天

职业探索是一个人在职业发展过程中必须要进行的重要任务。它可以帮助你更好地了解自己的职业兴趣、优势和目标，从而制定更明确的职业规划和发展计划。其中一个重要的方面就是了解不同职业的工作内容和工作环境，今天我们就来看看职业的典型一天。

那么，职业的典型一天具体是什么样子的呢？以某公司的销售代表为例，他们的典型一天可能包括以下五个方面：

（1）早上。上班前进行必要的准备工作，如检查邮件、整理工作计划等。到达公司后，与同事们开会讨论当天的工作重点和策略。

（2）上午。拜访客户，了解客户需求，提供产品和服务方案，促成销售。其间需要进行沟通、谈判和销售技巧的运用等。

（3）中午。午餐时间可以与同事们一起聚餐或者独自解决。这段时间也可以用来回复邮件，安排下午的工作。

（4）下午。继续拜访客户或者进行销售跟进、报价等相关工作。也许需要赶去不同的地点，所以需要合理安排时间和行程。

（5）晚上。回到公司进行当天工作的总结和反思，准备第二天的工作计划。下班后可以参加公司组织的活动或者与同事们聚餐。

以上就是销售代表的典型一天。当然，不同职业的典型一天各有不同，可以根据自己的职业兴趣和优势选择适合自己的职业。通过了解职业的典型一天，可以更好地了解职业的工作内容和工作环境，从而更好地做好职业规划和发展计划。

（九）职业通用素质要求及入门具体能力

在职业探索的过程中，我们需要了解职业的通用素质要求和入门具体能力，这有助于我们更好地选择和进入适合自己的职业。

入门具体能力是指在进入某个职业时需要具备的基本技能和知识。以下是几个职业的入门具体能力要求：

1.软件工程师

熟练掌握至少一门编程语言。

熟悉软件工程的基本原理和流程。

具备基本的算法和数据结构知识。

能够理解和编写技术文档。

具备团队协作和沟通能力。

2.市场营销专员

具备市场调研和分析能力。

熟悉市场营销的基本原理和方法。

具备撰写市场营销文案的能力。

能够独立策划和执行市场推广活动。

具备团队协作和沟通能力。

3.医生

具备扎实的医学知识和技能。

能够独立诊断和治疗常见疾病。

具备基本的医疗卫生管理知识。

能够与患者和家属建立良好的沟通和关系。

具备团队协作和沟通能力。

以上是一些职业的通用素质要求和入门具体能力要求。在职业探索的过程中，我们应该根据自己的兴趣和优势选择适合自己的职业，并努力培养和提升自己所需要的素质和能力。

（十）工作与思维方式及对个人的内在要求

工作方式和思维方式是决定你能否做好做精工作的保障。一些职业对个人的内在素质要求很高，比如态度等，这些是判断你是否适合职业，以及是否喜欢这份工作的核心标准。从内在出发来审视是科学的，因为职业是客观的，只有选择了职业才会有是否愿意承担、适合做的疑问，所以在考虑职业的各方面之后，最后一步就是看它对个人内在素质的要求。岗位描述中的资格也会有对其内在素质的要求，以及行业中普遍认可的个人素质，还要考虑不同行业、不同类型企业的差异。

三、职业探索的方法

职业生涯规划是一个需要持续探究和实践的过程。在进行自我探索之后，外界世界，尤其是职业世界的探究和弄清楚就显得尤为重要了。只有有效地了解职业环境，职业生涯规划才能够最终落到实处。探索职业世界的办法有很多，除了利用书本、报刊、网络媒体外，还可以通过实习、生涯人物访谈等形式来进行。探索的对象不只是宏观社会环境，还包括中观的行业环境和微观的岗位环境。而且，同学们还可以通过家庭成员和亲朋好友所从事的职业来了解职业世界。

（一）形成自己预期的职业库

在选择职业的过程中，了解自己的兴趣、能力和价值观是非常重要的。通过分析这些因素，可以形成自己的职业库，使职业选择更加有针对性和明确。

以下是建立职业库的几个步骤：

1. 自我评估

首先，需要对自己进行全面的评估。可以从以下几个方面入手：

（1）兴趣：你对哪些领域感兴趣？在哪些方面展现出了热情？

（2）能力：你擅长哪些技能？你具备哪些专业技能和知识？

（3）价值观：你看重哪些价值观念？哪些职业符合你的价值观？

2. 职业研究

接下来，需要对职业进行研究，了解每个职业的工作内容、薪资水平、职业前景等。这可以通过以下途径实现：

（1）职业指南。在网上或书店里找到相关的职业指南，了解各种职业的详细信息。

（2）网络资源。利用网络资源，了解职业市场的趋势和变化。

（3）人际关系。与从事该职业的人交流，了解职业的内部情况。

3. 形成职业库

在完成自我评估和职业研究后，可以将适合自己的职业列入职业库。在列入职业库时，需要考虑以下几个方面：

（1）职业的兴趣度：是否符合自己的兴趣？

（2）职业的能力要求：是否符合自己的能力和技能？

（3）职业的价值观：是否符合自己的价值观念？

4. 不断完善

职业库是一个动态的过程，需要随着个人成长和职业市场的变化不断完善和调整。因此，需要定期更新职业库，以保证职业选择的准确性和实用性。

通过以上几个步骤，可以帮助你形成自己的职业库，为未来的职业选择提供有力的支持和指导。

（二）用职业分类的方法帮助探索工作世界

工作世界是一个庞大而复杂的系统，有数以千计的职业和行业。为了更好地了解这个系统，我们可以使用职业分类的方法。职业分类是将职业按照其特征和属性进行分组和归类的过程。以下是一些常见的职业分类方法：

1. 行业分类

行业分类是将职业按其所属的行业进行分组和归类的过程。行业分类通常按照国际标准行业分类（ISIC）或行业代码进行分类。例如，金融行业包括银行、证券、保险等职业。

2. 职业群组

职业群组是将职业按其所需的技能和知识进行分组和归类的过程。例如，医疗保健职业群组包括医生、护士、药剂师等职业。

3. 职业类型

职业类型是将职业按其一般性质和本质性质进行分组和归类的过程。例如，销售职业类型包括零售销售员、批发销售员、销售经理等职业。

使用职业分类的方法可以帮助我们更好地了解工作世界，包括了解不同职业的性质、技能和知识要求以及就业前景。此外，了解职业分类还可以帮助我们更好地规划自己的职业发展，选择适合自己的职业和行业。

（三）由近至远的探索方法

所谓近和远，是指信息与探索者的距离差异。近的消息相对丰富，远的消息内容更为深入；获取近的信息较容易，而远的信息则需要更多的付出和与环境的交互才能完全理解。因此，从近至远的探索是一个持续进行的过程，收获的信息范围会逐渐精细，了解也会加深。

（四）生涯人物访谈

生涯人物访谈法是一种通过访问成功人士来了解他们的职业历程、成功经验和困难解决方法的方法。通过与成功人士的交流，你可以了解到他们在职业生涯中的成长过程，他们如何攻克难关、取得成功，并从中汲取灵感和启示。

生涯人物访谈法的步骤如下：

（1）找到你感兴趣的领域中的成功人士，可以是你所在企业的领导、行业专家或其他领域的成功人士。

（2）与成功人士预约访谈时间和地点，并准备好问题清单。

（3）在访谈中，注意聆听并记录成功人士的回答，及时提出问题并寻求进一步解释。

（4）访谈结束后，整理笔记并进行反思，找到自己可以借鉴的经验和启示。

通过生涯人物访谈法，你可以了解到成功人士的职业历程和成功经验，同时可以借此机会建立起自己的人脉，为自己的职业发展打下坚实的基础。

第六章　大学生生涯决策基础理论

第一节　生涯决策理论概述

一、社会学习理论

【案例】

　　小崔，数据科学与大数据技术专业学生。上了大学后，她发现，上大学和上中学在学习方式上截然不同。上中学的时候，所有的事情都是教师亲自布置的，而高校则比较重视自学，但小崔不知该学些啥，没有找到研究的办法，也无学习动机，致使她学习成绩不理想，甚至"挂科"现象时有发生，使她深受其害，对学习越来越反感。后来，偶然有一次机会，小崔参加了一次学术论坛讲座，在讲座上，她接触到了许多优秀的学长，并了解到自己的专业在当今的互联网时代非常热门，在人工智能、工业机器人、无人机、智能家居等方面都有很多的应用。小崔虚心听取学长们的建议，逐渐掌握了学习方法和技巧，有了正确的学习方法后，学习起来很有动力，她的成绩也开始上升，还参加了学院举办的"蓝桥杯""智能车"等多项竞赛，取得了优异的成绩，让她变得更加自信，对自己的专业也越来越感兴趣。

　　总的来说，根据社会学习理论，个人兴趣和价值观等都是学习的产物。但是，如果个人的学习经历不足或不当，就可能导致形成错误的推理、唯一的比较标准、夸大式的悲惨情绪等问题，最终影响生涯的正常发展。

　　从社会学习理论的角度来讲，个人的兴趣、价值观念等均有其影响，但是，如果个人的学习经历不足或者不当，就可能会出现错误的推理、唯一的比较标准、夸大式的悲惨情绪等问题，最终会影响生涯的发展。

20世纪70年代，美国著名心理学家班杜拉提出了社会学习理论。作为新行为主义的主要代表人物之一，班杜拉的社会学习理论以行为主义、强化理论和认知信息加工理论为基础。在一个认知心理学和人本主义心理学并存的时代，这个理论拥有独特的影响力，涵盖了实验心理学、社会心理学、临床心理治疗以及教育、管理、大众传播等多个社会生活领域。

克朗伯兹把班杜拉的社会学习理论引入生涯辅导领域，以此来讨论影响个人做出决定的因素，并设计了一些辅导方案，帮助人们增进决策能力。按照克朗伯兹的观点，个人的社会程度取决于他们对他人行为的学习和仿效，同时会影响他们的职业选择方向。

（一）影响职业决策的四个因素

（1）遗传因素和特殊能力：我们的基因和特殊能力会影响我们在某些领域的天赋和优势。例如，有些人天生就很善于逻辑思考，这可能使他们更适合从事科学或技术领域的工作。这些因素可能会影响我们的职业决策，因为我们可能会选择一个与我们的优势相符的职业。

（2）环境因素和事件：我们所处的环境和经历过的事件也会影响我们的职业选择。例如，我们可能在成长过程中受到特定的社会或文化影响，这可能会影响我们对某些职业的看法。我们也可能经历过某些事件，如面试失败或工作受挫，这可能会影响我们对一些职业的兴趣和信心。

（3）学习经验：每个人独特的学习经验在决定其生涯路径时起到非常重要的作用。克朗伯兹社会学习理论提出了两种学习类型：一是工具式学习经验。出色的生涯规划、发展和职业表现所需的技能都可以通过不断积累的工具式学习经验而获得。二是联结式学习经验。我们对于职业的刻板化印象，如"公务员岗位都很清闲""中小企业的薪酬都是没有保障的"等，都是通过这种联结式学习的经验而习得。

（4）工作取向的技能：工作取向的技能是指我们喜欢和擅长的工作类型。

例如，有些人喜欢处理数字，而另一些人喜欢跟人打交道。这些技能也会影响我们的职业选择。

上述四个因素之间的相互作用是非常复杂和微妙的，一般很难将个人的某个信念认定为是某些因素相互作用形成的，其中各个因素的作用如何也难以判定。

（二）各种影响因素之间交互作用的结果

克朗伯兹认为，在个人发展的过程中，上述四个因素会不断交织，推动形成对自我的推理、对世界的推理、工作技能及行为，从而影响一个人的学习经历、期望以及行动。个人的兴趣、价值观等都是学习过程中的结果。如果个人学习经历不足或者不当，可能会导致出现错误的推理、单一的比较标准、夸张的灾难情绪等问题，这些问题会影响生涯发展。

因此，克朗伯兹特别强调丰富而适当的学习经验的重要性。有关这四种因素交互作用的结果，一般有以下三种：

1.自我观察推论

自我观察推论指的是个人对自身的评价。以过往学习经验为基准，参照自己之前的成果、其他人的表现及态度等，进而判断自己的表现。克朗伯兹指出，心理学家通过量表测量的内容，包括兴趣、价值观等，均属于自我观察推论的范畴。自我观察推论中最重要的内容是"爱好"，如喜欢科研而不喜欢营销，或者热衷与人交往而不爱孤独等，这些爱好是生涯决定中重要的衡量标准。

2.世界观的推论

世界观的推论指的是个人对所处环境的观察，以及对未来可能出现的职业世界的预测。就像自我观察推论一样，世界观的推论也是基于学习经验之上的，它具有一定的主观性，不一定完全准确，这取决于个人的学习经验是否丰富。

3.任务取向的技能与生涯决定

任务取向的技能指的是，个人通过学习获得的各种认知和表现能力，这些能力与个人的职业发展经历有关，能够在职业规划过程中得到应用。工作习惯、情绪反应、思维过程、解决问题的能力等技能可以帮助个人适应环境，更好地去解读自我观察推论和世界观推论之间的联系，从而有效地预测未来。

（三）职业决策的步骤

1977年，美国心理学家克朗伯兹提出了一个行之有效的职业决策模式，该模式分为七个步骤，帮助人们进行职业决策。以下是这七个步骤。

（1）对自己的需求和限制进行界定：在做出任何决策之前，你需要了解自己的需求和限制。这包括你的技能、兴趣爱好、价值观、经验、教育和专业经验等。

（2）制订行动计划：一旦你了解了自己的需求和限制，就需要制订一个行动计划。这个计划应该包括你的职业目标、所需的技能和培训、时间表等。

（3）清晰定义价值：你需要确定你所重视的价值观，以便在做出职业决策时将其纳入考虑。这些价值观可能包括家庭、健康、社交关系、职业成就等。

（4）搜索可能的选择：一旦你明确了你的需求、限制和价值观，你需要开始搜索可能的职业选择。这可以包括向朋友、家人和职业顾问寻求建议或在招聘网站上查找相关职位。

（5）评估各种可能的选择：一旦你找到了一些潜在的职业选择，你需要评估每个选择的优缺点。这些评估标准可能包括薪资、工作条件、工作内容、工作地点等。

（6）系统地淘汰：你需要对可能的职业选择进行筛选，将其缩小到一到两个最好的选择。这可以通过将每个职业选择与你的需求和限制进行对比，以及与你的价值观相符合程度等方面进行评估。

（7）开始行动：你需要采取行动并开始执行你的职业计划。这可能包括申请工作、参加面试、接受培训、规划职业发展等。

这七个步骤可以帮助你进行有效的职业决策，确保你选择了最适合你的职业道路。

二、认知信息加工理论

20世纪70年代初，认知信息加工理论由美国心理学家G.彼得森、J.桑普森、R.里尔登和J.伦兹于美国佛罗里达州立大学创立，后经历了多次修订。该理论在生涯辅导创始人F.帕森斯的生涯决策三步模型的基础上，结合了生涯决策相关理论以及认知心理学中认知信息加工理论，旨在帮助人们发展认知信息加工能力，成为有效的生涯问题解决者和生涯决策者。

从图6-1可见，认知信息加工理论的精髓是将生涯决策所需的全部信息加工能力构建为一个认知信息加工金字塔，这个金字塔由3个层次组成，包括位于金字塔底端的知识领域，处于中间的决策技能领域和位于顶端的执行加工领域。

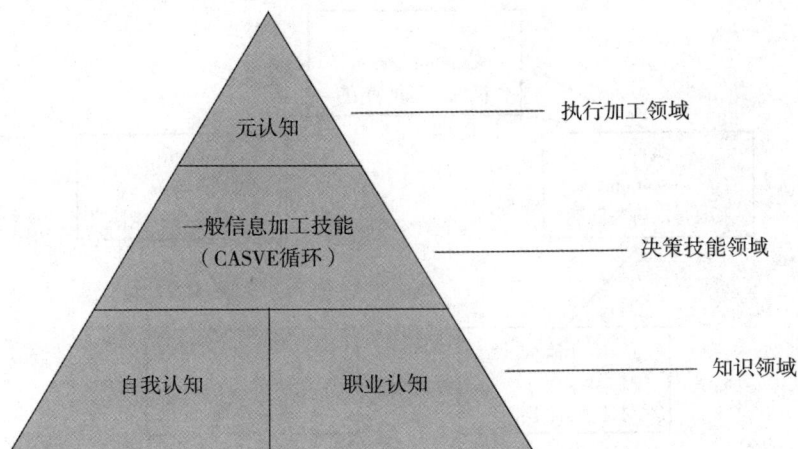

图6-1 认知信息加工金字塔模型

（一）认知信息加工金字塔模型

认知信息加工金字塔模型是一个职业生涯选择的综合模型，涵盖了各个细节和方面。这个模型从塔底开始，包含自我认知和职业认知。在这个阶段，个人需要了解自己的兴趣、价值和技能，以及职业领域的基本知识和要求。

在自我认知和职业认知的基础上，职业生涯选择需要掌握决策技能领域。这个领域包含五个阶段：沟通、分析、综合、评估和执行。沟通能力是一个重要的职业技能，能够帮助个人与他人有效地交流和协作。分析和综合能力是帮助个人理解和解决问题的关键。评估能力能够帮助个人了解自己的职业优势和劣势，以及职业市场的需求。执行能力是将决策付诸实践的能力。

最上层的部分称为执行加工领域，也被称为元认知。这个领域涉及个人的自我监控、自我适应和自我管理能力。在这个领域，个人需要了解自己的职业目标和职业发展路径，并且制订可行的计划和策略来实现这些目标。

（二）CASVE循环

如图6-2所示，CASVE循环是一种职业生涯规划的决策技术，在认知信息加工金字塔模型中的第二层，即决策技能领域对应的"一般信息加工技能"。

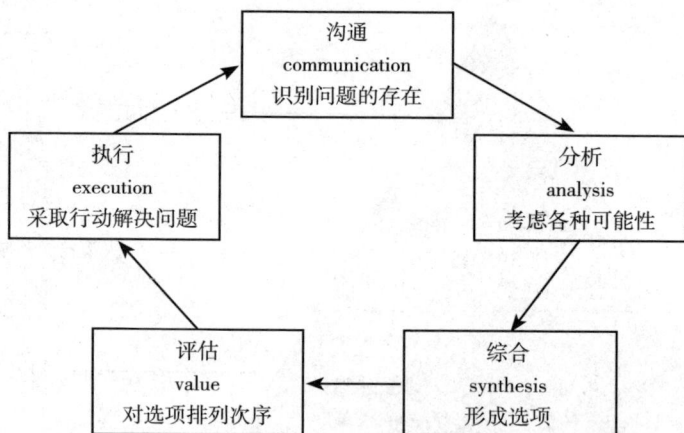

图6-2　CASVE循环模型

该模型强调职业生涯咨询是一个持续不断的学习过程；认知信息加工金字塔模型为生涯咨询师提供了一个理论框架，以便协助来询者；五阶段循环模型则是一种决策模式，有助于培养来询者解决问题的能力；最终，获得生涯决策能力可以被看作一种学习策略。

CASVE循环包含五个阶段，见表6-1：

表6-1　CASVE 循环

阶段	任务	具体内容
沟通	确认需求	个人开始意识到问题的存在，以至于需要考虑出具体的措施：从情绪上（如焦虑、厌烦、倦怠、失望和不满）、身体上（头疼、职业病痛、提不起精神）以及外界的反馈（父母、朋友、同学等对自己职业的评价和询问），都可以让自己意识到问题的存在。仔细观察和思考，会发现存在着不可忽视的差距，因此需要自身做出一定的选择

续表

阶段	任务	具体内容
分析	将问题的各组成部分相互联系起来	花时间深入观察、思考、分析和研究问题的根源，加强自我反应能力，进行自我知识分析，分析各种选择，不断提升自身知识水平，结合家庭需求和职业选择，最终弄清差距产生缘由。将各种影响因素与职业知识联系起来，比如把自身知识与职业选择结合起来，纳入家庭需要进行职业选择
综合	形成选项	综合前面提供的信息，通过"扩大并缩小选择清单"的步骤，制订解决差距的行动计划，弄清我能做些什么来解决问题。"扩大并缩小选择清单"指的是，首先采取发散思维（比如头脑风暴），尽可能地找出解决差距的方法，深入思考每一种办法，随后缩减有效办法的数量（一般是三到五种选择），以适应大脑的最佳容量
评估	评估选项	要求自己对每一种选择都要评估出它对自己和他人的影响。例如，如果我们在学习成绩中等的情况下仍选择参加娱乐类学生社团，这一选择将会对自己或父母等重要他人造成怎样的影响？要求从对自己和他人的代价和益处两方面进行综合考量，并且考虑物质上和精神上的因素。根据综合阶段得出的结果，对选项进行排序，能够最好消除差距的选项排在第一位，其次是次优的选项，以此类推，最后选出最佳选项，承诺去实施这一选择
执行	策略的实施	依照选择的方案做出行动，把思考转换为行动

CASVE循环是一个多次重复的过程，在实施阶段之后，职业决策者又回到沟通步骤，以确认已经做出的选择是否是最佳的，是否可以有效地缩小理想与现实差距。

用系统的方法执行这五个步骤，能够大大提高工作和学习的效率。

认知信息加工理论是基于解释大脑如何接收、编码、存储并运用信息和知识来处理职业生涯问题和作出职业生涯决策的概念而构建的。它更关注于涉及职业生涯问题解决和职业生涯决策的思考和记忆过程，强调职业生涯问题的解决是一种认知过程。

【小故事】邓亚萍的职业决策

邓亚萍，连续两届奥运会夺得女单、女双冠军，连续8年排名世界第一，是乒乓球史上排名世界第一时间最长的女运动员，她开创了一个属于自己的时代，人称"乒乓女皇"。1998年9月，25岁的她正式宣布退役。当时，人们曾抱有希望，希望她退役后留队任教，将其职业技能传授给女乒小队员，但她没有答应。对于邓亚萍来说，重新规划人生就意味着放弃与重新开始，需要付出比常人更多的努力。

沟通：邓亚萍曾与时任国际奥委会主席萨马兰奇探讨，冠军之外我还能做些什么？下一步我该怎么走？

分析：舍弃乒乓球后我想做什么？生命中比世界冠军更重要的是什么？我自己还欠缺什么？

综合：摆在我面前的选择：做乒乓球教练？退役休息？下海经商？从事社会工作？

评估：该做出什么样的选择？我更希望自己成为国际体育管理型专家，要实现这个目标，我已经具备了体育知识，需要补充文化知识、提升管理能力、进一步提升学历。

执行：我决定攻读清华大学学士学位，之后继续攻读硕士和博士学位，并最终成为国际体育专家。

邓亚萍2002年获英国诺丁汉大学当代中国研究硕士学位；2008年她再次获英国剑桥大学博士学位，在剑桥大学近八百年的历史中，第一个取得这么重要资格的国际顶级选手。从小学毕业到剑桥博士、上至著名乒乓球冠军，下至国际奥委会该项目的专家、上至研究体育问题的专家，下至当今体育产业投资人，邓亚萍都取得了惊人业绩。她深信"没有什么不可能，只要你努力了，就能得到你想要的"。因此，她一步步攀登，矢志不渝，毫不懈怠，不断地获得生命中的新光辉。

第二节 决策风格与决策类型

一、决策类型

做决策是一件艰难的事，也是一件不可回避的事。从清晨起床到晚上入睡，我们都在不断地做出选择：如何安排这一天的时间、穿什么衣服、吃什么食物、读什么书、和谁交往等。当你听到闹钟响起时，你是继续睡还是立刻起床，你就在做出选择了。通常，决定越重要，决策也就越艰难。挑选一双鞋比挑选一份职业要容易得多。在生活中，你也许已经注意到：不同的人有不同的决策方式和类型。丁克里奇（Dinklage，1996）指出，人们往往会采用下列七种决策模式。

在生活中，我们需要做出许多决策。有些人天生就能轻松地做出决策，而另一些人则感到困难。以下是一些常见的决策类型。

（一）痛苦挣扎型

痛苦挣扎型是一种常见的决策类型，通常发生在决策者需要在两种或以上的选择之间做出决策时。这种类型的决策通常是困难和痛苦的，因为决策者需要权衡不同的因素，考虑可能的后果，并且没有一种选择是完全理想的。

在这种情况下，决策者可能会感到非常不安和烦恼，因为他们不确定自己的决策是否正确。他们可能会反复思考、分析和比较不同的选择，以寻求最好的解决方案。这种决策通常需要花费大量的时间和精力。

痛苦挣扎型决策的一个重要特征是，决策者通常会考虑多种因素。这些因素可能包括个人价值观、道德准则、社会影响、经济利益等。因此，这种决策可能会受到个人情感和价值观的影响，而不仅是理性的分析。

当面临痛苦挣扎型决策时，决策者需要尽可能地收集信息和考虑各种可能的后果。他们可能需要寻求他人的帮助和建议，以获得更全面的视角和更好的决策结果。

总之，痛苦挣扎型是一种常见的决策类型，需要决策者花费大量的时间和精力来考虑各种因素并做出最好的决策。这种决策通常受到个人情感和价值观的影响，因此需要决策者尽可能地收集信息并寻求他人的建议和帮助。

（二）冲动型

冲动型的人往往会在没有仔细考虑的情况下做出决策。他们可能会更倾向于选择立即获得的快乐，而不是长期的利益。这种类型的人可能会后悔他们的决定，但也可能会从中学到重要的教训。

（三）直觉型

直觉型是指在做决策时，更多地依靠直觉和感觉，而不是过多地去考虑各种可能性和选择。这种决策类型的人通常更加注重内心的感受和直觉，而且往往会比较自信地做出决策，不太会被各种数据和细节所迷惑。

在生涯规划方面，直觉型的人可能更倾向于选择自己感兴趣的行业和职业，而不是仅仅因为工资高或者前途好。他们更注重自己的兴趣和天赋，而不是被外部环境所左右。当然，这种决策类型也有可能会忽略一些重要的细节和风险，所以在做出决策之前，还需要仔细地分析和考虑。

（四）拖延型

拖延型的人往往会推迟做出决策，直到他们被迫做出选择。他们可能会感到不确定或者无法做出决策，因此会一直拖延。这种类型的人可能会错过重要的机会，或者在最后一刻做出错误的决定。

（五）宿命型

宿命型的人往往相信他们的命运已经被预定，因此他们不需要做出决策。他们可能会认为无论他们做什么，结果都是注定的。这种类型的人可能会失去控制，因为他们认为他们无法改变他们的命运。

（六）顺从型

顺从型的人往往会让别人为他们做出决策。他们可能会依赖别人的建议和意见，而不是依靠自己的判断力。这种类型的人可能会错过发展自己的机会，因为他们没有学会如何做出自己的决策。

（七）瘫痪型

瘫痪型的人往往会感到无法做出决策，因为他们过于担心是否会做出错误的决定。他们可能会感到无助和无能为力，因此会放弃做出任何决策。这种类型的人可能会错失重要的机会，因为他们没有勇气尝试新的事物。

以上是一些常见的决策类型。了解自己的决策类型可以帮助我们更好地做出决策，并且可以帮助我们发展自己的决策能力。

二、生涯与发展决策的影响因素

一个人在做出生涯决策时，除了自己本身，还会受到其他许多方面因素的影响。归纳起来，包括个人因素、家庭因素、职业因素、社会因素四个方面的影响因素。

（一）个人因素

生涯发展的主体是决策者本身，决策者的个人特性会积极影响其生涯决策。影响因素包括生理、心理和教育程度三个方面。生理方面包括性别、年龄、身高、体重以及健康状况等因素；心理方面涉及性格、能力、兴趣、成就动机和价值观等；教育程度则是获得知识和技能的主要渠道，为生涯发展做准备。受教育水平越高，个人就业或升学的机会也就更多，影响一个人的职业选择方向和获得自己喜欢职业的概率。

（二）家庭因素

家庭因素包含家庭生长环境、家人的期望、与家人的关系、家庭经济状况等。

（1）家庭生长环境。每个人出生及成长的环境，都会对其就业机会造成深远的影响。首先，不同的教育方式会导致人们对于世界的理解方式不同；其次，父母的职业是孩子们最早可以观察模仿的榜样，从而影响孩子的职业技能；最后，父母的价值观、态度、行为与人际关系，都会直接或间接地影响孩子的职业选择。因此，在现实社会中，我们经常会见到艺术世家、教育世家、商贾世家等现象。

（2）家人的期望。父母通常会对自己的孩子有着很高的期望，有些甚至是将自己曾未能实现的梦想转移到孩子身上，希望他们能够实现，可是这可能与孩子自己的愿望和兴趣相去甚远。

（3）与家人的关系。每个人都属于家庭，有的与父母关系亲近，在抉择时会考虑到父母的意见。子女与父母关系的亲疏会对他们做出的重大决定产生直接影响。

（4）家庭经济状况。有些学生出身不太富裕，在学校的学习面临财政限制，大多数来源于助学贷款。毕业时需要考虑优先就业，等到家庭经济状况改善了再考虑进修。

（三）职业因素

职业因素包括工作性质、条件、时间安排、福利、升职机会以及人际关系等。随着社会高速发展和科技进步，一些传统职业在渐渐消亡，新的职业也随之出现。当做出职业选择时，我们需要考虑新职业的性质、工作环境、升职机会和福利待遇等因素。

（四）社会因素

社会因素涵盖了经济、文化、习俗、风气等，以及其他人的行为模式。在经济发达的地区，企业比较集中，优质企业也相对较多，个人就有更多的职业选择机会，有利于职业发展；而在经济滞后的地区，个人的职业发展会受到一定的限制。社会文化环境包括教育条件和水平，以及可供使用的文化设施等。如果社会文化环境较差，个人就无法获得良好的教育，这会对未来职业产生不良影响；相反，在良好的社会文化环境中，个人可以受到良好的教育和熏陶，为职业发展起到有益的作用。每个人都有不同的价值观，在社会环境中，都会受到社会主流价值观的影响，大多数人的价值取向受社会主流价值取向的影响。一个人的价值观实际上是社会主流价值观的认可和接受。社会价值观也会影响个人职业选择，朋友、同龄人群的职业价值观、工作态度、行为特征等会不可避免地影响个人对职业的偏好，以及选择从事某一类职业的机会和职业变换的可能性。

如果在思考和做出决定时，尽可能多地考虑内外因素，全面评估影响因素，就可以更有效地选择职业生涯，从而提升未来取得成功的可能性。

三、大学生常见的生涯决策问题

不是所有人都能够轻松地做出职业抉择，有些障碍会使我们的决定难以下定，或者让职业规划变得困难，或者长期陷入职业发展的困境。

这些阻碍因素主要包括以下八个方面。

（一）意志薄弱

个人生涯决策会受到父母或他人影响，因此有时会忽略真正适合自己的选择，或者有少数能确定自己目标的，却因为缺乏毅力或动力而放弃想要发展的方向。此时，需要反思：我的理想是什么？我的生涯目标是否受外界期待影响？真正适合自己发展的方向在哪？哪些因素会影响我作出正确的决定？我该坚持哪些部分？最后，要奋力走自己把握的方向。

（二）行动犹豫

许多人拥有自己的想法和目标，但由于担心、害怕或缺乏信心，却不能付出实际行动。属于这类只想不行动的人，就是"行动犹豫"的一部分。在这种情况下，可以建立自信，或利用一些策略来自我监督，来改善这种状况。

（三）信息探索不足

对当前社会或工作环境的信息缺乏，或不清楚如何获取信息的人，属于"信息探索不足"的类型。这些人应增强信息的收集和理解，因为丰富的信息才能更有效地进行职业决策。

（四）特质表现不佳

对于有主见且态度积极的人来说，在职业发展道路上会比较容易让自己取得进展。然而，一些人性格过于被动，思维缺乏创新，或者不具备规划的习惯，抱持"船到桥头自然直"的观念，长期以来这些特质会不利于他们的职业发展，因而属于"特质表现不佳"的人群。

（五）方向选择未定

对于那些无法明确地决策，以及无法为未来做出预期努力的人，他们受到未来发展方向不明所阻碍，可以称为"方向选择未定"。因此，应当多花些时间，去探索自身的兴趣、能力和社会当下的状况，这样才能够避免做出错误的选择。

（六）专业选择不当

若个人所学的领域与未来的职业相符，就能更有利于进入专业发展领域，然而，由于某些因素，许多大学生没有进入原本期望的专业，归类于"专业选择不当"的人群。他们要先给自己一些时间沉淀，再通过兴趣测验、和师长讨论等其他方式，找到合适的专业，考虑转专业、修读双学位等可能性。

（七）学习状况不佳

在学生生涯中，学习是至关重要的。如果人对环境不满，或学习心态不当，可能会导致学习态度不佳，继而影响未来发展的准备工作，从而成为"学习状况不佳"的一群。这时，就需要观察这种现象背后的原因，以便在认知与行动上做出调整，自然而然地投入学习中，做出正确的决定。

（八）学习困扰高

一些学生由于学习环境或社交状况欠佳，或者存在异性交往问题，造成个人情绪不佳，从而影响其学习效率，形成恶性循环，最终导致无法达到理想的学习成果。这一群人必须重新找到原因，或是调整学习习惯，以免耽误适当的学习时机和决策时机。

每个人的一生可能会被某些因素所阻碍，让自己的发展停滞不前。如果有机会去发现这些因素，那么对于自己未来的决定和发展会有极大的帮助。我们可以问自己七个问题，来找出这些阻碍因素。

（1）在我们个人或学习成长过程中曾经或目前出现过哪些生涯阻碍因素？

（2）哪些因素对目前所学的专业或从事的工作有负面影响？

（3）这些因素存在了多久？

（4）你个人曾想过要改变或克服吗？

（5）若这些因素一直保持下去，未来的蓝图将会如何？

（6）如果你改变了，周围人的看法、感觉将会如何？

（7）他们可能会有哪些反应呢？

通过生涯阻碍因素的探索，可以帮助我们深入了解潜在的职业发展障碍，进而破解自身的瓶颈和困境，正确决策，开创局面。

第三节　生涯决策的准则与方法

一、生涯决策的主要准则

个体在做出生涯抉择的时候，应当遵守四大原则：随大流，爱所爱，长所长，在确保前三条法则得以贯彻的情况下，追求获得最大收益，也就是利以自为。

（一）择世所趋

当个人进行生涯决策时，除了了解当前的社会职业机会外，还要学会预测社会需求将会如何改变职业的发展方向，以免出现不利于长远发展的生涯决定偏差甚至失误。因为，任何职业的兴盛、发展、衰落及消亡，都是由社会需要的变化所引起的。

（二）择己所爱

生涯决策之路，长远考虑的第一步，就是找出自身的兴趣爱好，或者有哪些职业最能吸引你，以此保证能够长久地投入，获得职业带来的成就感和幸福感。研究发现，对于有职业兴趣的人，能够发挥出高达80%~90%的潜力，且能保持高效率工作，不会出现疲劳感；但对于无兴趣的人，只能发挥20%~30%的能力，且容易精疲力尽。显然，只有择己所爱，让职业带来满足感，你的职业生涯才会变得有趣，也才能创造更多价值。因此，择己所爱是决定职业成功的重要准则。

（三）择己所长

在竞争激烈的社会和职场中，职业个体应当从与其他竞争者的对比中发现自身的优势和劣势，然后根据"发挥自己特长，避开自己的软肋"的原则来做出职业规划。在这个过程中，个体应当特别注意优先选择能够发挥自身优势的职业，包括天赋因素、个性特点、专业知识和技能以及特殊经历等。

（四）择己所利

职业是一种谋生的手段，其目的之一在于追求个人价值的实现。在做出生涯决策时，个体需要考虑职业将带来的回报与收益，并朝着获取最大价值的方向努力。明晰的生涯决策在收入、社会地位、成就感和工作付出等变量组成的函数中，尽可能取得最大值。这里所指的利益，不只是薪酬待遇，而是综合考量国家和社会的需求，以及个人的爱好特长、需求和理想，进而得出合理的生涯决策。

二、生涯决策的主要方法

（一）自我剖析：5W 归零法

5W 归零法是从问自己是谁开始，引出五个问题，如果能够成功完成回答，并找到它们的最大共同点，就可以很好地进行决策与规划。这个方法简单易行，尤其适合即将毕业的大学生。

1.基本内涵

（1）What are you？你是谁？反思自己的优缺点。

（2）What do you want？你想做什么？对自己职业发展趋向的检查。

（3）What can you do？你能做什么？对自己能力与潜力的全面总结。

（4）What can support you？环境支持或允许你做什么？环境支持在客观方面包括地域的各种状态，如经济发展、人事政策、企业制度、职业空间等；人为主观方面包括同事关系、领导态度、亲戚关系等。两方面的因素要综合起来看。

（5）What can you be in the end？你最终的目标是什么？列出不利条件最少的、自己想做而且又能够做的职业目标，得出自己最终的职业目标。

以上五个 W 涵盖了目标、定位、条件、距离、计划等诸多问题，只要做出细致的设计并使自身因素和社会条件最大程度地结合，同时控制实施过程，就能让职业生涯规划和决策更具实践意义，更趋利避害。

2. 运用步骤

先准备五张空白的纸张、一支铅笔和一块橡皮，在纸张的上方分别写上以上五个问题。排除其他干扰，仔细思考每一个问题，按顺序独立地认真思考。

对于第一个问题"你是谁"，回答的要点是：面对自己诚实地写出所有想到的答案，确保没有漏掉任何内容，然后根据重要性进行排序。

对于第二个问题"你想做什么"。从孩童时代开始，回顾自己使心向往的、想要去做的事情，将其一一记录下来，然后检查是否有遗漏，当确定没有遗漏时，再认真地排序。

对于第三个问题"你能做什么"。将自己所拥有的实际能力和潜能列出来后，仔细排序，以确保不落任何一项。

对于第四个问题"环境支持或允许你做什么"。当回答问题时，应加以分析：环境因素包括校园、地区、城市、省份、国家以及其他国家，由小到大，要认识到自身可能得到哪些主观和客观支持，这些都应当纳入考虑范围。把它们一一列出来，再依照重要性排列。

如果能够成功回答第五个问题"你最终的目标是什么"，你就有了最后的答案。做法是把前四张纸与第五张纸比较，将内容相同或相近的答案用一条横线连接起来，得出的几条连线中，不与其他连线相交、处于最上面的那条，就是你最应该去做的事情，你的职业生涯应以这条线为方向前进。

在这一方面，设定近期、中期和远期的目标，每三年更新一次。然后在近期的目标中，拆分出今年的目标，更进一步将今年的目标分解为每季度、每月、每周以及每天的目标，按照自己的计划进行反思，总结成就与失败，学习经验，修改目标和方法，然后投入行动！

3.案例分析

小宋的5W

个人简介：小宋，男，计算机专业。进入大四，他还是很难确定自己的职业目标。

就当前的市场来说，计算机技术是非常受欢迎的专业，找一份差不多的工作并不难。然而，行业的高强度工作压力令他有点胆怯。再说，从兴趣来看，他更喜欢教师这个职业。在多角度的矛盾面前，不妨和他一起思考相关的生涯决策和规划策略，来帮助他确定最终的就业方向。

What are you? 这位某高校计算机专业本科毕业生，曾担任学生干部，学业成绩优异，班级排名前三；英语水平满足国家六级标准，计算机能力达到三级；参加学校演讲比赛荣获优胜奖；家庭经济状况一般，父母工作稳定，自身身体健康，暂时无须照顾；性格安静，不是太内向也不是特别积极。

What do you want? 我一直希望能成为一名教师，这是我孩提时代的梦想。另外，也考虑了成为企业的IT专业技术人员。此外，若是出国深造管理学硕士，回国后也可以担任公司的管理工作，也是可以接受的。

What can you do? 做过家教，非常喜欢并且擅长与小朋友们进行交流，对于提升学生成绩的进步有很大的成就感。曾担任学生干部，协助组织过几次大型活动，与同学们相处融洽。在实习期间在公司完成一些开发任务，效果还不错。

What can support you? 亲友推荐我去一家公司做技术开发，GRE考试成绩还可以，正在申请国外大学，但是获得奖学金的可能性很难说。去年学校曾有邀请中小学来校招聘，但不是教师，而是学校的技术维护人员，今年则不知道会不会再次发出招聘教师的邀请。有校友开了一家公司，邀请自己加入，但自己对公司的业务流程不太了解，也不清楚它的发展前景有多大。

What can you be in the end? 最后的选择可能有以下几种：

（1）在一所中小学任教。这是自己的兴趣和理想，在知识和能力上都有准备，可以发挥专业优势，为学生带来前沿知识，有把握成为喜欢的老师。但是没有考取教师资格证，缺乏基本训练及技巧。

（2）在公司从事技术工作。收入也许会更高，但是不够稳定，而且技术发展迅速，需要不断学习，压力大，自信心也不足，成就感较弱。

（3）加入校友的公司，从最基础的层面学习和工作。风险很大，而且与自己稳定的心态不太匹配，也得不到家人的支持。

（4）若能获得奖学金，则出国留学，毕业后回国工作，任职管理或技术人员。但存在不确定因素，自己的把握性也不大，比较被动。

总而言之，从职业发展的角度来看，四种选择都有其合理性，其中，第一种选择最为合适，能够给小宋带来最大的心理满足感，让他在工作中投入得更加彻底，取得更好的成绩，从而感受到更大的成就感。在社会上，教师的地位也在不断上升，也更符合小宋的性格特点。但是，非师范类的学生要进入这一行业，相比较师范生而言，门槛较高，因此，小宋如果要想实现自己的职业理想，就需要努力去弥补与师范生在职业技巧方面的差距，并考取相应的资格证书。

（二）自我选择：决策平衡单

在生涯决策过程中，有时会面临多个不同职业发展方案，如果可以将它们量化，便可以帮助决策者更清晰地定位自己的职业生涯目标。1966年，卡茨提出了职业决策理论，强调主导价值观对职业决策的影响。决策者需要确定自己的价值观，并将它们量化。针对每个选择，决策者需要估算出"回报强度系数"，即满足主观价值需要的可能性。将"回报强度系数"与主观价值相乘，其总和可以表现出每个选择的"回报价值"。将"回报价值"与对应选择的实现概率相乘可以得到"期望效用价值"，因此，决策者应该选择"期望效用价值"最大的那个选择。

1.基本内涵

1977年，美国心理学家詹尼斯和曼首次提出了"决策平衡单"（decision-making balance sheet），这是一种基于卡茨生涯决策理论的简单实用的生涯决策技术，广泛应用于解决问题模式和职业咨询中，用以帮助个体系统分析每一个可能的选项，评估各自的利弊得失，然后按照利弊得失的加权计分排序，以便最终执行最优或最受偏好的选项。

这一技术涵盖了四个方面的主题：自我的收益和损失、他人的收益和损失、自我的肯定与否以及社会的肯定与否。我国台湾地区的职业指导专家金树人将后面两项改成了"自我的精神收益和损失"和"他人的精神收益和损失"，最终构成了以"自我—他人""物质—精神"四个维度为基础的模型（图6-3）。

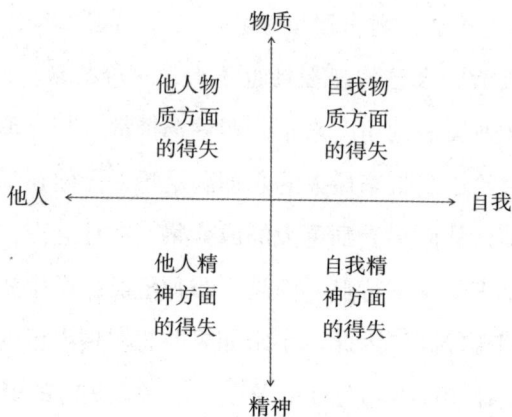

图6-3　生涯决策平衡模型

在这四个维度上细化具体因素，即可形成职业生涯决策平衡单（表6-2）。

生涯决策的平衡单法，可以帮助决策者从四个维度出发，根据自身实际情况构建考虑因素，并对影响程度进行赋值加权，系统分析每一个职业目标选项的情况。最后根据加权后的分数情况，得出各个职业目标选项的优先次序，最终做出决定。

生涯决策的平衡单可参照表6-2，考虑因素可根据实际情况进行调整或重新组合，职业目标选项也可根据实际需求进行调整。

表6-2　生涯决策平衡单

考虑项目		权重	选择一		选择二	
			原始分	加权分	原始分	加权分
个人物质方面的得失	1.收入					
	2.工作的困难					
	3.升迁的机会					
	4.工作环境的安全					
	5.休闲时间					
	6.生活变化					
	7.对健康的影响					
	8.就业机会					
	9.其他（如社会生活的限制或机会、对婚姻状况的要求、工作上接触的人群类型等）					
他人物质方面的得失	1.家庭经济					
	2.家庭地位					
	3.与家人相处的时间					
	4.其他（如家庭可享有的福利）					

续表

考虑项目		权重	选择一		选择二	
			原始分	加权分	原始分	加权分
个人精神方面的得失	1.生活方式的改变					
	2.成就感					
	3.自我实现的程度					
	4.兴趣的满足					
	5.挑战性					
	6.社会声望的提高					
	7.其他（如社会资源）					
他人精神方面的得失	1.父母					
	2.师长					
	3.配偶					
	4.其他					
合计						

2.运用步骤

平衡单有助于将模糊的问题数量化，帮助决策者具体分析每一个备选方案，考虑其利弊得失，择优而选。一般情况下，运用平衡单决策有以下步骤：

（1）建立平衡单。

A.在第一行列出可选的职业选项，一般是有待深入考量的潜在职业选项3~5个。

B.在"考虑项目"一列中，根据个体关注的内容，选择性地填入需要考虑的影响因素。

（2）判断各个选项的利弊得失。

A.对每个影响因素确定其评估权重，从1~5中选择一个整数分配权重，填入表格中权重值一栏。一项因素的重要性越大，它的权重就越高，5为最高权重，表示"非常重要"，3代表"一般"，而1代表"最不重要"。对自我需求和价值观的准确了解，是给出权重的前提。

B.对每个职业选项下属的每个影响因素给出一个原始分，计分范围为-5~+5，其中"+5"表示"考虑因素在该职业选项中得到完全的满足"；0表示"不知道或无法确定"；而"-5"表示"考虑因素完全未能得到满足"。选择一个整数填入表格中相应的位置。

C.对所有选项的全部因素给分完毕后，对分数进行审核，可以进行二次调整和修改。

（3）计算得分。

A.把每个因素的原始分与其权重值相乘所得的分数即为加权分。注意分数有正负分。

B.把每个选项的加权分相加即为该选项的总分。

C.对所有总分进行比较和排序。

（4）选择与反思。

A.确定每个选项的优先级，分数最高者为最优。

B.反思以下问题：

这个结果是否使原来比较模糊的选择变得清晰？

有没有遗漏什么重要的因素？

是否认可这个结果？

如果不太认可这个结果，原因是什么？

是否需要重新调整以上因素的权重？

C.有必要的话，可以再适当调整平衡单，直到认可评估结果。

通过使用决策平衡单，可以清晰地把多种选择进行量化排序，为职业生涯决策提供量上的参考依据。需要注意的是，平衡单内的所有因素和权重设定只适用于个体内的比较，不能对不同决策者进行比较。

3.案例分析

小亮的生涯决策平衡单

小亮是某校大二商务管理专业（专科）学生，已取得计算机一级和大学英语四级证书，正积极备考专升本考试。他担任本班团支书，并参加学生会工作，且积极参加校内比赛及活动，如挑战杯、商务英语大赛等。在自我反省中，小亮确认自身职业兴趣与社会型、企业型职业相匹配，自信、活力满满、工作认真。结合自身认知与环境搜集，小亮采用决策平衡单，针对自身职业目标及两个可能职业，做出决策分析。根据决策平衡单分析结果，小亮将外贸公司人力资源管理、行政职员及市场策划专员三个机会进行计算，其中市场策划专员分数最高，也正契合小亮的职业愿望，见表6-3。

表6-3　生涯决策平衡单

考虑项目		权重	选择一		选择二	
			原始分	加权分	原始分	加权分
个人物质方面的得失	1.收入					
	2.工作的困难					
	3.稳定性					
	4.休闲时间					
	5.对健康的影响					
他人物质方面的得失	1.家庭经济					
	2.家庭地位					
	3.与家人相处的时间					
个人精神方面的得失	1.施展的空间					
	2.长远的生活目标					
	3.自由独立					
他人精神方面的得失	1.父母					
	2.朋友					
	3.老师					
合计						

（三）自我评估：SWOT 分析法

SWOT是由优势、劣势、机会和威胁四个英文单词首字母组成，最初被称为态势分析法，由美国哈佛大学商学院的管理学教授安德鲁在1971年出版的《公司战略概念》中提出，是管理学中企业进行自我分析的工具。SWOT分析是将与研究对象相关的各种主要的内部的优势、劣势、机会和威胁等调查列举出来，排列成矩阵形式，之后用系统分析的思想把各种因素相互匹配并进行分析，最后得出一系列带有决策性的结论，参见表6-4。

表6-4　SWOT矩阵

S.W分析 O.T分析	机会分析	威胁分析
优势分析	优势机会策略S、O	优势威胁策略S、T
劣势分析	劣势机会策略W、O	劣势威胁策略W、T

采用这种方式可以全面、系统且精准地研究个体所处的状况，以此为依据制定出相应的发展策略、方案以及处理办法。SWOT分析法经常被用于规划集团的发展战略以及分析市场的竞争对手状况。戴尔公司在20世纪90年代中期，便利用SWOT分析法做出重大决策，从而一举成为计算机行业的强势竞争者。

【案例】

戴尔公司的SWOT

20世纪90年代中期，戴尔电脑公司利用SWOT分析法制定了一项业务战略，帮助其在行业价值链中占据一席之地。该公司发现其优势在于将计算机直接销售给终端消费者，并且具备设计低成本计算机和其他产品的能力，而缺点则为与各地经销商的关系薄弱。

在当时，戴尔公司面临着来自康柏及IBM公司的压力，这两家公司在品牌和质量声誉上都有一定优势。戴尔公司随后发现了自身的机会：客户的计算机知识不断提升，他们可以在没有戴尔销售人员协助的情况下，准确锁定所需的计算机；与此同时，戴尔公司也看到了互联网的营销潜力。因此，该公司制定的战略是先按照客户的订单生产计算机，然后通过电话直销，最终实现互联网直销。此举既利用了公司的优势，又避免了依赖经销商网络，同时，客户感知的质量也随之提升，从而减弱了康柏及IBM公司的威胁。十年后，戴尔公司注意到个人计算机销售环境的变化，也开始通过经销商销售计算机。

1.基本内涵

近年来，SWOT分析模式因其有效的自我诊断应用，已经在多个领域广泛开展，特别是在个人职业发展和生涯决策分析方面展现出色。

S：优势分析（较之竞争对手的优势方面）

A.你曾经做过什么。向外界展示自我。你可以利用自己以往的人生经历和经验，如在学校期间的任职、参与和组织实习实践活动，参加比赛项目，撰写报告以及获取的各种奖励和证书等。在自我评估的时候，要学会善用以往的经验，以便更好地推测未来的发展方向和机会。

B.你学习了什么。在读书期间，你从主（辅）修的课程中发掘到了什么？参加了哪些培训？有哪些独特的想法和特长？你的专业也许不会在未来的工作中发挥重要作用，但至少它会对你的职业发展道路画上一个蓝图。要善于从所学中提炼出珍贵的精华，并将其融入自己的思维中。

C.最成功的是什么。在过去的日子里，最能让你获得成功的事情是什么？它是如何取得成功的？是机缘巧合还是偶然必然？经过深入分析，可以发现自身性格和能力中最出色的一面，如毅力、果断、同理心等，以此作为个人能力深层挖掘的动力源泉和亮点，这也是职业规划决策的有力支撑。①做事认真、踏实、善于发现新事物；②待人真诚、乐于与人沟通交流；③有责任心、爱心，并喜欢相关的工作；④喜欢思考，有一定的分析能力；⑤做过学生干部，组织过集体活动，有一定的组织管理和策划协调能力。

W：劣势分析（较之竞争对手落后的方面）

A.性格弱点。卡耐基曾说，人性的弱点其实不值得害怕，重要的是要正确认识它们，认真对待，从而弥补缺陷。一个具有较强自主性的人很难与他人意气相投，一个较为犹豫不决的人也没有资格承担重要的职责。

B.经验欠缺。当你被要求完成一项从未接触过的工作时，说明经验不足，但这并不可怕，可怕的是自己未能意识到自身的不足，并且一味地装作了解。

例如，竞争意识较低，缺乏快速适应环境的能力；语言表达过于冗长，缺乏简洁性；存在严重的拖延症，缺乏果断性；创新能力有待提升；不喜欢机械重复的工作，也不乐于没有计划的任务。

O：机会分析（有利于职业选择和发展的机会）

A.对社会环境的认识与分析。例如，当前社会的政治经济发展势头、社会热点职业的分布情况以及需求状况，以及社会发展趋势对自身职业发展的影响等。

B.对自己所选职业的组织环境的分析。探讨职业发展的状态、前景以及在该行业中的地位和发展趋势，并对行业环境和企业环境进行分析。

C.人际关系分析。谁能够起到帮助自己职业发展的作用，如何与这些人保持联系，又该如何持续这些联系，都是重要的问题。

例如，随着中国的国际化程度进一步提高，外语应用范围拓宽，就业机会也随之增加；人工智能时代即将到来，以人为指导的就业机会将会有所增多；学校也提供了一些可以积累实践经验，了解行业，接触、学习、交流的实习机会。

T：威胁分析（存在潜在危险的方面）

例如，国家经济状况不佳、行业落后、领域内发展有限、公司重组、团队变动等不利环境因素。

再如，人民币升值、国际金融危机给中国出口业带来巨大压力，使出口业就业机会大大减少；大多数电子商务企业仍处于初期发展阶段，无法获得良好的收益；高校招生人数增加，毕业生太多，但就业机会却不均等，亲朋好友也无力在就业上给予帮助，参见表6-5。

表6-5 个体生涯决策中的 SWOT 矩阵

优势	劣势
指个体可控并可利用的内在积极因素： 1.工作经验 2.教育背景 3.丰富的专业知识和技能 4.特定的可转移技能（沟通、团队合作、领导能力等） 5.人格特质（职业道德、自我约束、抗压能力、创造性等） 6.广泛的个人关系网络 7.在专业组织中的影响力	指个体可控并努力改善的内在消极因素： 1.缺乏工作经验 2.学习成绩不理想 3.缺乏目标，且对自我的认知和对工作的认识都十分片面 4.缺乏专业知识 5.较差的领导能力、人际交往能力、沟通能力和团队合作能力 6.较差的寻找工作的能力 7.负面的人格特征（如缺乏自律、缺少工作动机、害羞、情绪化等）
机会	**威胁**
指个体不可控但可利用的外部积极因素： 1.就业机会增多 2.再教育的机会 3.专业领域急需人才 4.提高自我认识，获得更多具体的工作目标带来的机遇 5.专业晋升的机会 6.专业发展带来的机会 7.职业道路选择带来的独特机会 8.地理位置的优势 9.强大的关系网络	指个体不可控但可以使其弱化的外部消极因素： 1.就业机会减少 2.同专业大学毕业生带来的竞争 3.拥有丰富技能、经验和知识的竞争者 4.拥有较好的寻找工作技巧的竞争者 5.名校毕业的竞争者 6.缺少培训、再学习造成的职业发展障碍 7.工作晋升机会有限或者竞争激烈 8.专业领域发展有限 9.公司不再招聘与你同等学力或专业的员工

在这些客观信息陈述和分析的基础上，还要进行SWOT策略分析。

（1）S-O策略。寻找与自己优势相匹配的机会是一种理想的策略模式，能够最大限度发挥内部优势和充分利用外部机会。

（2）S-T策略。利用自己的优势减少外部环境造成威胁的可能性，如通过内部资源整合将对自己发展的不利影响降到最低。

（3）W-O策略。克服自身弱点去寻找发展机会，利用外部机会弥补内部劣势，使劣势因素的负面影响降低。

（4）W-T策略。这是一种应对危机的策略，面对内忧外患，制定一套策略来克服内在劣势，回避外在威胁。

简言之，SWOT策略的基本思路是发挥优势因素，克服弱势因素，利用机会因素，化解风险因素。考虑过去，立足现在，放眼未来。

2.使用步骤

一般来说，进行SWOT分析应遵循以下五个步骤：

（1）构建SWOT矩阵。针对内部和外部的情况，S、W、O、T四个方面分别梳理出需要考虑的因素，另外，还可以参考表6-5中考虑的优势因素，如丰富的工作经验、良好的教育背景、丰富的专业知识与技能、可迁移技能、个人特质、广泛的人际关系网络以及在专业组织中的影响力等。

（2）确定S、W、O、T的各因素。个人在考虑的因素上表现如何，这是第二步需要确认的，通常采用"关键提问法"来完成，即通过对提出的与生涯决策相关的关键性问题，进行回答来确认自己面临的情况。例如，我期望自己能成为怎样的人？未来的家庭生活会是什么样子？我期望的工作环境又将是怎样？现状下技术和市场又会给我什么样的机遇？等等。

（3）为S、W、O、T各因素设置权重并打分。只以描述性的SWOT矩阵作为参考，结论往往无法达到较高的质量。可以采用平衡单法，为矩阵中的每个因素设定不同的权重，按照权重分配进行打分，最终的得分即为因素得分与权重之积之和。通过定量分析来解决这一问题。

（4）制定职业发展决策。根据各因素的影响，确定采用何种职业发展策略，就是前文中提到的S-O策略、S-T策略、W-O策略、W-T策略。

（5）提纲式地列出今后五年内的职业目标和计划。根据职业发展决策，列出您毕业后五年内最想实现的三个职业目标。包括渴望从事的职业、希望自己获得的报酬等，并准备一份实现上述每一个职业目标的行动计划，详细地阐述为了实现每一个目标而要做的每一件事，及何时通过什么途径来完成这些事。倘若您觉得需要外界的援助，请说明所需的帮助以及如何获得这样的协助。比如，您的个人SWOT分析可能会显示，为了实现您理想中的职业目标，您需要在大学期间修习更多的管理课程，因此，您的职业行动计划应该明确何时修习这些课程。订立详细的行动计划可以帮助您做出决策。

进行SWOT分析时，应该特别留意：首先，要客观正确地认识自身的优势与不足，不可夸大优势，也不宜自卑，尽可能保持客观全面，并且要把现状和未来做出明确的分界。其次，要与其他决策者进行比较，尤其是和同行者比较，以便了解自身的优势和劣势。最后，要注意不要过多地使用SWOT分析法，避免复杂化和过度分析。

为自身做一个SWOT分析可能需要花费一些时间和精力，但这也是值得的，因为当完成详尽的个人SWOT分析后，你就可以得到一份实际可行的个人生涯策略。在当今竞争激烈的市场经济社会中，一份具有挑战和乐趣的薪酬丰厚的工作是每个人的梦想，所以，为了更好地实现梦想，决策者需要耗费一些时间，明确自身的优势和劣势，然后制订有策略性的行动计划，以增强自身的就业前景和职业发展。

第七章 大学生生涯教育的策略设计

第一节 完善大学生生涯教育课程体系

一、当下大学生涯教育课程体系缺陷

我国高等教育课程体系往往由课程理念、目标、内容、活动方式等构成。在此视角下，课程实现现状可归纳为课程价值观念背离常规、课程目标定位失衡、课程内容安排偏窄、课程活动方式"异化"等。

（一）课程价值取向偏离

价值取向属于价值哲学范畴。简而言之，人是把某种价值看作行动的准则与目的。课程价值取向的核心在于课程观。这直接影响着学生对工作的态度与行动，反过来又影响课程目标的实现。生涯教育课程以培养全面发展和终生发展为宗旨。尤其对于职业生涯教育，能让学生了解自己，挖掘潜能，强化目标与方向；还可以对大学生进行职业生涯规划，明确职业目标，选好职业角色，为职业发展找到最好的出路。在大学中，其功能不仅仅是引导就业，而是以正确的人生观，人才观、职业观为指导，使他们站在社会需要的角度，与自身性格相结合，把握你的职业及职业取向。还可以让大学生按其性格及社会需求，挑选最合适的作品并且以最快的速度快速有效地融入工作，由此实现其人生价值与社会价值。换言之，职业生涯教育课程目的价值不是使它寻找合适的职

业，而是在于使之认识社会、认识自我、确立正确人生观、世界观和价值观，从而实现全面发展、终身发展之宗旨。

然而当前高校大学生生涯教育课程在价值取向上出现了偏差、课程目标定位不准、课程内容安排太狭窄、课程活动方式的"异化"等、教学目标"缩水"等缺陷。

为此，我们必须从上述几方面入手，为改善高校职业生涯规划教学现状，以期推动高职院校职业生涯规划工作。

（二）课程目标定位偏颇

生涯教育课程以培养人为主要使命，也就是说，要使学生实现完整的发展——职业生涯与全面发展的平衡。通过觉醒学生职业自主意识，塑造正确就业观，有助于同学们制订今后的发展规划，加强就业能力与生涯管理，让学生不仅能得到全面的发展，还能提高可持续发展的能力，奠定今后人生发展基础。

但由于价值取向发生了偏差，不少高校课程目标定位不准，造成教学实践"功利化"现象，过于重视学生就业，忽视了学生全面发展，终身发展。在实际教学中，生涯教育被局限为就业教育，只关注职业信息发布和组织招聘活动，而缺乏对世界观、人生观、就业观的教育和培养，这严重违背了大学生涯教育课程的目标定位。

（三）课程内容安排偏窄

按照国家的规定，大学生涯教育课程应该包括职业观念的树立、制定职业规划、增强就业能力、找工作的流程指导、职业适应与发展、创业教育等。但因定位与价值取向不当，不少高校仅重视实用主义，仅注重直接关系到"就业率"的求职流程指导，且忽略人职匹配与职业发展高层次引导。这样就使课程内容"窄化"了，极大地影响了整体效果。生涯教育课程并不只是单纯的传授知识，技能的发展也是必要的，需要转变态度，转变观念。

（四）课程活动方式"异化"

大学生涯教育课程应该贯穿学生入学后至毕业前的全过程培养，教学安排要依据课程内容及学生所处的学习阶段，使之合理、有序地贯穿于大学教育的始终。

然而，由于目标定位偏颇，许多高校生涯教育课程偏离了课程应有的目标定位。这就在教学实践上呈现出一种严重的"功利化"倾向，学校仅着眼于学生就业，常常只进行就业指导，而忽视了学生全面发展，终身发展。这使生涯教育课程变成了就业教育，工作重心也只放在了职业信息的发布和招聘活动的组织，缺乏世界观、人生观、就业观的教育和培养，便背离了大学生涯教育课程的目标定位。

同样地，课程活动方式也存在异化。许多学校课程活动方式推迟时间，毕业之前才接受生涯教育。另外，很多学校对课程内容的选取也缺少全盘考虑，仅保留直接关系到"就业率"的求职流程指导，且缺少人职匹配和高层次职业生涯发展指导。另外生涯教育课程教学模式多为单一形式，注重理论教学，采用常规灌输式教学，从而使课程效果大打折扣。

针对上述问题，大学应重新检视自己生涯教育课程之目标定位与课程内容，增强学生全面发展，终身发展的重视程度，同时，要增强课程实效性，采取多样化教学方式，给同学们带来更多的学习体验。

（五）受教对象严重"缩水"

原美国联邦教育署署长马尔兰德认为："生涯教育是为全民而非部分人的教育，它是从义务教育开始，延伸至高等及继续教育的整个过程，它教育下一代在心理上、职业上及社会上的平衡与成熟的发展，使每个国民成为自我认知、自我实现及自觉有用的人。"

中国政府还明确表示，生涯教育应贯穿于学生入学后至毕业前的培养全过程。并着重指出，要分年级开设相应的学分。这说明生涯教育要面向全体大学生，贯穿大学生涯的全过程。其实，很多高校仅限于对应届毕业生进行就业指导，或只对低年级学生进行少量的生涯规划讲座。这种完整生涯教育缺失的情况，很难让学生得到全面发展与可持续发展。

二、大学生涯教育课程体系改革创新要点

为了满足大学生涯教育课程的目标，必须对存在的问题进行改革和创新，不断完善课程体系。树立"以人为本"课程观念，立足于学生，坚持"可持续发展"等课程取向，融合创新课程内容，推行"全程全面"的课程教学。这样，才能使学生获得全面发展和可持续发展。

（一）立足学生，建立"发展为本"的课程观念

课程观是人们对课程的基本看法，用于回答课程本质、价值、要素与结构等问题。课程观会影响课程设计、实施、评价，甚至对学生的发展产生影响。所以，树立科学的课程观，是完善生涯教育课程体系之前提与根本。"发展为本"的课程观念强调以学生发展为出发点，使所有学生获得全面和谐的发展，展示个性，并实现可持续发展。这种课程观，将对整个课程建设起着正确的指导作用。

大学生涯教育课程应针对全体大学生，贯穿于整个大学教育过程。然而，目前许多院校的生涯教育仅限于为应届毕业生提供就业指导，或仅在低年级举办几次生涯规划讲座。显然，这样的教育不能满足大学生的全面发展和可持续发展需求。因此，改革和完善生涯教育课程体系是迫切必要的。基于这一点，"发展为本"的课程观念应成为指导思想，并将"可持续发展"作为课程定位，实施"全程全面"的教学。这样，才能使学生获得面向未来的发展能力，为社会做出贡献，并实现自身的价值。

（二）明确目标，坚持"可持续发展"的课程定位

课程目标定位，其实，这就是价值选择的过程，反映着人的教育价值观。课程目标的出发点与归宿都是为了学生全面发展与终身发展，它在一切教育中

处于中心地位。大学生涯教育还不应该仅限于告诉学生应该做什么工作，而应加强引导，使其重新审视自己的境遇、对形势发展趋势进行预判，教他们经营事业。其中，尤其需要注意职业决策、发展等方面的教育，使学生能够长期获益，获得可持续发展。具体地说，大学生涯教育应以帮助学生树立职业生涯发展自主意识与宏伟理想为宗旨，建立科学的世界观、积极向上的人生观、价值观与职业观，端正人们对职业发展阶段特征的认识，明确自己的特长、特质，获得自我探索技能、搜索和管理信息能力、找到生涯决策的技巧及其他通用技能。其中，特别需要增强职业经营与调和能力，以达到全面发展的目的。唯有坚守这样的课程定位，以遏制大学生涯教育功利化。

（三）科学设计，着力整合创新课程内容

按照课程观"发展为本"的思想，要发挥整合性，系统性的作用，符合学生实际需要，进行科学设计，对课程内容进行针对性的融合，实现课程目标。

这门课有助于学生建立科学的人生观，树立正确的就业观，引导学生独立地谋划未来，提高职业素质，最终为学生的终身发展打下基础。

下面对各个模块的构成和作用进行简要说明。

1."现代人生哲学"模块

"现代人生哲学"模块主要包括哲学，人生哲学、现代人生哲学概念；近代人生哲学的研究对象；生活的目的，价值，意义和态度；人生观的含义、功能与大学生人生观的形成；人生发展规律；等等。

哲学家苏格拉底曾经在德尔菲神庙贴出充满哲理的格言"认识你自己"，这就充分说明，教育的性质并不在于别的，而是要了解、认识和发展自己。一个人要在现实生活里取得成功，必须完善自己，健全自己的人格。这给了我们一个启示，学校教育应该强化哲学教育，促使个体自我意识和自主能力得到发展。所以，为一生发展服务的大学生涯教育，有必要将现代人生哲学的内容囊括其中。人生哲学从字面看，指对人生问题进行研究的哲学学说。人生哲学的主要作用在于使人认识生活的基本原则，并且对人们生活进行引导。一个未受过现代人生哲学洗礼，没有权利声称自己的理智与心智已经充分成熟。按照现

代人生哲学的观点，人生观——立身做人之圭臬，就是对生活道路选择的一种引导。人生观是事业发展之灯。另外，生涯教育也恰恰需要其帮助大学生寻找到自己的人生道路，确定学习目的，理解生命的真谛，促进人的全面发展，终身发展，彰显生涯教育之意义。因此，加入现代人生哲学这一模块，能够帮助学生提高哲学素养，掌握人生发展规律，树立科学世界观、积极向上的人生观、正确的价值观和职业观，进而有助于做好生涯规划，提高职业素质的培育。

2．"职业生涯规划"模块

"职业生涯规划"模块主要涵盖职业社会认知、职业生涯与职业规划等内容。这一模块的内容，要求大学生对职业有一定的认识，熟练掌握职业测评方法，熟悉职业生涯理论及规划等基本概念。与此同时，还需要了解自我认知，分析环境，把握规划制定过程与方法，由此形成了一整套职业发展的初步规划，对不同人生阶段职业目标和对应生活模式进行准备。

3．"职业素质培养"模块

"职业素质培养"模块内容主要包括学业与职业、学习观、学习态度、大学学习特点以及大学生活对职业生涯发展的影响等。在本单元学习之后，能帮助大学生进一步明确学习目的，建立正确的学习观念，掌握学习的方法，养成进取精神，制订大学学习规划。这些有助于提高职业素养，更好地培养个人的全面能力。

4．"择业谋职指导"模块

"择业谋职指导"模块主要包含求职流程指导、职业适应与发展、创业教育等内容。通过此模块的学习，可以让大学生提升谋职技能，加强心理调适能力，并学会维护自己的合法权益。其中，需要重视创业意识与创业精神的培育，强化学生职业经营和职业调节能力的培养。如此，才能引导学生为走向社会、做好"职业人"做好准备。

（四）统筹安排，实施"全程全面"式课程教学

对于"大一"学生来说，先进行"现代人生哲学""职业生涯规划"等课程的讲授，以期对其入学后接受现代人生哲学和职业意识教育有所裨益。通过确立科学的人生观，引导他们认识自我，深入认识专业和职业，以此实现生涯规划的初步进行，实现及早规划未来。

对于"大二"学生，主要教授"职业素质培养"等模块，帮助其意识到素质在生命中的意义，确定学习目的，掌握大学的学习方法，制订实用的学习计划，正确地评价自己，按照职业的要求来塑造、完善自我，学有所获、增强能力、扩大兴趣，提高职业素质。

对于"大三"的同学以及"大四"上学期的同学来说，进行"择业谋职引导"培训，有助于其树立正确择业观，增强职业决策能力。指导"大三"学生根据生涯规划考研或求职，积累职业经验，培养创业能力，增强职业适应性。

"大四"时期，则需要根据学生择业期的特点和困惑提供心理测试和咨询服务等方面的意见和建议，帮助学生合理就业，特别是加强职业选择的教育与指导，使其做好走向社会成为"职业人"的准备。

在大学生涯教育的课程组织和实施中，还应注意下列问题：①发挥学生的学习积极性和主动性，让它成为一个实实在在的研究对象；②把人生观教育渗透在整个过程中，充分发挥生涯教育的引领作用；③使课堂教学，实践活动，咨询服务与同辈相助融会贯通，实现多种路径的有机结合。

第二节　优化大学生生涯教育师资体系

一、高校生涯教育师资队伍现状及瓶颈

（一）师资队伍呈现多元化特点

大学生职业发展与就业指导课程已普遍设置为公共必修课。随着必修课程的开设，师资队伍基本形成。师资来源主要有生涯课程专职教师、辅导员、院系主管领导、就业部门工作人员、专业教师（心理学、管理学、思想政治教

育）、团委或学生处工作人员，其中辅导员是课程师资的主体。

（二）虽然高校在师资队伍支持上有所增强，还是无法满足生涯教育的发展需求

各学校在职业生涯教育方面给予了更多的扶持，包括对教师的培训、给特殊教学活动场地、专项经费的资助、选购职业生涯辅导测评系统、人员实行定岗定编、举办教学研讨活动。教师在从事生涯教育工作中，其中最棘手的问题是本身也担负着一些行政工作，致使不能足够地对生涯教育进行投资；缺少专业引导与沟通；缺乏经验，相关能力亟待提高。教师期待能得到的主要支持是培训机会以及学校对定岗定编，形成系统化的教学体系的支持，有关活动成本的支持。

（三）高校生涯教育教师发展的主要瓶颈在于专业化程度低

拥有特定学历的专职教师数量少，而且专业背景与生涯教育的对口程度也较低。

高校生涯教育的教师数量偏少，师资力量不强，以兼职辅导员、就业工作人员为主。他们对这门课的时间与精力都是有限的。此外，发展途径不稳定，职称评聘制度不健全，使部分教师对生涯教育无长远打算，归属感差往往会造成师资的流失和稳定性低下。生涯教育教师虽然有所传授、培训与咨询经验，但是能开展理论研究，并将其转化成科研成果者并不多。

教师既是课程执行者，同时应该成为发展者与参与者。师资力量为开展生涯教育提供了基本保证，且教师专业化水平会对高校生涯教育课程实施成效产生重大影响。

二、高校生涯教育师资队伍发展的长效机制

应增加高校生涯教育专职教师的职位数量，并明确教师职称发展的方向。目前，生涯教育教师常常与就业指导人员和思想指导员混在一起，后者大多是行政职位，只有少数高校有专职生涯教育教师。专职教师是指主要负责生涯课程教

学、生涯学科研究和生涯咨询的教师，不承担就业管理和就业推荐等行政职务。专职教师是生涯教育师资队伍的核心和支柱。唯有专职才会专注，唯有专注才有特长，唯有特长才是专家。增设专职教师岗位，以教师职位的形式介绍专职人员，让生涯教育教师获得专业教师福利，才会引来高学历、高水平人才进入生涯教育的师资队伍，调动教师积极性，为专职人员排忧解难。

在对生涯教育教师的评价中，需要综合考虑很多方面，并且不断摸索出更加科学的考核指标。生涯教育属于综合性教育形式之一，既涉及教学，又涉及科研，也有一些咨询辅导之类的任务。若只对专职教师进行教学、科研等方面的评价，有可能降低教师咨询辅导的效果、影响学生对实践指导的兴趣等。所以，在对生涯教育教师的评价中，要把老师们参加的咨询辅导、辅导的生涯活动、毕业生就业指导工作也都计算在内。

生涯教育专职教师的来源主要分为两类：一类是已有生涯教育兼职教师，包括就业中心的工作人员、辅导员与专业教师及其他，可评选出对生涯教育有兴趣的学生、有志愿的老师改行当专职老师。这一部分老师已经有生涯教育的从业经历，专业化转换更为便捷。另一类是向社会聘请具有职业指导师任职资格的人力资源管理专家，选拔高学历优秀人才，并使之跻身于师资队伍。这样可以增加生涯教育师资队伍中的优秀人才，提高整体水平。

为了提升高校生涯教育教师的素质和能力，应该设计一套专门的培训体系。这套培训体系应该基于高校生涯教育师资队伍的实际情况，并为不同层次的教育需求提供支持。同时，为了使教师有更多的机会获得专业培训和继续教育，应该加强对在职教师的培训支持。此外，还应建构生涯教育教师的胜任力模型，依据该模式进行培训课程设计，并对其开发方向进行展望，才能适应教师专业化发展要求。

尽管国内已有不少关于高校职业发展教育人员素质、能力状况、胜任力模型研究等，但目前还没有正式颁布关于高校生涯教育中教师专业化的标准，与国家职业标准职业指导人员关系最为密切，主要分管求职择业工作、人才招用及其他咨询指导工作，并作为教师在高校生涯教育中的一部分，因此，这一职业标准可以为我国高校职业生涯教育中教师的培训提供借鉴。立足于高校生涯教育中教师所从事的全部工作，它所对应的知识基础与技能要求将是不同的，如表7-1所示。

表7-1　高校生涯教育教师工作职责与能力素质要求

工作内容	基础知识	典型技能要求
生涯课程教育与设计（含职业规划课程、就业指导课程）	课程学科知识（心理学、人力资源管理）、教育学	课程设计、教学教法语言表达、课堂组织
教学研究与科学研究	教育学	调查研究、逻辑思辨
生涯个体咨询比赛与团队辅导	心理学	助人技巧、理解沟通
指导生涯比赛与活动	管理学	组织统筹、领导能力
提供就业创业信息与政策	劳动经济学、法学	信息收集、市场评估与开拓

在思考高校生涯教育师资培养的方法上，要设计不同培训体系：面向全体专兼职教师进行培养，包括学科知识的储备、课程设计，提高授课能力，目的在于提高课程教学水平，扩大生涯比赛与活动的范围。此外，还要对骨干教师进行专门的培训，如研修班、咨询或者团体辅导等，组织教研、科研活动，造就学科带头人，教研骨干，推动生涯教育进一步发展，提升教研水平。培训要考虑到老师的激励、特质与态度，增强生涯教育认同与信心，注重教师实践积累，渴望发展，以及鼓励与支持其形成自身教学风格与研究方向。

加强指导员队伍培养。为了提升生涯教育指导员工作能力，高校要加大培养力度。具体可采取举办内部交流会，也可采取外部培训等方式、调查等途径来达到。还可邀请社会机构、企业等职业生涯规划讲师授课，让专职教师既掌握专业知识，又熟知专业发展规律，具有"双师型"特质。这种训练是为适应大学生与社会双向需要而进行的，并且促进生涯教育的效率与合作。

完善考核机制。为了确保生涯教育教师授课质量，提升自身素质，学校要建立健全考核机制。当前，很多高校都要求教师必须按时按量地完成教学任务，但对授课以外的科研要求不提。所以学校要建立量化的考核指标，把开展生涯教育工作纳入评价范围，以及强化员工统一组织管理，把考核指标落实在每个员工身上。如此才可确保职工积极主动、认真做好相关工作，提高工作效率，调动职工工作的积极性和主动性。

第三节　做好大学生生涯教育保障体系

在人才培养方面，要把学生放在第一位，并且在社会主义核心价值观的引领下。以改进职业生涯教育，要强化职业生涯教育组织工作、制度与环境，让大学生把社会主义核心价值观贯穿于日常生活之中，适应其个性化职业发展需要。

一、组织保障

（1）高校要在顶层设计上强化职业生涯教育领导体系，通过设立"生涯教育工作委员会"，引导学校开展生涯教育。该委员会受该校党委书记和校长的领导，副校长管理。高校应遵照国家生涯教育方针，积极开展社会主义核心价值观的传播与实践。与此同时，各高校也要坚持用正确方向对下级单位进行协调与督导，让职业生涯教育融入社会主义核心价值观。另外，各大学也应明确责任，起到总体协调作用，把领导与管理寓于服务中。

（2）高校应加强院系管理，促进学院教师积极性并协调联动各职能部门、院系领导、生涯教育教研室，以个性化教育服务迎合学生职业需求，特别是在政策解读、职业价值观塑造、大学生"爱国、敬业、奉献"精神培养方面加强工作。基层党组织要起到桥梁作用，解决大学生生涯规划中出现的种种问题，摆正生涯教育课程和其他课程的关系，以社会主义核心价值观为引领，对各级党组织开展针对性的培训和引导，才能达到全程性、动态性地从事生涯教育。

（3）高校应在党委的领导下，建立以社会主义核心价值观为导向的职业生涯教育体系，并加强对学院和班级的管理。科研组应负责遴选适合"爱国、敬业、诚信、友善"理念的教材，将其纳入课程建设中，并针对学生的个性化职业需求进行价值引导。同时，应充分发挥已就业的优秀大学生党员的榜样示范作用，践行社会主义核心价值观。

二、制度保障

（1）以社会主义核心价值观为引领，推进大学生日常管理制度建设。以弘扬社会主义核心价值观为前提，高校要强化大学生的日常管理制度，包括班级、宿舍及网络行为等多层次的管理。这些治理应该以平等为基础、公正与法治为本，并且把行为规范融入大学生的日常行为准则之中。对与社会主义核心价值观背道而驰的说法，应当给予必要惩戒，才能确保大学生走社会主义核心价值观实践之路。

（2）将社会主义核心价值观融入日常职业规划管理制度。为了让社会主义核心价值观在大学生的日常职业规划管理中得以体现，我们应建立完善的奖惩考核机制。在这个机制中，正面激励和负面约束应被结合起来，同时将社会主义核心价值观教育在大学生职业综合素质测评中的权重适当提高。比如，对成绩优异的大学生，要予以鼓励、赞扬。同时，对与社会主义核心价值观相悖的职业选择等，要批评制止并且引导纠正。在奖惩考核机制建立过程中，要坚持社会主义核心价值观。在采取相应奖惩措施的前提下，最好采用大学生所熟知和喜爱的教育方式进行，以求在社会主义核心价值观和大学生职业需求之间寻求最佳契合点。

（3）健全社会主义核心价值观指导下大学生职业生涯教育社团管理制度。为了推动与职业生涯教育有关的社团良性发展，需要确立协调统一、分级管理的体系框架，并且强化对于社团活动的组织和控制。我们需要引导社团进行与社会主义核心价值观相契合的文化娱乐活动、职业生涯教育的社会实践、志愿者服务等。为了提高其影响力与公信力，做到创新和实践相结合，学校工作人员及社团管理人员也要激发工作积极性与创造性，以形成良好的互动和交流氛围。

三、环境保障

（一）构建朝气蓬勃的学校环境

学校环境是指校园内的硬件基础设施（如办公楼、园林景观）和学风、学校文化等"非物质环境"。学校环境建设潜移默化地影响着大学生职业精神塑造与价值观培养。为此，我们应紧紧围绕社会主义核心价值观的培育与践行这一课题来全面谋划。促进学校环境建设进程，必须坚持社会主义核心价值观的引领。园林景观，教学楼等的名称及设计，要配合社会主义核心价值。对校园硬件设施的布置及名称进行规划，使之成为大学生寄寓强烈家国情怀的媒介，展现社会主义大学"精气神"。同时要以丰富多样的形式构建校风和学风，对社会主义核心价值观进行正确的阐释与宣传，让大学生在其中深刻理解社会主义核心价值观内涵，使之成为自己的职业操守与行为准则。通过上述方式，可以使学校环境对大学生职业精神塑造、价值观培养等产生潜移默化的影响，有助于大学生社会主义核心价值观的实践。

（二）创建"自由、平等、公正、法治"的社会环境

大学生人生观和价值观受社会环境影响很大。开展社会实践时，要体现人文关怀，为大学生创造一个良好的社会环境。政府部门要加强社会政治环境建设，营造清新的氛围，形成大学生正确的人生观、价值观。

（三）构建温馨和睦的家庭环境

大学生职业精神与价值观的养成受家庭影响显著。良好家风教育对于大学生品德修养，职业理想具有十分重要意义。所以，我们要着力倡导好家风家教，促使父母们自觉践行"爱国，敬业，正直，善良"等价值，并对儿童及青少年群体从小开始进行社会主义核心价值观的引导教育。

第八章　大学生生涯教育的实践成效

第一节　国内升学学生生涯设计实例

【学生实例1】

李同学是某高校软件工程专业的毕业生，但是他不太喜欢做与软件开发和设计有关的工作，尤其是在课堂上的时候，他感到很费劲。尽管他获得了本科学历，他还是把从事与本专业工作有关的职位拒之门外。因此，他决定毕业后跨专业考取研究生。

高中时，李同学本来想选择文科，但是父母认为理科更容易找到工作，赚取更多的收入，最终他还是犹豫了一番，选择了理科。考上大学时，也是根据父母和老师的建议，他选择了软件工程专业。

软件工程专业的学习负担对李同学来说是很重的，从一开始就是一系列的基础课，比如高等数学和大学物理，他在学习这些课程时花费了很多心思和精力。但是也有一些他感兴趣的选修课，比如经济学和旅游相关的课程，上这些课的时候李同学觉得很有意思，也能快速完成相关作业。

李同学在毕业前面临着一个纠结的选择，是跨专业考取研究生，还是毕业后从事他并不喜欢的软件相关的工作？为此他向学院的老师寻求帮助。

老师：你在以前准备过考研吗？

李同学：没有。我不想再学软件工程了，学得很痛苦，很吃力，觉得自己忍受够了，我知道周围的学霸是怎样的一个学习状态，他们一些人在准备考研，想在计算机方向继续攻读；我也不想准备考本学院或外校相关专业方面的研究生；周围的人没有跨专业考研的，师兄师姐都是在技术领域，我想跨专业又不知道该问谁。

老师：要是跨专业的话，你想考哪个专业的研究生呢？

李同学：我想跨专业考管理学方向的研究生。

老师：那你打算考哪所学校呢？

李同学：这个我还没想好，我看您是管理学的背景，能给我简单介绍一下吗？

老师：总而言之，实力雄厚的综合性大学大多提供这一专业，如北大、清华、人大、浙大等，虽然他们所拥有的专业名称相同，但是具体的研究领域和关注焦点却有所不同，学生的就业去向也有所差异。你可以到每个学校官网上查询，了解他们的教学情况、研究风格、就业去向等，以便找到最适合自己的学校。此外，如果可以，你还可以与同专业的师兄师姐交谈，询问他们的考研经历、学习体会、研究内容、毕业去向等，为自己收集全方位的信息，最终再做出最佳选择。

李同学：谢谢老师，我回去后就按您的建议开始准备。

老师：你打算什么时候考呢？想过怎么安排自己的学习、生活吗？

李同学：为了不让家里的负担增加，我打算明年春天就在武汉找份工作，以此维持自己的日常开销，同时利用业余时间准备考研。武汉是省会城市，拥有丰富的工作机会和众多高校，我也很熟悉这里，所以我决定先在这里工作，同时努力准备考试，争取能一次通过考研。

老师：看来你自己有一定的规划了，你是跨专业，没有专业基础的积累，而且白天又要工作，剩下的准备时间确实不太多，你觉得自己有多大把握能考上呢？

李同学：只要是我认定的事，就会全心全意地用心做好并能成功完成它。从小到大，我的学习能力、考试能力还是可以的，我不怕吃苦，通过自身努力，各种考试都能考取高分的。而且我的生活自理能力很强，多年在外学习，父母很放心，我能照顾好自己。

李同学：能够具体举一个例子吗？讲一个在学习上令你有成就感的事情。

老师：学习软件工程这个专业时，我并不怎么喜欢，学习时费劲又沉重，而且周围学霸的压力也让我提不起信心，甚至有时候想放弃。大三上学期时有一次实验，对我来说是一个重要的转折点。当时我们是小组编程，全班有六个女生，都分到了一个组，大家都不太懂，也不知道应该怎么做，但是这个任务必须要完成。谁也不想担任组长，最终，由于我习惯在家里承担责任，所以我主动担任了这个小组的组长，从此大家一起查资料，求助于多方，不断交流，一步步地商量，测试，最终完成了任务。这种成就感真是太棒了，我终于明白了编程并不可怕，只要付出足够的努力，就可以做到，于是我继续努力，甚至在刚入学的时候就获得了奖学金。我意识到，即使是对自己没有兴趣的编程，也可以通过努力学习而掌握，若是学一些自己感兴趣的课程，那就更没问题了。

通过咨询，老师发现李同学对自身具有基本的了解，对未来的发展也有大概的想法，只是需要更加明确、更有信心，以及更大的勇气去行动。最后的咨询可以说是成功的，李同学通过探究自身的职业兴趣、价值观以及能力，对自己的选择坚定了，他认为跨专业考研是可行的，准备找时间跟父母沟通，减少他们的担忧，希望得到他们的理解，让他们知道这个决定也可以有美好的未来。李同学从一开始迷茫不知所措，到最后有了行动计划，他觉得自己的方向渐渐明确了。他为了能够跨专业考研，制订了一些计划，以下是他的学习心得。

一、提前规划，自我剖析

（一）基础阶段：3—4月

主要任务：确定目标，制订计划。

为了合理制订复习计划，我们需要了解目标院校专业的报录比、分数线等基础信息，同时还要根据考试科目及难度，以及自身的学习基础和实际情况，摸清自身优劣势才行。李同学决定跨专业考管理类专业硕士研究生。

（二）强化阶段：5—10月

主要任务：取长补短，稳中求进。

根据学习计划，严格完成每日的"To Do List"，避免滚雪球、切勿假努力。每一门课程都很重要，不能轻易放弃自己不擅长的，也不能把太多时间花在特别薄弱的部分上，而忽视了原本可以拿高分的科目，时间有限，要学会抓住重点，释放次要。

考试一共有两门：一是管理类综合，包括数学、逻辑、写作；二是英语，考试时间分别为3小时。

（1）英语：主要考阅读、翻译和写作，每天背单词是基本功，阅读、翻译都需要词汇量和真题的积累，没有捷径。大小作文需要每周练习1~2篇，学习几个模板，主要是掌握框架、记住常用的分析句（复杂长句更佳）。

（2）逻辑：考察近十年的真题，不可以"凭感觉"做题，刚开始可能会觉得很轻松，但后期会很艰辛，可能会影响整体节奏。要有系统性地掌握解题技巧，节约精力、节约时间。

（3）写作：坚持每周各练习一篇论证有效性分析和论说文，勤练审题、多看范文、多学框架，培养自己的写作风格。

（4）数学：背诵公式+无限刷题+错题集。

（三）冲刺阶段：10—12月

除了坚持日常学习，还要定期进行模拟考试，一般来说每月要模拟考3~5次。模拟考试时，要选择安静的教室或者图书馆，控制好时间，模考完毕之后，要进行完整的复盘，从时间分配到错题类型，寻找合适的做题顺序，并针对失分部分进行攻破，比如寻找老师的批改订正；最薄弱的数学，可以在几次模考后，调整做题顺序为：逻辑—写作—数学（别忘记预留一定的时间用于填涂答题卡）。

二、找准组织，抱团取暖

一个人能走得很远，但是一群人走得会更远，"单打独斗"不如"抱抱大腿"，请根据自身情况选择线下或者线上组织。

（1）线下补习：每周末有定期上课的模式，便于进入备考状态；专业的老师系统性地教授知识，随之考核学习成果。

（2）线上补漏：备考后期，他购买了各科网课，在同学们的协助下，分享资料、互相监督，真正可以减少路上的不少艰辛。

三、保持心态，坚定信念

要坚定考研信念，良好的心态要贯穿始终，只有搞清楚"为何考研"，才能在最后冲刺阶段坚持到底，克服困难。在短时间内看不到提升没关系，不要自暴自弃，也不要与他人攀比复习进度，问题想不出答案就去做，李同学坚持考上了理想学校，成为一名管理学专业的研究生。

【学生实例2】

王同学是来自西部某省，报考机器人工程专业的一名高校的学生，专业性较强，就业前景受到较大限制。他出身于一个民主、开放的家庭，可以自由决定未来的发展方向。到了大三时，他就开始准备考研，但直到大四，仍在权衡考研和工作的利弊，一直在困惑之中，王同学来到本院老师的教室咨询。在这次咨询中，老师指引他对未来的工作和生活方向进行探索和思考，让他明确两个选择，提出对他的未来会有哪些影响。

老师：你期望的工作是怎样的？

王同学：我希望能找到适合自己的工作，能够把它做好。如果去做不适合的工作，我觉得会很痛苦，最好是在科研院所、国企等单位工作，这些地方的工作比较稳定，地位也比较高，还容易有成就感。

老师：现在拿到录取通知的单位满足这些条件吗？

王同学：不满足，那是一个普通的小企业，工资待遇也一般。

老师：投简历时有投一些国企、科研院所类的单位吗？

王同学：有，但几乎没有面试的机会，因为很多优秀的单位招收双一流高校的硕士，而我不符合要求。

老师：也就是说，如果有了硕士学位，就业情况会好很多？

王同学：对，就我的专业来说，会好很多，因为很多企业在招聘时，都要求硕士以上学历，搜寻就业机会的范围也会比较广。

老师：家人对你有哪些期望？他们对你就业有资源支持吗？

王同学：我的家人比较开放，尊重我的意愿，但是也希望我能在大城市有一份稳定的、受人尊敬的、收入也不错的工作。他们都是小县城的普通上班族，没有太多的帮助资源。

老师：也就是说，想要拥有理想的生活，还得靠自己努力。

王同学：嗯，所以我有些焦虑。

老师：如果你考研，不能马上工作，会给家庭造成负担吗？

王同学：不会，我父母都有工作，身体也不错，家庭负担不重。

老师：你觉得对你来说，考研和找到理想工作，哪个更容易？

王同学：不好说，都不容易，硬件条件不改变的情况下，找到好的工作的概率仍然较小，考研机会似乎会更大一些。

根据上述的谈话，老师协助王同学完成了生涯决策平衡单，推动他做出决定。平衡单将"考研"和"找工作"列为两个项目，王同学经过分析，明确了他所考虑的影响因素，包括"个人发展预期""符合个人的价值观""符合个人的兴趣""实现此目标的难度""自我实现及成就感""家人支持/期望""生活压力""未来就业机会"八项，王同学把每一项因素根据自己认为的重要性给予权重（1~5），并且给每一项因素赋予分数，正数代表"正面影响"，负数代表"负面影响"，分数范围在（-10~10）。他认真地为每一项进行赋值，最后测算出来的结果为：读研的分数远远大于找工作。

老师建议王同学要在考虑多个因素的基础上做出最终的选择。王同学认清他之前只是纠结考研还是找工作，这两种现状都令他不满意，但又不知道该怎么改变。现在他明白无论做哪种选择，都是需要综合考虑多种因素的结果，要以发展的眼光看问题，而且任何选择都要有取舍，都有风险，不能回避。测评的结果显示王同学读研的优势远大于现在找工作，他最终决定把精力集中，为考研做充分准备。

本次咨询结束后，老师仔细回顾了整个咨询过程，总结了以下几点：

（1）职业规划师表面上看起来是专家，但实际上来询者是真正的专家，要以来询者为中心，贴近来询者，深入他们的内心世界，有效地帮助他们发现自己，激发自己。

（2）每个来询者的问题背后或许本来就有答案。在为王同学咨询时，老师能清楚感觉到他考研的意愿很强烈，因此就用决策平衡单陈述了考研和工作要考虑的问题，结果显示王同学考研的优势确实明显，他本人也有意考研。

第二节　求职就业学生生涯行动实例

【学生实例1】

赵同学是财务管理专业的学生，他从大一开始就有着想要找到一份好工作的憧憬，因此他大二时就下定决心要为自己的未来努力。他参加学校和学院的各种活动，就是想要藉此发现自己与其他人的差距，并通过不断学习把这些差距缩小。大三时，他加入了就业协会，担任主要干部，同时还担任某招聘公司的校园推广助理，负责企业的校园招聘和宣讲项目。在协会的活动中，他利用自己学业上的知识来完善协会的建设，用自己善于沟通的特质来团结大家，又以高效的行动来赢得大家的信任和支持。通过协会这个平台，赵同学的思维变得更加敏捷，行动也更加高效。

赵同学习惯从身边不同人身上汲取优点，通过沟通拓展语言表达能力，他认为："细节攸关成败，气度决定格局；观念决定未来，态度决定全局！"因此，他在大二时就主动制定自己的职业生涯规划，先审视自身优势、缺点，再对价值观、兴趣、性格、能力等进行分析，以确定自己的职业发展方向是管理型人才。他又查资料了解就业行业的情况、职业的特点，最终确定目标职业是高级职业经理人。

赵同学为了实现自己的职业目标，积极参与校级项目，以提升自己的执行力、协调力和抗压能力。每次活动中，他都抓住机会与企业负责人接触，积极与企业高管进行有效沟通，不断扩大人脉圈。在执行校园某项目中，他结识了来自某企业业务部门的赵经理，后者对他的工作给予高度赞许，两人继续保持联系，赵经理教给他不少学习上的建议和职场心态调整方法。大三时，他认真制作了简历，将其发给赵经理，后者将简历转给了某分区的人力资源部经理并作了推荐，最终赵同学通过了三关面试，成为该企业的一员。经过试用期，他现已成为正式员工，并借助生涯规划和努力实践，朝着成为高级职业经理人的梦想迈进。

【学生实例2】

张某毕业于机电工程学院，但是在毕业前夕，当她要找工作的时候，却发现自己有一些困惑。在就业竞争日趋激烈的情况下，作为一个女孩，她也许会遇到更少机会。就职业选择而言，她不知什么样的企业是最合适自己的。周围的学生都接到了录取通知，而她还不知该给哪一家企业投简历。于是，张同学带着许多问题前来求助辅导员。

在向辅导员寻求帮助的过程中，招聘会进行到一半了，同学们先后接到笔试、面试的通知，她却一无所获，内心格外焦虑。

经过第一次会面，辅导员发现张同学对就业机会没有特别的要求，只希望在武汉就业，而且她投递的简历主要是研究所，因为听说那里有住宿福利。为了帮助张同学，辅导员将求职范围缩小到当地的央企和国企，并建议她准备两份简历（研发和非研发领域），投递简历时要有明确的目标，结合专业投递研发岗位，以及一些非研发、理工科或不限专业的岗位。同时，要调整心态，不能同时期望高薪和小压力，要分清主次，如果把工资放在第一位，其他条件就得降低，还要投一些不太难进的单位，争取笔面试机会，提高自己的技巧熟练度。

根据张同学提出的需求，辅导员和她一起商定了她的规划目标：确定就业单位；调整求职心态。

同年11月，张同学再次向辅导员求助，经过一个月的调整，张同学从一开始只考虑最有前景的公司和最抢手的部门，不考虑专业不相符的情况，到了能够有主动性、有方向性、有针对性地投递简历，并且也投了一些不限专业或理工科都可以的非研发类岗位，如银行、央企国企管理岗位等，收到了一些面试的邀约。但是张同学最想去的研究所却没有回复。而且在张同学父母得知研究所没有消息后，不希望张同学进入企业，而是建议张同学准备公务员考试。张同学之前没有考虑过考公务员，也没有复习过行测和申论，也不清楚自己是否适合公务员岗位。在现阶段求职，又准备公考，张同学感到压力很大。

根据张同学面临的问题，综合现状，在辅导员的指导下，张同学做出了决定：一是坚持向自己想去的研究所投递；二是参加已收到的招聘单位的笔（面）试，积极获取录用通知；三是张同学本人并不想考公务员，回去做父母工作，以本人意愿为主，现在突击备考公考，会牵涉到巨大精力，不利于求职就业。

张同学收到了武汉某银行和研究所的录用通知，第三次来到辅导员处咨询行业选择和工作压力的问题。据张同学所述，该银行的岗位偏向营销，多与客户接触，工资福利较好，但面临业绩指标的考核，完不成收入差异较大；另外，还需要在武汉核心区域租房，房租较高。而研究所设有宿舍食堂，工作压力较小，岗位与张同学所学专业更加契合，但工资待遇较银行低一些，同时，周末加班也较少。张同学在两者之间犹豫不决，既想享受高工资，又担心无法承受较大的工作压力。因此，咨询辅导员，根据实际情况，哪个单位更适合张同学？

当张同学收到来自两个单位的录用通知时，这两个工作都很不错。辅导员要求张同学结合自身条件，把就业的几个主要点按顺序排列：自身发展、工资待遇、工作强度和岗位匹配。经过全面思考，张同学虽认为银行里薪水会略高一些，且只要做得好还会有奖金，不过，工作压力会更大一些。与此同时，她对研究所的渴望也由来已久，而该所的职位更能充分发挥其专业优势，也解决了吃饱穿暖等问题。于是，张同学最终决定到研究所任职。

第三节　自主创业学生生涯发展实例

【学生实例1】

某高校的某创业项目的负责人张同学预定了一对一咨询，主要是因为他最近与团队成员出现了分歧，情绪也比较低落，希望能通过创业指导老师的帮助，提出有用的主意。创业指导老师用了沙盘游戏帮助小张走出困境。

老师：小张，你再看看你的沙盘，还有没有需要完善的地方吗？

张同学：嗯，应该没有了。就这样吧，这就是我现在的心情。

老师：好，那你自己来解释一下沙盘里的画面吧。

张同学：这个城堡里住着我的亲人，我也在里面，此刻特别想和家人在一起，做什么或不做什么都好，就是想和家人在一起。城堡外面的桥下是古代时候的护城河，如果有敌人来，我可以把桥吊起来，保护家人。河的两边有树，我亲手种的，期望它们长成参天大树，那时我就特别有成就感。另外，这些篱笆，虽然它与城堡的距离很远，但是，它的意思是想告诉敌人，这是我的地盘。也就是这个意思。

老师：画面挺清晰的。看着这个画面你此时此刻的心情，能描述下吗？这是你理想中的画面吗？

张同学：我感觉又委屈又生气，不想再搭理他们，感觉他们咋那么难沟通，不在一个频道啊。我理想中的画面当然不是这样的了。

老师：嗯嗯，我能感受到你在努力工作，但还是没有被队员理解的委屈，但你还是没有放弃你的团队，感受到你对他们的真挚友谊。那你理想中的画面是什么样呢？你可以试着再创作一下。

张同学：好，我试试看。

接着，张同学从沙具柜中拿出了几个小人，男性和女性都有，放在护城河边的树旁，还摆上了椅子，旁边是小鸡小狗。同时，他又拿了几朵花放在篱笆旁边。他解释说，这些小人代表城堡里的人，他们需要坐下来和和气气地谈谈。篱笆旁的花儿表示篱笆不是进行阻挡的，而是一种充满生机活力的友好的标志。他很喜欢这样平和又活泼的画面。

老师：张同学，你的悟性很不错，主动性强，自我沟通能力也很棒，在这个画面中，我看到了一个善于解决问题的张同学。你现在心情怎么样？

张同学：自己的心情变得轻松了，不那么闷了，明白了要做什么。只有开放的沟通，拆除障碍，才能更好地解决团队的问题。回去要把团队面临的紧迫问题搞清楚，调整好心态，再以最佳状态来领导团队。谢谢老师！

虽然初创团队面临诸多困难，但其中最大的一个挑战便是团队沟通。团队领导者的良好沟通能力能够有效实现客观、积极、正能量的工作态度，这也将对整个团队的沟通氛围产生重要的影响。

【学生实例2】

某大学参赛队项目是借助互联网技术，助力农民精准扶贫。该项目负责人刘同学老家在湖北红安，当地大多数农民靠种植业维持生计，其中，以茶叶种植最为重要。他发现在很长一段时间内，既无专业种植技术指导，也无专门企业专业从事地方茶产品包装、加工与品种优化，所以本地茶叶的产量与品质很难得到提升，更是得不到充分的销售渠道，以致产量极少。

这个小组灵活抓住这个痛点，推出新品种，还发明了"源头可追溯技术加视频直播追溯"销售方法，对茶园进行分区，设置摄像头，实况直播，使茶叶种植更直观，让消费者在选购的时候更安心，饮茶也比较放心。另外，该小组还启动了一项由政府资助的认购制度，每一位顾客都能认购一块地区，每到茶叶采摘季节，均可自由携伴亲友参加采茶、制茶活动。

活动开展后，老家农茶种植合作社新增农人12名人，又有效地利用闲置土地48亩，认购土地茶农的收入也由24 098元增加到38 000元，总收购价格由原来的93元涨到106元。刘同学促使了助农工程的落地，成功推广了农产品，提高了农产品的利润，使村民的生活有了显著的改善。这使得他很满足。

面面俱到，浪费时间

在项目PPT制作过程中，项目团队严格遵守了前期写好的商业计划书，把PPT划分为执行总结、公司概述、产品服务、公司战略、市场分析、市场营销、网页设计、项目组织和管理、财务评估、风险防范十大模块，每单元5~8个PPT，共60~70页。但是交上来之后得到指导老师的反馈是内容过多，由于演示PPT通常只需数分钟，因为PPT重点并不明显，不能说完这么多PPT。

精简内容，逻辑清晰

项目团队在编制项目PPT的第二个过程中，取消以往设计，借鉴以往获奖作品PPT创作经验，对一个新版本的PPT进行了重新酝酿。内容涉及项目背景、产品服务、项目成果、团队介绍和公司发展情况，每块只需1~2页PPT即可表述完。项目背景说明市场痛点及项目的可行性，产品服务描述产品的内容、作用、优点等，还有一些模块是以此为基础提炼出来的。指导老师经过审查，认为较为满意，并提出进一步改进意见，比如美化封面、添加目录、数据可视化等。

在付出很多心血之后，本课题研究小组最终编写出一个比较符合要求的PPT。选手们认为，这个PPT并不只是为比赛而战，更让自己眼前一亮，其中计划也为其本身工程的未来发展蓝图，通过这一挑战，他们对计划有了更明确的认识，对于参加比赛也很有自信。

参考文献

[1] 格林豪斯.职业生涯管理[M].王伟，译.北京：清华大学出版社，2006.

[2] E.H.施恩.职业的有效管理[M].仇海清，译.北京：生活·读书·新知三联书店，1996.

[3] 林之满.周易全书[M].北京：中国戏剧出版社，2002.

[4] 傅殷才.凯恩斯主义经济学[M].北京：中国经济出版社，1995.

[5] 杨伯峻.论语译注[M].北京：中华书局，2006.

[6] 梯利.西方哲学史[M].北京：商务印书馆，2000：48-49.

[7] 柏拉图.理想国[M].张子菁，译.北京：光明日报出版社，2006.

[8] 赵小云.大学生生涯适应力研究[D].南京：南京师范大学，2011.

[9] 邱烁，何玲.大学生生涯辅导综述[J].中国电力教育，2008（12）：162-163.

[10] 孔春梅，杜建伟.国外职业生涯发展理论综述[J].内蒙古财经学院学报（综合版），2011（3）：12-17.

[11] 宋斌，闵军.国外职业生涯发展理论综述[J].求实，2009（1）：194-195.

[12] 廖泉文.职业生涯发展的三、三、三理论[J].中国人力资源开发，2004（9）：21-23.

[13] 罗移山.《周易》的人生价值论与当代国民人格塑造[J].河南师范大学学报（哲学社会科学版），2004，31（2）：141-143.

[14] 赵小云，薛桂英.高校生涯辅导的新方向——生涯适应力教育[J].现代教育管理，2012（10）：111-114.

[15] 王海荣.基于生涯适应力研究视野对高校生涯咨询的探讨[J].内蒙古师范大学学报（教育科学版），2015，28（12）：23-26.

[16] 关翩翩，李敏.生涯建构理论：内涵、框架与应用[J].心理科学进展，2015，23（12）：2177-2186.

[17] 杜蕾，杜晓宏.试述各流派职业生涯发展及规划理论[J].赣南医学院学报，2010，30（5）：823-824.

[18] 关翩翩，李敏.生涯建构理论：内涵、框架与应用[J].心理科学进展，2015，23（12）：2177-2181.

[19] 于海波，郑晓明.生涯适应力的作用：个体与组织层的跨层面分析[J].心理学报，2013，45（6）：680-693.

[20] 谢雅萍.大学生职业成熟度研究[J].福州大学学报：哲学社会科学版，2008（6）：27-33.

[21] 白利刚.Holland职业兴趣理论的简介及评述[J].心理学动态，1996（2）：27-31.

[22] 金盛华，李雪.大学生职业价值观：手段与目的[J].心理学报，2005（5）：650-657.

[23] 凌文豪.职业兴趣及其培养[J].中山大学学报论丛，2003（5）：54-57.

[24] 吴俊华，张进辅.我国大学生职业兴趣的特点调查[J].西南大学学报，2008（6）：6-11.

[25] 刘少文，龚耀先.职业兴趣调查表的编制[J].中国临床心理学杂志，1999（2）：77-80.

[26] 刘伟，蔡志洲.产业结构演进中的经济增长和就业——基于中国2000—2013年经验的分析[J].学术月刊，2014（6）：36-48.

[27] 张鼎昆，方俐洛，凌文辁.自我效能感的理论及研究现状[J].心理学动态，1999，7（1）：39-43.

[28] 唐绍欣，刘雯.80年代以来西方失业理论的新进展[J].国外社会科学，1998（6）：50-54.

[29] 赵红.西方失业理论及其就业对策[J].云南财贸学院学报，2000（5）：8-12.